よくわかる観光学 1
観光経営学

岡本伸之 編著

朝倉書店

編集者

岡本伸之（おかもとのぶゆき）　帝京大学経済学部

執筆者

岡本伸之（おかもとのぶゆき）	帝京大学経済学部	（1章）
矢ケ崎紀子（やがさきのりこ）	首都大学東京都市環境学部	（2章）
大下　茂（おおしもしげる）	帝京大学経済学部	（3章）
篠崎　宏（しのざきひろし）	株式会社JTB総合研究所	（4章）
大谷新太郎（おおたにしんたろう）	阪南大学国際観光学部	（5章）
柳田義男（やなぎだよしお）	杏林大学外国語学部	（6.1節）
西村　剛（にしむらごう）	株式会社ANA総合研究所	（6.2節）
野口洋平（のぐちようへい）	杏林大学外国語学部	（7章）
金　振晩（きむじんまん）	帝京大学経済学部	（8章）
丹治朋子（たんじともこ）	川村学園女子大学生活創造学部	（9章）
古本泰之（ふるもとやすゆき）	杏林大学外国語学部	（10章）
後藤克洋（ごとうかつひろ）	株式会社KPMG FAS	（11章）
山口有次（やまぐちゆうじ）	桜美林大学ビジネスマネジメント学群	（12章）
金　蘭正（きむらんじょん）	鈴鹿国際大学国際人間科学部	（13.1〜13.3節）
崔　錦珍（ちぇくむじん）	九州国際大学国際関係学部	（13.4〜13.5節）
福島規子（ふくしまのりこ）	九州国際大学国際関係学部	（14.1〜14.2節）
姜　聖淑（かんそんすく）	帝塚山大学経営学部	（14.3節）
鈴木涼太郎（すずきりょうたろう）	相模女子大学学芸学部	（15章）

執筆順．（　）は執筆担当

はじめに

　何らかの意味で楽しみを目的とする旅行を意味する観光は，国際的にも国内的にもますます盛んになっている．その結果，現在では観光が政府の成長戦略の一翼に位置づけられるなど，その経済的重要性が高まり，企業経営や地域経営の分野で観光経営の在り方に関心が寄せられるようになった．観光経営人材の育成が喫緊の課題とされるわけであるが，こうした社会情勢の変化を背景として，わが国でも観光を研究・教育の対象とする大学の数が，半世紀前の状況を知るものとしては，急増したとの印象を持つ．しかし，観光が今後の成長分野であることを万人が認めるなかで，これは当然の成り行きといえよう．

　本書は，上記のような背景の中で，4年制大学レベルにおける観光経営の入門書としての役割を発揮させることを意図して編んだ．大学における観光経営教育の使命は，社会現象としての観光が生起する原因と結果，その因果の連鎖を学生に理解させることである．その上で，観光のさらなる健全な発展を実現するための知識・技能・経験を自主的に身に付けさせる必要がある．そのためには，大学としても学びの場をインターンシップなどによって観光の現場に拓いて，学生の創造的な勉学意欲を引き出す必要がある．

　観光経営を専攻する学生の多くは，観光関連の各種事業活動を担う多方面の企業や，地域において観光まちづくりを担う各種事業主体を卒業後の進路として選択するものと期待される．実際の選択の対象は，観光とは無縁に見える進路が有り得るが，現代社会においては観光と無縁の企業など存在しえないともいえる．このような状況では，どのような進路を選んだとしても観光産業の新たな発展を担う可能性がある．学士の学位を取得するまでには，観光が直面する諸問題の解決と諸課題の達成に資する知見を幅広く，しかも掘り下げて修得することによって，各人の就業力としてほしい．

　本書は，上記のような問題意識に基づいて，『観光経営学』の標題のもとで，観光に関わる各種事業活動の経営の側面に関連する論考を収録したものである．各章の「観光経営の基礎」，「観光政策・行政」，「観光まちづくり」，「観光行動と観光市場」，「ICT革命と観光産業」，「交通産業経営」，「旅行産業経営—旅行業の

近未来」,「宿泊産業経営」,「外食産業経営」,「博物館と美術館」,「ホテルアセットマネジメント」,「集客戦略」,「観光産業の人的資源管理」,「接遇と顧客満足」,「ポストモダンと観光」といった標題から本書の概略を推量してほしい.

　それぞれの章の執筆者には，編者の責任で適任者を選んだ．各執筆者は朝倉書店編集部の適切な指導に従って，極力読みやすい教科書となるよう努めた．

　2013 年 8 月

岡 本 伸 之

目　次

1. 観光経営の基礎 ……………………………………………………………… 1
　1.1　観光事業の経営特性　1
　1.2　事業分野と経営課題　5
　1.3　観光事業の経営戦略　8

2. 観光政策・行政 ……………………………………………………………… 14
　2.1　基本法，関連法令　14
　2.2　重点施策　18
　2.3　推進体制（観光庁および関連団体）　24

3. 観光まちづくり ……………………………………………………………… 27
　3.1　観光まちづくりの起こりと意義　27
　3.2　持続可能な観光まちづくり事業体から
　　　観光まちづくりプラットフォームへ　30
　3.3　観光まちづくりの段階的展開手法と今後の展開方向　34

4. 観光行動と観光市場 ………………………………………………………… 39
　4.1　観光行動の3つの特性　39
　4.2　データから読み取る観光市場　43
　4.3　観光産業の市場戦略　48

5. ICT革命と観光産業 ………………………………………………………… 52
　5.1　観光におけるICT革命の影響　52
　5.2　観光を構成する各要素におけるICT革命の影響　54
　5.3　観光産業とICTをめぐる動向と展望　58

6. 交通産業経営 ……………………………………………………………64
6.1　鉄道事業　64
6.2　航空事業　69

7. 旅行産業経営――旅行業の近未来 ………………………………77
7.1　旅行業の機能と役割　77
7.2　パッケージツアー　83
7.3　旅行業の新たな展開　87

8. 宿泊産業経営 ……………………………………………………………91
8.1　宿泊産業の概要　91
8.2　ホテル業の経営特性　95
8.3　旅館業の経営特性　96
8.4　宿泊産業の展望と課題　99

9. 外食産業経営 …………………………………………………………102
9.1　外食産業の市場構成　102
9.2　チェーンレストラン経営　106
9.3　外食産業の現代的課題　109

10. 博物館と美術館 ………………………………………………………114
10.1　博物館・美術館の概要　114
10.2　博物館・美術館を取り巻く状況　116
10.3　観光地における博物館・美術館の役割　120
10.4　特色ある事例　122
10.5　今後の課題　124

11. ホテルアセットマネジメント ………………………………………126
11.1　ホテルアセットマネジメントの歴史　126
11.2　ホテルアセットマネジメントの組織と機能　130
11.3　日本のホテルアセットマネジメント形成の背景　135
11.4　ホテルアセットマネジメント発展への課題とチャレンジ　138

12. 集客戦略 ·· 142
  12.1 集客の捉え方　142
  12.2 集客方法の考え方　145
  12.3 集客戦略の重要ポイント　147

13. 観光産業の人的資源管理 ·································· 152
  13.1 人的資源管理とは　152
  13.2 観光産業の人的資源管理の特徴　153
  13.3 柔軟性理論（人件費の変動費化）　155
  13.4 感情労働とは　156
  13.5 感情労働と組織管理　157

14. 接遇と顧客満足 ·· 164
  14.1 日本のおもてなし　164
  14.2 向社会的行動と配慮行動　166
  14.3 顧客満足とは　170

15. ポストモダンと観光 ·· 179
  15.1 現代観光とポストモダン　179
  15.2 ポストモダンをめぐる諸議論　179
  15.3 観光のモダンとポストモダン　181
  15.4 テーマパーク化する消費空間と「ツーリズムの終焉」　183
  15.5 ポストモダン観光論の限界と観光経営への示唆　186

索　引　191

1 観光経営の基礎

1.1 観光事業の経営特性

1.1.1 サービス業としての観光事業

a. サービスの特性

観光事業などのサービス業の経営に関心を寄せると，経営といってもモノとサービスでは，その戦略・戦術が大きく異なることがわかる．その相違点は，つまるところモノとサービスではその特性が根本的に異なることに帰着する．

Looyら (2003) は，サービスを「無形であり，サービス提供者と消費者の相互作用を必要とするあらゆる経済活動」と定義したうえで，サービスの根源的な特性は「無形性」と「同時性」の2点にあるとする．観光事業の各種経営戦略は，これらサービスの特性を踏まえたものである．

b. 顧客満足の要因

顧客満足 (customer satisfaction, CS) が重要課題であることはいうまでもない．一般的に，顧客は各種情報を手掛かりとして，購入予定のサービスに対して一定の期待を抱き，消費した後には，事前の期待と比べて評価することになる．事前の期待以上であれば好意的な印象を持つというのが顧客満足の正体といえよう．

どのような要因が顧客に好意的な印象を抱かせるに至ったかをめぐって，これまで多くの研究者が調査研究を重ねている（第14章参照）．近年は事前情報としての口コミ，とりわけソーシャルネットワーキングサービス (social networking service, SNS) によるそれが強い影響力を発揮している．

c. サービス経営のトライアングル

Teboul (2006) は，サービス業では従業員が顧客とどのような関係性を構築できるかが決定的な重要性を持つという．そこで，サービスの提供元である企業を正三角形の頂点に置き，底辺の右に顧客，左に従業員を置いたサービストライアングル（サービスの三角形）と呼ぶ枠組みを使って三者の関係を考察している．すなわち，企業は顧客に対して製品，価格，販売促進，流通といった，マーケティングでいうところの4Pを提供する．接客に当たる従業員は，顧客にサービス

を売り込み，提供し，管理する．他方，顧客はサービスが生み出されるプロセスに共創者として，いわばパートタイムのマーケティング担当者の役割を担って関与するほか，口コミによる売込みまで行う．

d. 究極の課題としてのブランドマネジメント

伊丹・加護野（2003）は，経営資源を汎用性と固定性の2つの視点から分類し，いずれの視点からも最も重要性の高い経営資源はノウハウやブランドイメージなど企業の内外に蓄積された情報的資源であるとしている．観光事業の場合も，販売するサービスが無形であるだけになおさら，社名を聞いただけで豊かなイメージが顧客の脳裏に広がることが望ましい．

広告分野の代表的企業である電通社や博報堂社は，いずれも観光地経営におけるブランドの構築に熱心である．電通社の研究チーム（2009）は「地域ブランド」を，「その地域が独自に持つ歴史や文化，自然，産業，生活，人のコミュニティといった地域資産を，体験の『場』を通じて，精神的な価値へと結びつけることで，『買いたい』，『訪れたい』，『交流したい』，『住みたい』を誘発するまち」と定義している．一方，博報堂社（2006）は，地域ブランドのことを「地ブランド」と呼んで，①場に注目する「観光地ブランド」，②モノに注目する「特産品ブランド」，③そこに住む人の生活に着目する「暮らしブランド」の3つで構成されるとする．これらは，①行きたい価値＝観光地ブランド，②買いたい価値＝特産品ブランド，③住みたい価値＝暮らしブランドと言い換えることができる．

1.1.2 観光の構造と本質

a. 観光の構造

観光をここでは簡潔に「楽しみを目的とする旅行」と定義したうえで，様々な関連事象を含めて，観光現象の構造について考えてみよう．まず基本的な要素として，人々が日常生活圏を一時的に離れ，どこかへ旅行してまた帰ってくるという実態が認められる（観光行動）．観光行動が生起しなければ，観光現象は存在しえない．

観光行動が生起するためには様々な条件が必要となる．まず目的ないし目的地としての観光対象ないし観光地が必須となる．観光者と観光対象ないし観光地を結びつける媒介的な要素として，情報とそれを広く提供するメディア，観光をアレンジする旅行業，さらに物理的な移動を可能とする各種交通機関などが挙げられる．観光対象は自然，歴史，文化といった観光行動の目的となる観光資源と，

その利用を支援する観光施設と各種サービスから構成される．観光行動の背後には，可処分所得，余暇時間，生活に対する価値観といった規定要因が存在しよう．観光現象全体を視野に入れながら必要な措置を講ずる政府や地方自治体（観光政策や観光行政）も存在する．さらに，観光者と様々な社会的相互作用

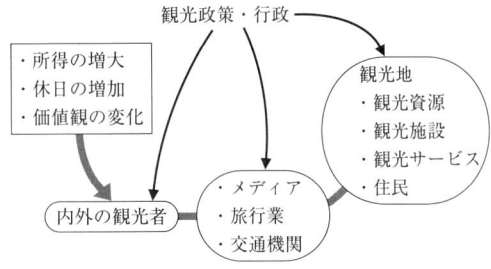

図1.1 現代観光の構造
観光は様々な要素により構成されており，観光現象は拡大しつつある．

を持つ観光地の住民が観光現象の全体を構成する（図1.1）．

b. 観光の本質

観光の本質をどう捉えたらよいであろうか．安村（2001）は，文化人類学者であるSmith（1977）が，観光が観光地に及ぼす社会的・文化的影響を考慮して，観光を成立させる状況を"ホストとゲストの関係"とみなし，「観光の概念は，ゲストとしての観光者とホストとしての現地住民による"社会的相互作用"（social interaction）として特徴づけられる」と指摘したことに注目している．つまり観光の本質は，観光者が地域住民と出会って交流し，相互に影響し合い互いに変化，成長することにあるといえる．

c. ポストモダンと観光

第2次世界大戦後の先進工業国による経済成長は，1970年代には高度大衆消費社会を実現し，人類史上未曾有の経済的な豊かさをもたらしたものの，その後の環境問題に象徴されるような幾多の困難を惹起した．1970年代後半以降は，それまでのモダン社会に代わるポストモダンの社会に移行すると多くの論者が指摘してきたものの，どのような社会になるのかは必ずしも明らかではない．

そうした中で安村（2001）は，Riesman（1961）が産業社会の後に到来するポストモダンの社会をレジャー社会としていることに注目している．Riesmanの主張を裏付けるかのように，内閣府（2010）による「国民生活に関する世論調査」では，国民が今後の生活で特に重点を置きたい分野として「レジャー余暇」が1983年以来連続して第1位を占めている．

d. 観光概念の拡張

さきほど「観光」を「楽しみを目的とする旅行」と定義したが，この定義は

travelの語源が示唆する「骨折り」の性格を持つ各種業務旅行を除外する欠点がある．観光庁（2014）によれば，国内宿泊観光旅行の平均泊数はわずかに2.12泊（2010年）とされる．この数字はいわゆる観光旅行のみを対象としたものである．一方で欧米のバカンスや，国内でもロングステイ，帰省，二地域居住，各種研究教育旅行，さらに東日本大震災からの復興を支援する各種ボランティアツアーなど，短期の観光概念に馴染まない旅行も多い．「観光」の代わりに「旅行」を使うことにすれば，現在の観光関連事業の視野が広がるのではないだろうか．

1.1.3　観光経営のイノベーション
a. ICT革命と観光
Drucker（1954）は，事業の目的は顧客を創造することであり，企業には2つの基本的な機能（マーケティングとイノベーション）が存在すると述べている．

ICT革命（information and communications technology）といえば，情報と通信分野における飛躍的な技術進歩のことを指す．観光分野でも，現代のイノベーションの多くがICTの技術進歩の延長線上に生起している．

b. OTAの台頭
オンライントラベルエージェント（online travel agent, OTA）とは，1990年代半ば以降に台頭した，インターネット上で旅行ビジネスを展開する企業のことである．日本では「旅の窓口」を吸収した楽天トラベル社，「旅ウェブ」を吸収した旅キャピタル社，イサイズじゃらん社などがOTA専業企業といえる．既存の大手旅行会社もこぞってOTAに参入している．顧客がオンラインで航空券，ホテル，レンタカーを自由に組み合わせて予約するダイナミックパッケージ（全日本空輸社の「旅作」など）と呼ばれる商品の販売もその一種といえよう．

c. SNSと観光
SNSとは，「交流サイト」とも呼ばれるように，利用者が名前，経歴，趣味などを登録して，交流のためのネットワークを構築するインターネット上のサービスのことである．米国で2000年代になってから爆発的に広まり，MySpace，Facebookなどがある．近年の世界の観光関連学会における最大の関心事は，SNSが観光振興にどのように関わるかである．

d. リプテーションマネジメント
米国ではリプテーションマネジメント（reputation management, RM）という用語が使われるようになった．リプテーションとは"評判"のことである．リプ

テーションマネジメントとは，特にインターネットで企業が供給する製品やサービス，ひいては企業活動全体に対する評判を管理することといえる．Facebookなどのソーシャルメディアが普及し，製品やサービスに対する消費者の反応が各種の評判となってインターネット上を飛び交う中で，企業としては否定的で非好意的なものを極力少なくし，肯定的で好意的なものを極力多くする必要がある．購買前に品質を評価できない観光という商品の場合，口コミが消費者の購買行動に決定的な影響を与えるだけに，自社のサービスに対する口コミをできるだけ管理したい衝動に駆られることになろう．

1.2　事業分野と経営課題

1.2.1　基幹的な事業としての交通，飲食，宿泊

a.　観光事業の概念と類型

観光事業とは，観光者の要求・欲求を充足させる様々な事業活動を総称し，広義には政府や地方自治体の活動を含むものの，狭義には民間企業によるものを指す．観光事業の類型としては，業界関係者が"アシ，アゴ，ヤド"と呼ぶ，移動を担う交通業，飲食に対応する飲食事業（外食産業），宿泊に対応する宿泊業があり，観光現象全体に関わる情報を扱いながら予約業務を行う旅行業などがある．

b.　親和性の高い交通手段としての自家用車

各種交通手段のうち観光行動と最も親和性が高いのは自家用車である．行動の任意性が高く，玄関から目的地まで道具を持参できるなどのメリットもある．公共交通機関には発車時間を守る必要があるなど不便な面もある．

飛行機は短時間で遠く海外にまで移動できるが，日本では諸外国に比べて航空業の規制緩和や空港整備が大幅に遅れており，国際的な競争力を持ちえないまま今日に至っている．移動手段といえば客船も含まれるわけであるが，クルージング船は今日，国際的に急成長している．

c.　観光事業と飲食事業

観光事業と飲食事業は表裏一体の関係にある．人間は1日3度食事をするわけで，旅先ともなれば郷土料理が関心の的となる．日本の観光地では1泊2食付の料金制度が，伝統的な宿泊施設である旅館で今日でも機能している（これは世界的には珍しい料金体系である）．観光旅行者の飲食に対する消費額は宿泊費の中に含まれ，観光庁（2013）によれば，国内旅行消費額に占める飲食費は宿泊費の半額程度と推計されている．ホテルの料金が室料制である多くの国では，観光旅

行者の飲食施設での消費額はホテルでの消費額を上回る．外食産業の成長が観光地にも及びつつあることから，日本でも今後"泊食分離"が進む可能性がある．

d. 宿泊業は業態分化の時代

日本の宿泊業は大きく分けて，明治以後に日本に移入された洋式の構造・設備によるホテルと，和式の構造・設備による伝統的な旅館がある．宿泊業の所管官庁である厚生労働省（2012）の衛生行政報告例によれば，近年ホテルが増加し旅館が減少する傾向にあり，2010年になって客室数でホテルが旅館を上回る事態となった．

ホテルが増えたのは宿泊機能に特化した施設が増えたためであるが，日本のホテル事業は，多様な機能を内包した多機能型の施設と，機能を絞り込んだ単機能型の施設に業態が分化する傾向にある．

e. 観光情報産業としての脱皮が急務の旅行業

佐藤（2001）は，観光者が期待する観光情報について，観光効果をさらに高めるための「観光空間情報（時間軸を加えた総合化情報）」を革新的なIT（情報技術）を駆使しつつ提供することが，次世代型観光情報産業の使命であると述べている．「目的対応の網羅性を備えた舞台装置」，「時間軸管理のためのシナリオ」，「拡張可能性を備えた不定形の魅力」，「可塑性と発展性を備えたインタラクティブチャネル」の4つが観光空間情報の要件であるという．

1.2.2 観光投資の基本特性

a. 巨額の投資を伴う観光投資

観光経営における投資は，テーマパーク，ゴルフ場，スキー場，ホテルなど，いずれも不動産に対する巨額の投資を伴う．しかも投資額を回収できるまでには長期間を要するのが普通である．

東京で1960年代以降に開業した大規模都市ホテルの場合でも，開業後，営業収支が黒字になるのは5～6年目，累積赤字が消えるのにさらに5年かかり，開業後10年を経過してようやく別館などに対する投資を検討できるというのが実態であった．投資額の回収に見当がつかず，開業後数年で経営主体が交代を余儀なくされる場合も多い．

b. 観光分野に固有のファシリティマネジメント

観光分野において費用対効果比率の高い有効な投資を行うためには，立地選定，施設・設備の配置，従業員の作業動線，給排水，エネルギー消費，施設内外のデ

ザインなど，開業後の運用を見据えた詳細な計画作業を行う必要がある．こうした分野の管理機能のことを欧米ではファシリティマネジメント（facility management）と呼び，専門的な教科書が豊富にそろっている．残念ながら日本ではこの分野が未発達で，そのためもあってか日本の建築費は国際的に割高である．

c. 価格理論を応用した収益管理が普及

米国の航空会社では1980年代末に，座席の価格を需要の変化に応じて変えるなどして座席収入の極大化を図る経営手法が導入された(イールドマネジメント，yield management)．コンピュータの発達によって可能となったものである．今日ではレベニューマネジメント（revenue management, RM. 収益管理）と呼ばれ，ホテルや旅館などでも積極的に導入しており，航空会社やホテルでは定価という概念が稀薄になった．

d. アセットマネジメントの手法の進化

アセットマネジメント（asset management）とは，不動産などの各種資産の投資主体に対して情報提供を行う投資顧問業務のことである．ホテルを経営する場合には，ホテルが日々の運営で利益を生み出し，かつ長期にわたって資産としての価値を維持・向上させ，ホテルを売却する際には目標とされるキャピタルゲイン（投資収益）が得られるよう，ホテルの運営を管理する．

米国では今やホテルアセットマネジメントに関する専門書が多数刊行されている（Beals and Denton, 2004 など）．そうした中で，ホテルなどの不動産に対する資産評価の手法として，投資に対する収益性を将来のキャッシュフローで評価するDCF法（discounted cash flow analysis）が用いられるなど進化して今日に至った．

1.2.3 観光まちづくりと観光経営

a. 観光まちづくりの概念

「観光まちづくり」とは，観光振興によるまちづくりのことである．西村（2002）によれば，観光政策審議会が2000年12月に出した答申「21世紀初頭における観光振興方策」の中で意識的に用いたのが最初ではないかという．「まちづくり」のほうはもっと前からあって，1960年代の初めに「街づくり」が都市再開発の市民運動の中で使われたのが最初という．1970年代の後半になると，物理的な側面だけでなく生活環境一般，組織やひとづくりまでを対象として，「まちづくり」が用いられるようになった．

b. 「住んでよし，訪れてよしの国づくり」が基本理念

観光まちづくりでは，地域住民が主導権を握る必要がある．そうでなければ，地域に固有の魅力を，交流を通して観光客に体験してもらうことはできない．「着地型観光」という用語が一般化している背景にはそうした事情がある．マスツーリズムの時代の「発地型観光」からの発想の転換が認められよう．

これからの観光まちづくりの理念は，小泉純一郎内閣（2001 ～ 2006 年）における『観光立国懇談会報告書』（内閣府，2003）の副題にある「住んでよし，訪れてよしの国づくり」に尽きるといえる．

c. ステークホルダーの意見を集約する仕組みが必要

観光研究の分野で国際的に著名な Murphy（1985）は，観光まちづくりをめぐって「コミュニティアプローチ」を提示した．Murphy は，観光を単なるビジネス活動ではなく，地域社会の利益を代表するコミュニティ産業と捉える．監訳者の大橋が要約しているように，観光事業は地域社会に依存する資源産業（resource industry）であって，地域の社会資源（自然景観，文化遺産）や公共的資源（公園，博物館などの施設），ホスピタリティ資源（公的私的資源）を活用して観光客を誘致する産業である．

Murphy は，顧客，各種観光事業，地域住民，地方政府といったステークホルダー（利害関係者）との間で，地域産業としての観光事業の経営戦略をめぐって合意形成を図る必要があり，その手段としてワークショップが有効であるとしている．

d. 観光協会に代わる新たな事業主体

観光地の総体を一種の経営体とみなして，観光地経営を目指すとなれば，様々な課題が想起される．まず，自然環境との共生など，持続可能性を基本原理としながら，観光地総体としての経営機能，とりわけ基礎機能としてのマーケティング機能を十全に発揮させるための事業主体をいかに組織化するかが課題となろう．事業主体は地域住民の意思を反映できるものでなくてはならない．

1.3　観光事業の経営戦略

1.3.1　人的資源管理

a. 観光事業の知識創造

野中・竹内（1996）は，組織的知識創造が日本企業の国際競争力の源泉であるとし，その特徴は，せんじつめれば暗黙知から形式知への知識変換にあると主張

する．暗黙知と形式知という2種類の知識の相互作用すなわち知識変換には，①共同化（暗黙知から暗黙知へ），②表出化（暗黙知から形式知へ），③連結化（形式知から形式知へ），④内面化（形式知から暗黙知へ）という4つのモード（様式）がある．

共同化モードはチームを作ることから始まり，そこでメンバーが体験とメンタルモデルを共有する．表出化モードは，意味のある対話を重ねることによって引き起こされる．対話では，メンバーが自分のものの見方を言葉で表現するが，隠れた暗黙知を表に出すためにメタファー（比喩）やアナロジーを使うことが多い．暗黙知は，グループレベルにおいて，対話，討論，体験共有，観察などによって増幅され，具体的なものに結晶化される．

観光経営においてもこのような原理に基づく知識創造が必須である．形式知化とは，端的にいえばマニュアル化を意味するが，ホテル業界などの観光関連業界はマニュアル化を忌避する傾向があり，人材育成の障害となっている．

b. 人材育成の課題

多くの企業は経営の合理化を実現するために「規模の経済」を追求する．そのため宿泊業においてもチェーン化が志向される．戦後，世界の宿泊企業は，米国のホテル企業のように，いずれも国際的なチェーン化を志向して今日に至った．チェーン化に必須の条件が総支配人など経営人材の育成である．人材を育成するためには前提として，求められる人材の職業能力を明らかにする必要がある．

c. 職業能力評価基準による職務能力の"見える化"が課題

職業能力評価基準とは，同基準を整備している中央職業能力開発協会（JAVADA）によれば，「仕事をこなすために必要な〈知識〉と〈技能・技術〉に加えて，成果につながる典型的な〈職務行動例〉を，担当者から組織・部門の責任者までの4つのレベルに区分して，業種別，職種・職務別に，整理・体系化したもの」である．企業の人材ニーズと労働者とをマッチングさせるための"共通言語"として，職業能力を適正に評価するための"ものさし"の役割を果たすことが期待されている．社会基盤としての性格を持ち，キャリア形成の目標が描ける"能力が見える社会"の実現を目指す試みといえる．観光事業分野でも，すでにホテル業と旅館業で上記基準を作成済みである．

d. 収益性確保には人件費の変動費化が基本課題

どの産業分野でも，企業の存続を担保するためには一定の収益性を確保することが必須となる．観光事業はその業務の人的資源に対する依存性が高いため人件

費の管理が要諦となる．基本課題は，人件費を売上高の変化に連動させて，収益性を担保できる範囲内に収めることである．従業員の労働時間あたりの付加価値生産性，すなわち人時生産性を高める必要がある．

e. 接遇における日本的特性

訪日外国人旅行者を対象とする各種調査結果をみると，観光関連の企業活動における日本人従業員の接客は概して評判がよいようである．その原因と結果の関係を読み解くことは観光経営学の基本課題といえる．筆者は仮説として，茶道に代表されるような，日本でこれまで育まれた他者に対するもてなしの作法の伝統にヒントがあるのではないかと考えている．いずれにしても接遇における日本的特性の解明が期待される．

1.3.2 持続可能な発展と観光経営

a. 持続可能な観光

高度経済成長時代のマスツーリズムがもたらした環境破壊に対する反省の上に立って，地域の自然，歴史，文化，生活などに優しい観光の在り方のことを持続可能な観光（sustainable tourism）という．来訪者としての観光者と地域の環境ならびに住民とが，長期的に共生できるような，その意味で持続可能な観光の在り方が求められる．そうした背景の中で，「エコツーリズム（ecotourism）」，「グリーンツーリズム（green tourism）」，「農村ツーリズム（rural tourism）」などが盛んになっている．

b. 観光地のプロダクトライフサイクル

市場に投入される製品の売上げ高が導入期，成長期，成熟期，衰退期のS字型カーブを描くことを製品ライフサイクルという．観光地の栄枯盛衰も同じような過程をたどると考えられる．Butler（1980）は，観光地の「適正収容力（carrying capacity）」と関連させて論じ，「観光地域サイクル（tourist area cycle）」の概念を提起した．Butlerによれば，観光地の成長は探検家による「探検期」から始まり，やがて地域住民の中に観光事業に関わる人々が現れる「関与期」に進む．次に外部資本が参入するようになる「開発・発展期」となり，観光客の数が観光資源などの許容量に近づくと「成熟期」となる．さらに，適正収容力の上限に近づくと「停滞期」に入るとされる．

停滞期から先は，オフシーズンを活用するなど未利用の観光資源を活用したり，強い誘引力を持つ観光施設を追加したりして，「再生期」を経て新たな成長軌道

に乗るか，横ばいの状態を維持するか，逆に「衰退期」に入って観光地域としての役割を終えるか，複数の軌道のいずれかをたどる．日本でも，かつては温泉観光地として栄華を極めたものの，今日では衰退の一途をたどる例が散見される．

c. 観光地の適正収容力の設定

適正収容力とは，当該観光地が無理なく受け入れ可能な観光客数のことである．無理なくというのは，自然環境，歴史・文化資源，住民の生活環境，アクセス，アトラクション，エンターテイメント，宿泊・飲食施設などの収容力に照らして，観光客が無理なく鑑賞ないし利用可能という意味である．世界的に「持続可能な発展」が希求され，観光分野でも「持続可能な観光」が課題とされる中で，多くの研究者が関心を寄せている．

d. エコツーリズム

エコツーリズム（ecotourism）という用語は生態学（ecology）と観光（tourism）を結合したもので，生態学を念頭に置いた概念といえよう．生態学は，生物とその生活に影響を与える無機的な環境との関連を研究する学問である．エコツーリズムとは，観光公害（観光が自然破壊の原因となっていること）に対する反省を踏まえて，生物と環境との関連を改めて見つめ直し，人間と環境との関係を考え直す契機とするような観光の在り方のことを意味するといえよう．　　[**岡本伸之**]

●**サービスの特性**

　サービスの根源的な特性は「無形性」と「同時性」にある．観光事業の経営をめぐる難しさや，逆に有利なところは，これらサービスの特性に起因する．

　無形である点は，消えてなくなるだけに今日売れ残ったものを明日は売れないというハンディをもたらす．しかし逆に考えれば，文字通り消費されるものであるので，顧客が心底満足すれば，繰返し買ってもらえるというメリットがある．実際，観光地で評判のよいホテルや旅館ではそうした顧客が珍しくない．

●**観光の構造**

　観光の構造とは社会現象としての観光を成立させている仕組みのことである．観光者が存在しなければ観光現象は存在しえないから，まず観光者とその行動に目を向ける必要がある．観光者の背後にある，どのような要因が観光行動を規定するのであろうか．一方，観光者が日常生活圏を一時的に離れて移動

する目的地やその途上に何があって，観光者を観光行動に駆り立てるのであろうか．観光の構造は，観光者とその観光対象，その間に介在して移動や情報提供を担う事業者，さらに観光現象全体に関わる政府や自治体の役割によって構成されると考えることができる．

●観光まちづくり
　観光まちづくりとは，地域の豊かな自然環境に育まれた貴重な生活文化を経営資源としながら，地域の観光振興を図ることである．一口に地域振興を図るといっても，住民，観光者，行政機関，地元企業，利害関係者は多岐にわたり，関係者の合意を図ることは容易ではない．また，地域全体を一種の経営体と捉えて地域発の観光事業を展開する事業主体をどのように組織化すれば合理的か，日本でも多くの観光地で模索が続いている．従来の観光協会の限界を乗り越える様々な選択肢があり，検討課題は多岐にわたる．

文　献

伊丹敬之・加護野忠男（2003）：ゼミナール経営学入門（第3版），日本経済新聞社．
観光庁（2013）：観光立国推進基本計画について（http://www.city.hakodate.hokkaido.jp/kankou/kihonkeikaku/11.26/siryou11.26(1).pdf）2013年1月27日アクセス．
観光庁（2014）：「平成22年（2010年）分の旅行消費額（確定値）」（2012年5月11日のプレスリリース）．（http://www.mlit.go.jp/common/000210907.pdf）2013年1月25日アクセス．
厚生労働省（2012）：大臣官房統計情報部「衛生行政報告例」（http://www.e-stat.go.jp/SG1/estat/List.do?lid=000001083541）2013年1月26日アクセス．
佐藤喜子光（2001）：観光情報と観光情報産業．観光学入門（岡本伸之 編），有斐閣．
中央職業能力開発協会：（http://www.hyouka.javada.or.jp/user/outline.html）2013年1月31日アクセス．
電通 abic project 編（2009）：地域ブランド・マネジメント，有斐閣．
内閣府（2003）：観光立国懇談会報告書（http://www.kantei.go.jp/jp/singi/kanko/kettei/030424/houkoku.html）2013年1月24日アクセス．
内閣府（2010）：国民生活に関する世論調査（http://www8.cao.go.jp/survey/h24/h24-life/index.html）2013年1月27日アクセス．
西村幸夫（2002）：まちの個性を活かした観光まちづくり．新たな観光まちづくりの挑戦（観光まちづくり研究会 編），ぎょうせい．
野中郁次郎・竹内弘高（1996）：知識創造企業，東洋経済新報社．
博報堂地ブランドプロジェクト 編（2006）：地ブランド，弘文堂．
安村克己（2001）：観光 新時代をつくる社会現象，学文社．
山崎光博・小山善彦・大島順子（1993）：グリーン・ツーリズム，家の光協会．
和田充夫（1998）：関係性マーケティングの構図，有斐閣．
Beals, P. and Denton, G. eds. (2004)：Hotel Asset Management：Principles & Practices, Edu-

cational Institute of American Hotel & Lodging Association and University of Denver.
Butler, R. W. (1980): The concept of a tourist area cycle of evolution: implication for management of resources. *Canadian Geographer*, **24**(1): 5-12.
Drucker, P. F. (1954): The Practice of Management, Harper & Row［上田惇生 訳（1996）：現代の経営（上・下），ダイヤモンド社］.
Kotler, P. and Armstrong, G. (2001) Principles of Marketing (9th ed.), Prentice-Hall［和田充夫 監訳（2003）：マーケティング原理，ダイヤモンド社／ピアソン・エデュケーション］.
Kotler, P., Kartajaya, H. and Setiawan, I. (2010): Marketing 3.0: From Products to Customers to the Human Spirit, John Wiley & Sons［藤井清美 訳（2010）：マーケティング3.0：ソーシャル・メディア時代の新法則（恩蔵直人 監訳），朝日出版社］.
Looy, B. V., et al. eds. (2003): Service Management (2nd ed.), Pearson Education［平林 祥 訳（2004）：サービス・マネジメント（全3巻，白井義男 監修），ピアソン・エデュケーション］.
Murphy, P. E. (1985): Tourism: A Community Approach, Methuen［大橋泰二 監訳（1996）：観光のコミュニティ・アプローチ，青山社］.
Pine Ⅱ, B.J. and Gilmore, J. H. (1999): The Experience Economy, Harvard Business School Press［岡本慶一・小髙尚子 訳（2005）：経験経済 脱コモディティ化のマーケティング戦略，ダイヤモンド社］.
Riesman, D. (1961): The Lonely Crowd, Yale University Press［加藤秀俊 訳（1964）：孤独な群衆，みすず書房］.
Smith, V. (1977): Hosts and Guests: The Anthropology of Tourism, University of Pennsylvania［三村浩史 監訳（1991）：観光リゾート開発の人類学——ホスト&ゲスト論でみる地域文化の対応，勁草書房］.
Teboul, J. (2006): Service is Front Stage, Palgrave Macmillan［有賀裕子 訳（2007）：サービス・ストラテジー（小山順子 監訳），ファーストプレス］.

2 観光政策・行政

2006年12月に「観光立国推進基本法」が成立して以来,観光振興は国策となった.本章では,国策としての観光政策・行政の動きを概観する.

2.1 基本法,関連法令

2.1.1 観光立国推進基本法

観光立国推進基本法(以下,基本法)は2006年12月に議員立法によって成立し,2007年1月1日より施行された.これは,1963年に制定された観光基本法の全部を改正したもので,観光振興が21世紀の国策の重要な柱の1つであることを明確に位置付けた.

基本法の成立の背景には,少子高齢社会の到来によって人口が減少する中で交流人口増による社会経済活性化が必要であること,グローバル社会の一員として本格的な国際交流に対応する必要があることなどが挙げられる.

表2.1 観光政策をめぐる動き

年月	内容
2003年4月	ビジット・ジャパン・キャンペーン(訪日外客誘致事業)開始
2006年12月	観光立国推進基本法が成立(議員立法,全会一致)
2007年6月	観光立国推進基本計画を閣議決定
2008年10月	観光庁設置
2009年7月	中国個人観光ビザ発給開始
2010年6月	新成長戦略〜「元気な日本」復活のシナリオ〜を閣議決定 ・「観光立国・地域活性化戦略」が7戦略分野の1つに選定された ・「訪日外国人3000万人プログラム」,「休暇取得の分散化」が国家戦略プログラムに選定された
2011年3月	東日本大震災発生
12月	「日本再生の基本戦略 〜危機の克服とフロンティアへの挑戦〜」を閣議決定 ・東北観光博,東北応援ツアーの実施 ・新成長戦略の実行加速と強化・再設計(訪日外国人旅行者の増大に向けた取組みと受入環境水準の向上,MICEの誘致・開催推進,観光需要拡大と雇用創出のための地域の取組み支援,ニューツーリズムなどの取組み支援)
2012年3月	新たな観光立国推進基本計画を閣議決定
7月	「日本再生戦略」を閣議決定 ・観光立国戦略が11戦略分野の1つに選定された

表2.2 観光立国推進基本法の概要

目　的	観光立国の実現に関する施策を総合的かつ計画的に推進し，もって国民経済の発展，国民生活の安定向上および国際相互理解の増進に寄与する
基本理念	観光立国の実現を進める上で以下を規定 ①豊かな国民生活を実現するための「住んでよし，訪れてよしの国づくり」を認識する重要性 ②国民の観光旅行を促進する重要性 ③国際的視点に立つことの重要性 ④関係者相互の連携を確保する必要性
関係者の責務など	①国：観光立国の実現に関する施策を総合的に策定，実施 ②地方公共団体：地域の特性を活かした施策を策定，実施，広域的な連携協力を図る ③住民：観光立国の重要性を理解し，魅力ある観光地を形成すべく積極的な役割を担う ④観光事業者：観光立国の実現に主体的に取り組むよう努める

基本法は観光を国際平和と国民生活の安定を象徴するものと定義しており，物見遊山や余暇活動の域を超えて，国際社会に生きる日本国民にとって重要な分野であることを示している．また，観光が地域経済活性化や雇用機会の増大などの経済面にも大きく貢献可能であることも記述されている．国際競争力の高い魅力ある観光地の形成，観光産業の強化，人材育成，国際観光の振興などによって観光立国を実現することが国家的な重要課題であることが明確にされた．

2.1.2　観光立国推進基本計画

基本法では，観光立国の実現に関する施策を総合的かつ計画的に推進するため，政府がマスタープランである「観光立国推進基本計画」（以下，基本計画）を策定することが規定されている．施策の基本方針とともに数値目標を定め，施策のPDCAサイクルを回す仕組みとなっていることが特徴的である．

a．第1期基本計画（2007〜2010年度）

最初の基本計画は2007年6月に閣議決定され，観光立国の推進を広く理解してもらうため，わかりやすい数値目標を5つ掲げた．リーマンショック（2008年）に端を発した世界的な景気低迷，尖閣諸島沖の中国漁船衝突事故（2010年），東日本大震災（2011年）などの影響により，5つの数値目標のうち達成できたのは国際会議の開催件数のみである．一方，ビジット・ジャパン・キャンペーンの推進，中国人個人観光ビザ発給要件緩和，観光圏の整備，大学の観光関係学部・学科の拡大などの施策においては一定の成果があった．

表 2.3 第 1 期基本計画（2007 ～ 2010 年度）の目標と達成状況

目　標	達成状況
訪日外国人旅行者数を 2010 年までに 1000 万人に	2010 年：約 861 万人 2011 年：約 622 万人
日本人の海外旅行者数を 2010 年までに 2000 万人に	2010 年：約 1664 万人 2011 年：約 1699 万人
国内における旅行消費額を 2010 年度までに 30 兆円に	2009 年：約 25.5 兆円 2010 年：約 23.4 兆円
日本人の国内観光旅行による 1 人当たりの宿泊数を 2010 年度までに年間 4 泊に	2010 年：2.12 泊 2011 年：2.17 泊
国際会議の開催件数を 2011 年までに 5 割以上増やす	UIA*旧基準では， 2005 年 168 件→ 2010 年 309 件 UIA 新基準では， 2010 年 741 件（アジア首位）

＊国際会議としてカウントされる基準を定めた国際団体連合．

表 2.4 第 2 期基本計画（2012 ～ 2016 年度）の目標

観光による国内消費の拡大	①国内における旅行消費額： 2016 年までに 30 兆円にする【2009 年実績：25.5 兆円】
国際観光の拡大・充実	②訪日外国人旅行者数： 2020 年初めまでに 2500 万人とすることを念頭に，2016 年までに 1800 万人にする【2010 年実績：861 万人，2011 年推計：622 万人】 ③訪日外国人旅行者の満足度： 2016 年までに，訪日外国人消費動向調査で，「大変満足」と回答する割合を 45%，「必ず再訪したい」と回答する割合を 60% とすることを目指す【2011 年実績：「大変満足」43.6%，「必ず再訪したい」：58.4%】 ④国際会議の開催件数： 日本における国際会議の開催件数を 2016 年までに 5 割以上増やすことを目標とし，アジアにおける最大の開催国を目指す【2010 年実績：国際会議の開催件数 741 件】 ⑤日本人の海外旅行者数： 2016 年までに 2000 万人にする【2010 年実績：1664 万人，2011 年推計：1699 万人】
国内観光の拡大・充実	⑥日本人の国内観光旅行による 1 人当たりの宿泊数： 2016 年までに年間 2.5 泊とする【2010 年実績：2.12 泊】 ⑦観光地域の旅行者満足度： 観光地域の旅行者の総合満足度について，「大変満足」と回答する割合および再来訪意向について「大変そう思う」と回答する割合を 2016 年までにいずれも 25% 程度にする【実績値なし】

b. 第 2 期基本計画（2012～2016 年度）

前基本計画の達成状況の評価，アジアの成長国において富裕層や中間層が急速に拡大する中での諸外国との競争激化や国内観光の低迷などの環境変化を踏まえ，第 2 期基本計画は観光の裾野の拡大と質の向上を図ることが必要との認識のもとで策定された．

施策の基本方針は,「震災からの復興」,「国民経済の発展」,「国際相互理解の増進」,「国民生活の安定向上」の4つである.目標には,観光地域や旅行サービスの質的向上を図るため,満足度を測定する指標を追加している.また,政府内の役割分担を明確にし,関係省庁間や多様な関係者間の連携を強化することとした.観光振興の司令塔として観光庁は「国内外から選考される魅力ある観光地域づくり(観光地域のブランド化,複数地域間の広域連携など)」,「オールジャパンによる訪日プロモーションの実施」,「国際会議などの MICE 分野の国際競争力強化」,「休暇改革の推進」の4分野で主導的な役割を果たすこととした.

2.1.3 関連法令

観光振興に関連する法令は,旅行業について定めた「旅行業法」や,旅館に関する「環境衛生関係営業の運営の適正化に関する法律」から,需要平準化の要の施策である休暇改革に関連する祝日法に至るまで幅広い.観光庁などが所管する法令の主要なものを表2.5に紹介する.

表2.5 関連法令の概要

名　称	概　要
旅行業法	旅行業の登録制度や取引き準則などを定め,旅行業などを営む者の業務の適正な運用を確保するとともに,旅行業協会の適正な活動を促進
旅館業法	旅館業の定義,種別(ホテル営業,旅館営業,簡易宿所営業および下宿営業),都道府県知事による営業の許可(構造設備基準または衛生基準に従うこと),宿泊させる義務および宿泊者名簿を備えることなどを規定
国際観光ホテル整備法	ホテルその他の外客宿泊施設についての登録制度や外国人観光旅客に対する登録ホテルなどに関する情報提供を促進するための措置などを規定
国際会議などの誘致の促進及び開催の円滑化等による国際観光の振興に関する法律	国際会議などの誘致促進,開催の円滑化,国際会議などに参加する外国人観光旅客の観光の魅力を増進するための措置などについて規定
観光圏の整備による観光旅客の来訪及び滞在の促進に関する法律	国際競争力の高い魅力ある観光地域づくりを目指し,観光圏*の形成を支援するもの
通訳案内士法	通訳案内士**の制度を定め,その業務の適正な実施を確保することにより,外国人観光旅客に対する接遇の向上を図るもの

＊　自然,歴史,文化などにおいて密接な関係のある観光地を一体とした区域.観光地同士が連携して2泊3日以上の滞在交流型観光に対応できるよう,観光地全体の魅力を高めようとする.
＊＊　報酬を得て通訳案内(外国人に付き添い外国語を用いて旅行に関する案内)することができる者.通訳案内士試験に合格すると資格を取得できる.

2.2 重点施策

2.2.1 インバウンド政策

インバウンド振興の目的は,日本のソフトパワー[*1]の強化と経済活性化である.

ソフトパワーの強化には,国際観光を通じた草の根交流の進展が国家外交を補完するという効果と,他国から支持や共感を得ることによって日本国民が国際社会を生き抜いていくための自信を持つといった効果がある.経済活性化には,訪日外国人の観光消費(日本国内分)による経済波及効果,国家ブランドや地域ブランドの向上により輸出競争力を高めることの2つがある.

国レベルでは,ソフトパワーの強化と日本経済活性化の両方の成果を得ることが重要である.一方,地域レベルでは地域経済活性化が主眼となり,訪日外国人消費による経済効果と,地元産品の国際競争力の向上を狙っていくことができる.

訪日外国人数の増減に関心が集まりがちであるが,インバウンド振興の意義はその先にある.日本に好意を持つ日本通の外国人を世界各国に増やしていくことは,競争が激化している国際社会を生き抜いていくための重要な財産なのである.

一方,国際関係の悪化,為替変動,災害・テロなどによって訪日外国人数は変動し,観光に特徴的な需要の季節変動もあるなど,インバウンド振興は環境変化に応じて柔軟な対応が求められる難しさがある.また,受入れ地が疲弊するような質の悪い旅行商品が海外事業者によって販売されると旅行者が日本に悪印象を持ってしまうなど,日本国内でコントロールできない要素に左右される面もある.

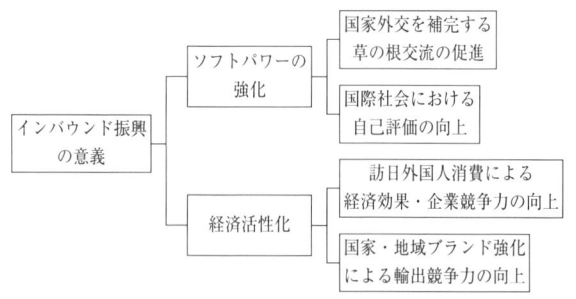

図2.1 インバウンド振興の意義

[*1]: 米国の国際政治学者ジョセフ・サミュエル・ナイ・ジュニアが提唱した概念.国家が軍事や経済などの強制力によらず,文化や政治的価値観,政策の魅力などに対する支持や理解,共感を他国から得ることにより,国際社会からの信頼や発言力を獲得しうる力のこと.

こうした課題はあるが，国際観光流動の成長エリアに位置する日本にとって，インバウンドは今後の伸びしろが期待される成長分野の1つである．政府は訪日旅行促進事業（ビジット・ジャパン事業），ビザ発給要件緩和，受入環境整備施策などを実施している．

a. ビジット・ジャパン事業

「訪日外国人3000万人プログラム」[*2]の達成を目指し，東アジア諸国（中国，韓国，台湾，香港）と米国を当面の最重点市場（5大市場）と位置付けている．2012年度からは，市場別のプロモーション方針を定めて，絞り込んだターゲット層に対する働きかけを強めている．また，東日本大震災の影響で激減した訪日需要の回復が喫緊の課題であるため，風評被害対策を実施し，在外公館や民間企業などとの連携のもと，市場ごとに現地の訪日意識を喚起する広告宣伝事業や，現地旅行会社の招聘や商談会が実施されている．

b. 査証（ビザ）発給要件の緩和

訪日外国人旅行者の7割強はアジアからであり，韓国，中国，台湾が最も多い．アジアのなかには訪日ビザの取得が容易でない国・地域があり，訪日旅行促進のためには取得要件の緩和が必要である．

中国については，外務省は観光客向けの訪日ビザを発給していなかったが，

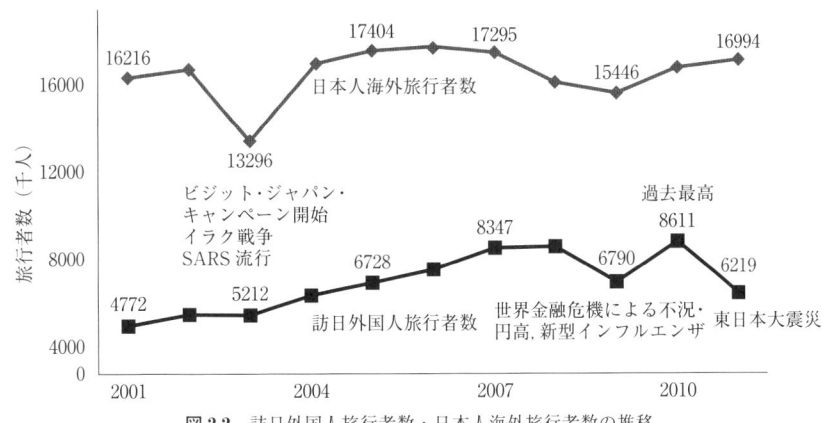

図2.2 訪日外国人旅行者数・日本人海外旅行者数の推移
数値は観光，商用などの区別なく旅行者全体の数値．過去最高は2000年の17819千人．
出典：法務省出入国管理統計年報および日本政府観光局（JNTO）．

[*2] 訪日外国人旅行者数を将来的に年間3000万人とすることを目標としたプログラム．中間目標として，2016年までに1800万人，2020年までに2500万人を掲げている．

2000年から団体観光客向けのビザの発給を開始した．これに加えて2009年7月からは，十分な経済力のある者と同行する家族を対象にした個人観光ビザを北京，上海，広州の3公館に限って発給することとした．翌年からは中国全土7公館において個人ビザを発給することとし，発給対象地域を中国全土に拡大したが，対象者には一定の職業上の地位と経済力の両方の要件が課された．2011年9月には「一定の職業上の地位」要件が廃止され，さらに，滞在期間をこれまでの15日から30日まで延ばした．

c. 受入環境の整備

訪日外国人旅行者を受け入れる環境整備の水準を高めるため，拠点を設定して集中的に事業を実施し，その成果を他地域へ展開する手法がとられている．戦略拠点として札幌（北海道），秋葉原（東京都），銀座（東京都），横浜（神奈川県），京都，神戸（兵庫県），福岡などの17拠点，地方拠点として釧路・弟子屈（北海道），平泉（岩手県），会津若松（福島県），立山黒部（富山県），金沢（石川県），

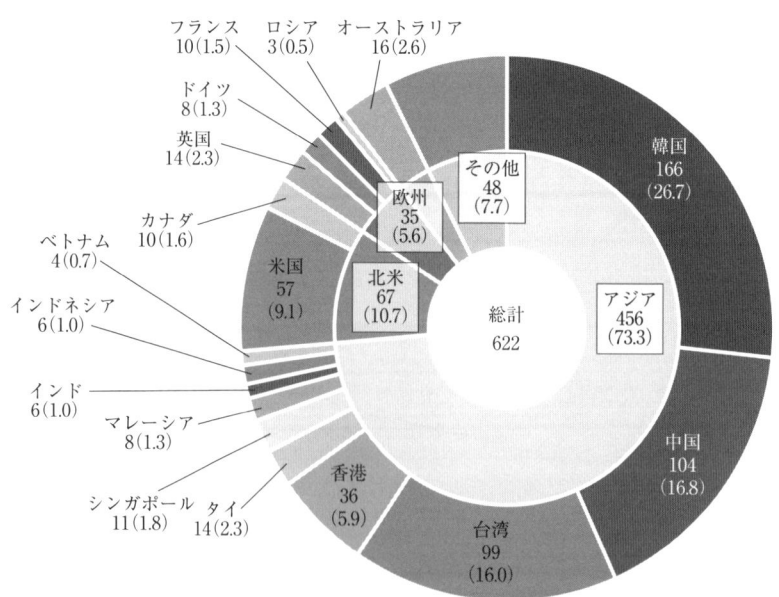

図2.3 訪日外国人旅行者の発地国・地域別シェア

数値の単位は万人．（　）内は訪日旅行者全体に対するシェア．「その他」にはアジア，欧州など各地域の国であっても記載のない国・地域が含まれる．
2011年確定値．出典：日本政府観光局（JNTO）．

高山（岐阜県），松江（島根県），八重山（沖縄県）などの28拠点が指定され，案内・誘導サインの整備，使いやすいマップづくり，ウェブサイトやガイドブックの作成などが行われている．また，日本在住の留学生などを戦略拠点・地方拠点に派遣して，外国人旅行者増加のための改善策を提案してもらう受入環境整備サポーター派遣事業も実施されている．

外国人旅行者に日本滞在中に困ったことをアンケートしたところ，「無料公衆無線LAN環境がないこと」の割合が最多であったことから，観光拠点を中心に無料公衆無線LANを増やし，外国人旅行者への周知が進められている．

2.2.2 観光産業の振興

日本の旅行消費額[*3]は22.4兆円（2011年）と巨大市場であるものの，その規模は年々減少している．人口が減少傾向にある日本においては，旅行消費額の9割を占める国内観光の市場規模が劇的に回復する見込みは乏しい．なお，国民1人あたりの国内観光旅行回数や1回あたりの宿泊数は，統計が整備された2005年以降減少傾向であり，2011年には各々1.37回，2.17泊である．国際的にみて回数，泊数とも低い状況である．これは，年末年始，ゴールデンウィーク，お盆などの特定時期に集中して休暇をとる日本人のライフスタイルが背景にある．年間の観光旅行回数は少ないものの，ピーク時期を中心とした旅行が多くなっていることから，1人あたりの旅行単価が高止まりしている．

こうした市場の状況は，観光産業の担い手にとって経営努力を超えた制約要因となってきた．ピーク時には販促活動をしなくとも予約が入り，ピーク時の高い料金設定のおかげで利益も上がる．一方で需要集中期以外は一般に休暇をとることが難しいため旅行者が少なく，経営努力をしてもしなくても一緒だという意識が事業者に定着してきたことは否めない．このため，サービス向上などの経営改善がされがたい状況にある．また，観光需要の変動が激しいことから，労働生産性を高めることが難しく，さらには，正規雇用の従業員を確保することも難しい状況がある．観光産業は収益性の低い業界であり，現状のままでは，意欲と能力のある人材が生涯の仕事とするような魅力ある雇用の場とは言い難い．こうした課題があるにも関わらず，観光産業界の競争力を強化するための取組みは十分ではなく，訪日誘致のための海外プロモーション活動や観光地づくりに力点がおか

---

*3： 旅行消費額は，観光，業務，帰省などによって生じた消費の総額である．

れてきたのが実情である．こうした反省のもと，人材育成や，観光産業のあり方などについての議論が進んでいる．

2.2.3 観光地づくり

国内外からの観光客が2泊3日以上で滞在観光できる観光エリアを形成するために，観光圏整備法が制定された．観光圏整備実施計画が認定された地域は，宿泊施設が実施する旅行業者代理業に関わる旅行業法の特例，運送事業関係の手続緩和の特例，国による必要な助言・指導・その他の援助といった総合的支援を受けることができる．

2012年4月1日現在，観光圏整備実施計画認定地域は49地域であった．滞在交流型観光の推進と交流人口増に成功している地域がある一方で，多くの地域は，圏域設定が適切でない，推進組織体制が十分でない，戦略の策定と合意形成が十分でないなどの課題を抱えている．このため，圏域の適正化や実施体制の強化などを図ることができるよう，観光圏整備法の基本方針（体制および制度）の改正が実施された[*4]．体制については，生活圏としての一体性を踏まえつつ地域が自主的に設定する「圏域の見直し」，地域づくりをマネジメントするキーパーソンを中心とした体制づくりを可能とする「組織の見直し」からなる．制度については「主たる滞在促進地区の設定」，「滞在プログラムの企画販売」，「地域住民の観光地域づくりへの参加促進」の項目を見直した．この基本方針に基づき，新たに観光圏整備事業を実施する観光圏として，2013年4月に6地域の観光圏整備実施計画が認定された．6地域とは，富良野・美瑛観光圏（北海道），八ヶ岳観光圏（山梨県，長野県），雪国観光圏（新潟県，群馬県，長野県），にし阿波〜剣山・吉野川観光圏（徳島県），「海風の国」佐世保・小値賀観光圏（長崎県），阿蘇くじゅう観光圏（熊本県，大分県，宮崎県）である．なお，旧基本方針に基づく観光圏整備実施計画認定地域は34となった．

2.2.4 需要平準化

観光産業におけるサービス向上や雇用の安定化，および新たな需要の創出に資する旅行需要の平準化を図るために，様々な休暇改革の施策が取り組まれてきた．取組みは，祝日に関するものと有給休暇に関するものに大別される．

＊4： 平成24年12月27日農林水産省・国土交通省告示第2号．

祝日に関する取組みは，ハッピーマンデー制度[*5]の実施である．また，2009年からはゴールデンウィークと秋の連休を地域別に分散取得する案が検討されたが，東日本大震災の影響で議論が中断されている．

有給休暇に関する取組みとして，ポジティブオフ運動がある．これは，休暇を取得して外出や旅行を楽しむことを積極的に促進し，「休暇（オフ）」を「前向き（ポジティブ）」に捉えて楽しもう，という趣旨に賛同した企業が従業員向けの取組みを行う運動である[*6]．また，各地域の協力のもと，大人（企業）と子ども（学校）の休みのマッチングを行う実証事業として，家族の時間づくり事業が実施されている．有給休暇の計画的取得，フランスのバカンス法のように長期有給休暇取得を義務付ける構想，ドイツやフランスのように学校休暇を地区別にずらして取得する方法が検討されたこともあるが，いずれも具体的な動きにはなっていない．

表 2.6 観光庁が実施する観光統計の概要

統計名	概　要
旅行・観光消費動向調査	・日本国民から無作為に抽出した 2 万 5000 人を対象 ・回答者の属性，旅行の有無，旅行に行った回数・時期（国内観光［宿泊旅行，日帰り旅行，出張・業務］，海外旅行），消費内訳などを把握
訪日外国人消費動向調査	・トランジット，乗員，1 年以上の滞在者などを除く，日本を出国する訪日外国人客 2 万 6000 人を対象（四半期ごとに 6500 人） ・回答者の属性（国籍，性別，年齢など），訪日目的，主な宿泊地，消費額等を把握．訪日旅行に対する満足度などの意識調査もあわせて実施
宿泊旅行統計調査	・ホテル，旅館，簡易宿所，会社・団体の宿泊所などを対象に，従業者数 10 人以上の事業所は全数調査，従業者数 5～9 人の事業所は 1/3 を無作為に抽出してサンプル調査，従業者数 0～4 人の事業所は 1/9 を無作為に抽出してサンプル調査 ・四半期の各月の延べ・実宿泊者数および外国人延べ・実宿泊者数，延べ宿泊者数の居住地別内訳（県内，県外の別），外国人延べ宿泊者数の国籍別内訳などを把握
観光地域経済調査	・観光地域における観光産業の観光売上げ割合や生産・供給構造，雇用状況などの実態を把握し，観光産業振興施策などの基礎データを得る ・本格実施に向けて 2010 年度から試験調査を重ねている
都道府県観光入込客統計	・「観光入込客統計に関する共通基準」（2009 年 12 月策定）に基づき都道府県が調査を実施し整理した「観光入込客統計調査データ共有様式」を観光庁が全国集計としてとりまとめるもの ・都道府県ごとに観光入込客数，観光消費額単価，観光消費額などを把握

[*5]: 国民の祝日の一部を従来の日付から特定の月曜日に移動させ三連休を創出した法改正．
[*6]: 2013 年 2 月現在，278 社・団体が賛同．

2.2.5 観光統計

観光庁が実施する統計の主なものを表 2.6 に示す．他に，訪日外国人旅行者数や日本人海外旅行者数は法務省の統計を推計して活用している．なお，観光に関するデータは需要側から把握することが一般的であるが，観光地域経済調査は供給側のデータから経済実態を把握しようとするもので，世界観光機関（UNWTO）などにおいて世界的に注目されている．

これらの観光統計は観光行政の基礎データとして活用されるとともに，近年では学界での活用も進みつつある．

2.3　推進体制（観光庁および関連団体）

2008 年 10 月 1 日に，観光行政の司令塔としての観光庁（国土交通省の外局）が発足した．観光立国に取り組む姿勢を対外的に明確にし諸外国との協議を効果的に進めること，他省庁との連携・調整を円滑に行い政府を挙げた取組みを強化すること，観光に関する政府の窓口を一元化し観光地域づくりに取り組む人々へ

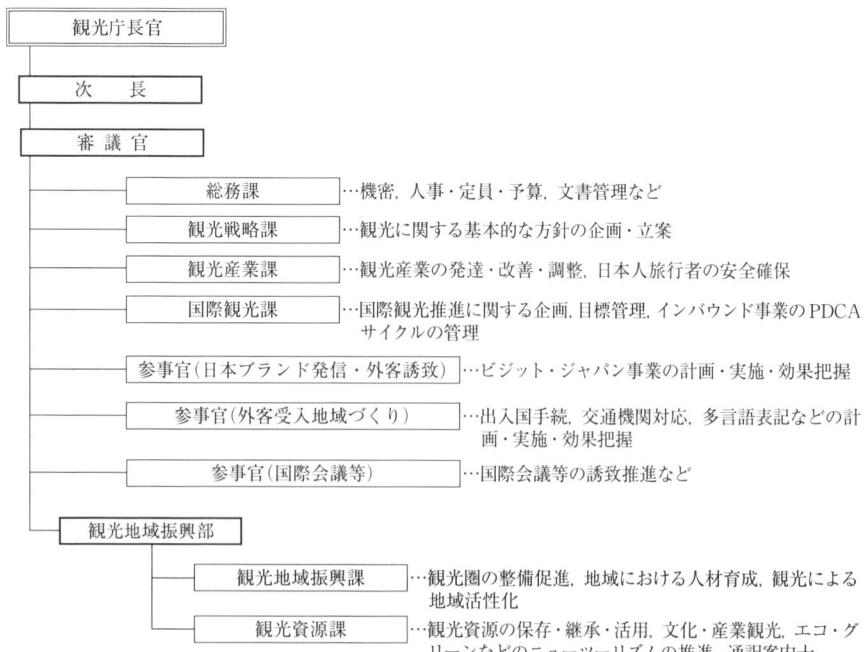

図 2.4　観光庁の組織体制

の支援・調整などを効果的に実施することが目指されている．

なお，2013年6月11日の観光立国推進閣僚会議において決定された「観光立国実現のためのアクション・プログラム」に基づき，国土交通省は，インバウンド政策を強力に推進するため，7月1日付で観光庁の組織改編を行った．観光庁発足時には3課+1室［国際観光政策課，国際交流推進課，参事官（国際会議等担当），総務課企画室］であったインバウンド推進体制を，5課体制［観光戦略課，国際観光課，参事官（日本ブランド発信・外客誘致），参事官（外客受入地域づくり），参事官（国際会議等）］に拡充し，さらに国際・交通部門の部長・審議官などを観光庁に併任し，国土交通省全体としてのインバウンド政策推進体制を整備した．

観光行政に関連する主な民間の団体を表2.7に示す． ［矢ケ崎紀子］

表2.7 主な観光関連団体の概要

団体名	概要
国際観光振興機構 （通称：日本政府観光局 （JNTO））	・設置の根拠法：国際観光振興機構法 ・海外における観光宣伝，外国人観光旅客に対する観光案内その他外国人観光旅客の来訪促進に必要な業務を効率的に行うことにより，国際観光の振興を図る
日本観光振興協会	・観光事業に関する中枢機関として，観光旅行の安全の確保，利便性の増進および容易化などのために必要な事業を行うことにより，国民の健全な観光旅行の普及発達および観光産業の健全な発展を図り，併せて国際観光の振興を促し，もって国民の生活，文化および経済の向上発展に寄与するとともに，国際親善に資する ・2011年4月に，日本観光協会（日観協）と日本ツーリズム産業団体連合会（TIJ）が合併し発足
日本旅行業協会 （JATA）	・旅行需要の拡大と旅行業の健全な発展を図るとともに，旅行者に対する旅行業務の改善並びに旅行サービスの向上などを図り，併せて会員相互の連絡協調につとめ，旅行の促進と観光事業の発展に貢献する． ・旅行業法に基づく法定業務のほか，会員に共通する利益を図る業務，社会に貢献する業務などの協会の目的を達成するための業務を実施
全国旅行業協会 （ANTA）	・旅行業者および旅行業者代理業者の旅行業務などに関する取引の公正を確保するとともに，会員相互の連絡協調を図ることにより，旅行業の発展向上を期し，もって旅行の安全の確保および旅行者の利便の増進に資する
アジア太平洋観光交流センター	・世界観光機関（UNWTO）アジア太平洋センターの活動支援を行うとともにアジア太平洋諸国との観光交流促進に関する国際会議，セミナー，シンポジウムの開催などの事業を行い，アジア太平洋諸国との国際観光交流の推進などを図り，もってアジア太平洋地域の経済発展や国際相互理解の増進に寄与する

●観光白書
　観光の状況および政府が観光に関して講じた施策を取りまとめたもの．観光立国推進基本法第8条に基づき国会に報告する法定白書である．観光の状況をまとめた第一部には時々の政策課題の分析やトピックスなどが掲載され，昨年度に講じた施策をまとめた第二部には観光立国推進基本計画の構成に準じて各省庁の取組みが記載されている．

●インバウンド観光
　訪日外国人観光のこと．2012年の訪日外国人旅行者数は約837万人である．観光立国推進基本計画（2012年3月30日閣議決定）では，2020年初までに2500万人，2016年までに1800万人を誘致することが目標である．

● ASEANからの訪日客を対象としたビザ緩和・免除
　2013年の日・ASEAN友好協力40周年を契機として，7月1日から，タイ，マレーシア，ベトナム，フィリピン，インドネシアからの訪日客を対象としてビザ緩和・免除が実施された．いずれも一定条件下であるが，ビザ免除措置の開始，再開，短期滞在数次ビザの発給開始，滞在期間延長などが実施された．

●観光産業の在り方に関する検討
　2010年度から産学官連携によって，産業界の経営力向上のための人材育成方策の在り方についての議論が開始された．また，2012年度から観光産業のビジョンを検討する「観光産業政策検討会」が組成され議論を開始した．この結果は「世界最高・最先端の観光産業を目指して」提言にまとめられた．

●家族の時間づくり事業
　親と子どもの休みが合わないことが家族旅行を阻害する要因となっていることから，地域ぐるみで親子の時間を創出する取組みを行うものであり，地域内での日帰り旅行需要の創出とともに，子どもが親と過ごすことによる家庭の教育力の向上も目指す．2010年度は9地域，2011年度は10地域，2012年度は15地域で取り組まれている．

3 観光まちづくり

3.1 観光まちづくりの起こりと意義

3.1.1 観光まちづくりの起こり
a. 観光まちづくりの原型・町並み保存の活動

　観光まちづくりは新しい考え方ではなく，1960年代半ば以降の妻籠宿（長野県）の保存運動に原点をみることができる．妻籠宿の取組みは，伝統的な佇まいに市民自らが関心を寄せて保存活動へと広げた運動であり，愛媛県内子町や愛知県足助町（現 豊田市足助），さらには岐阜県高山市，神奈川県鎌倉市，埼玉県川越市，北海道小樽市などへと展開，伝統的建造物群保存地区の制度化に発展する．一方，これらの地域を新しい観光地域として捉えた展開が1971年のディスカバージャパンのキャンペーンであり，アンノン族と呼ばれる雑誌から脚光を浴びた新しい観光のスタイルとしてブーム化した．

　町並み保存の原点は，高度経済成長によって徐々に失われつつあった伝統的な佇まいに対して，郷土愛を刺激して地域の文化的資産として伝統的な佇まいを再評価しようとするものであり，「売らない，貸さない，壊さない」のキャッチフレーズに端的に表現されている．これは現在の観光まちづくりの発想と原点を同じくするものである．

b. 人口増加が期待できない時代の地域運営への模索

　人口増加時期は「地域をつくる時代」であったのに対して，人口減少を迎えた現在，新たな空間・施設への需要は減り，これまで作ってきた空間を更新しつつ「地域をつかう時代」へと，地域運営の考え方をシフトしていくことが求められてくる．また，過去に人口が伸び悩んだ時代には，市民力によって文化を創り上げ，地域活力を維持・向上してきた歴史があり，今次の人口減少期においても，新たな地域文化が創出される取組みへの展開が期待される．

　そのような中，戦後の国土経営の指針であった「全国総合開発計画」は「国土形成計画」へと成熟した国家運営に向けて舵が切られ，その中で「新たな公」という地域づくり・まちづくりの新たな担い手の考え方が示された．これは，地域

に暮らす人々が自らの地域に関心を寄せ，これまで地域づくり・まちづくりを主導してきた行政とともに歩調を合わせた取組みを展開する「市民協働」による新しい考え方の提示とみてとれる．

c. 観光立国推進による様々な地域創発事業への展開

2007年6月に制定された「観光立国推進基本法」と前後して，ニューツーリズムの創出・流通促進事業（2007年），地域ぐるみビジネス（2007年），持続可能な観光まちづくり事業体（2008年），観光まちづくりプラットフォーム（2010年）など，観光により地域活性化を導こうとするモデル支援事業が数多く創設された．

全国各地域では，地域らしさの感じられる新しい地域資源を発見・評価し，地域の個性ある体験プログラムを創り出す取組みが展開される一方で，地域で創発された観光プログラムをいかにしてマーケット（人口集積地域）へと売り込むか，これらの地域での活動を束ねて推進するための組織はどうあるべきかといった新たな課題に直面することとなった．

d. 成熟社会の実現・生きがいづくりとその展開に向けて

2011年3月に発生した東日本大震災は，様々な面で観光に影響を及ぼすこととなった．特に観光まちづくりにおいては，地域との希薄な関係性を見直すことや，地域への貢献を通して生きがいを感じたいという住民の新たな行動を生み出すこととなった．

また，一線を退いた団塊世代が，ボランティアガイド活動などに代表される新たな生きがいを地元学の学習やその知識を活かした地元貢献へとつなげようとする動きが生まれ，観光地ばかりでなく都市地域を中心に，まち歩きを主体とする新しい観光行動が定着する兆しが見え始めてきている．

成熟化した社会における「新しい観光形態」が，まさに観光まちづくり展開において大きな意味を持つ時代となってきている．

3.1.2 観光まちづくりの意義

観光まちづくりの取組み経緯からみても，観光まちづくり推進には様々な期待が寄せられている．ここでは観光まちづくりの意義について，経済，社会，文化，経営の4つの視点から取りまとめる．

a. 経済的側面

「観光」は農林業や漁業，加工業やものづくり産業，商業振興や飲食業などの振興にもつながる地域の総合産業である．「観光」の概念が大きな変革を余儀な

くされる中で，地域への誘客・集客という観点からみれば，これまで著名な観光資源を有していなかった地域においても，地域の暮らしぶりや地域固有の伝統・文化・風物詩などを活かしたプログラムを創出することで，地域内の経済波及を創り出すチャンスを得ることができる．

b. 社会的側面

地域を訪れた人々から，自分達の住んでいる地域を誉められたり，羨ましがられたりすることは，地域住民にとってこの上ない喜びとなる．ましてや「あの有名な地域ですか」と，地域の知名度や好感度が上がることは，地域への愛着と誇りをさらに高める効果がある．

また地域に住まう人が，自分の得意技を活かして地域貢献につながり，多くの関係者に感謝されるならば，究極の生きがいとなる．現役を引退したとはいえ，シニア層はアクティブである．地域における活動が，地域貢献や自身の生きがいづくりにつながる．

c. 文化的側面

地域の中には知られざる魅力がまだ数多く眠っている．また，かつてはみられた風物詩や風習が，時代とともに廃れてしまっているものも少なくない．観光まちづくりの推進によって，地域内の魅力を再発見する取組みを通して，地域の文化的資産を改めて評価するとともに，それを後世に継承するといった文化的な意義がある．

家屋の形状や特徴的な通り・佇まい・路地空間，庭の設え，伝説や謂れ，商店街での催し・風物詩，郷土食，農事文化，小学校での行事や町内行事・地縁コミュニティなど，あまりにも身近すぎて気づかなかったものにこそ，地域固有の文化資産が見え隠れしている．

d. 経営的側面

観光まちづくりによって，急仕立ての観光地が出来上がるものではない．新しく生まれた経済的な効果や，生きがいや誇りなどの社会的な効果を地域全体で享受することによって，まちづくりは次のステップへと進化と深化の途をたどる．

観光まちづくりを中心となって進める組織や仕組みの下で，地域ぐるみでの協働体制によって，地域アピールのための取組みや，受入れ態勢・食をはじめとする新たな特産品づくりへと展開されることによって，地域ブランドと呼ばれる可能性もある．最終的には地域内が一体となって，観光まちづくりから派生する効果をいかに受け留められるか，地域経営を模索・実現することが重要である．

3.2 持続可能な観光まちづくり事業体から観光まちづくりプラットフォームへ

3.2.1 地域の知恵が結集した着地型旅行商品の誕生

近年，団体型から個人・小グループ型への旅行形態の変化や，参加体験型観光へのニーズが高まるなど，旅行者のニーズが多様化してきている．こうした変化に対応した集客交流事業を展開するためには，着地側である地域において，地域内の多様な関係者が横断的・実質的に連携し，地域資源を活用し，その地域ならではの商品・サービス（着地型旅行商品）の提供を行うなど，着地型観光の展開が必要となってきた．そのため国土交通省では2007年度より，ニューツーリズムの創出・流通促進事業を創設し，新たな地域創発の取組みを支援することとなった．

当該事業によって地域でモデル的に実施したツアーがその後も定着しているユニークな取組みとして，NPO松江ツーリズム研究会の「松江ゴーストツアー（2008年度採択事業）」とNPO婆沙羅の「お気に召すまま～着物で楽しむ佐原の町並みと食めぐり（2009年度採択事業）」が挙げられる（図3.1）．

「松江ゴーストツアー」は，ラフカディオ・ハーン（小泉八雲）の縁の地である島根県松江市を舞台に，小泉八雲文学の代表作『怪談』を暗闇の中で体感しつつ地域をめぐる体験プログラムである．県庁所在地とはいえ夕方以降は中心市街地が暗闇に包まれている中で，松江城の堀も加わり，怪談の雰囲気は膨らむ．地域文学と都市装置を活用した新しい体験を創り上げたモデルの1つといえる．実験期間の18日間に360人以上が参加した人気商品となり，その後も民間の着地型旅行商品のサイトで定常的に開催されている．

「着物で楽しむ佐原の町並みと食めぐり」は，地域の美容室と呉服屋の商

図3.1 「着物で楽しむ佐原の町並みと食めぐり」のパンフレット

家の女将，佐原商工会議所（千葉県香取市）の女性職員が主要メンバーであるNPOが創出した体験プログラムである．JR成田線佐原駅に到着の後，美容室で着物に着替えて髪を結い，伝統的町並みにおける着物での散策や舟めぐり体験，文化交流体験などへと出向く体験プログラムである．もちろん小物もすべて地域で準備されているため，事前予約するだけでよく，その手軽な体験が人気を得ている．現在は，JR東日本社びゅーの商品「めぐり姫」として販売されている．

2つの事例に共通していることは，新たな施設や大仕掛けの準備を必要としないことにある．あくまでも既存の地域のイメージやサービスを活かし，テーマ性を打ち出すことで誘客を実現していることを学びたいものである．

3.2.2　持続可能な観光まちづくり事業体の必要性

ニューツーリズムの創出・流通促進事業によりユニークな体験プログラムが数多く創出された．地域の創意工夫によって新しい魅力が創り出されたものの，この商品をいかに売り込めばよいかという課題に直面した．

また，地域内のそれぞれの関係者が，地域資源を活用してそれぞれの得意分野での着地型旅行商品を提供するだけでは，①発地側の需要を踏まえた商品の提供を行うためのマーケティングが不十分，②商品の品質管理や利用者からの苦情処理の体制が不十分，③用意できる商品の種類や数量が限定的で，旅行者の要望にタイムリーに対応できず，商品の在庫切れや催行中止の際にも代わりの商品を用意できないといった事情があり，マーケットでの円滑な流通が期待できないことも明らかとなった．

一方，実際にマーケットで商品を販売している旅行会社は，発地からの送客に営業活動の重点を置いており，着地側で必要となるリソース（人材など）を準備できず，情報やネットワークの維持が難しいことも流通促進の課題となっている．

着地型旅行商品の流通を促進するためには，着地側が受け身の姿勢で旅行会社に商品を販売するのではなく，着地側の人や組織が主導的な役割を果たす必要があり，地域における持続可能な観光まちづくり事業体の組成の必要性がクローズアップされてきたのである．そのような中で，千葉県南房総市のとみうら社，長野県飯田市の南信州観光公社，大分県別府市のNPOハットウ・オンパクなど，観光まちづくりを先導している全国の約20地域の先進組織を対象に，観光まちづくりに対する提供機能・取組み領域や経営ノウハウなどの調査「持続可能な観光まちづくり事業体の創出支援調査事業」が，2008年度に実施された．

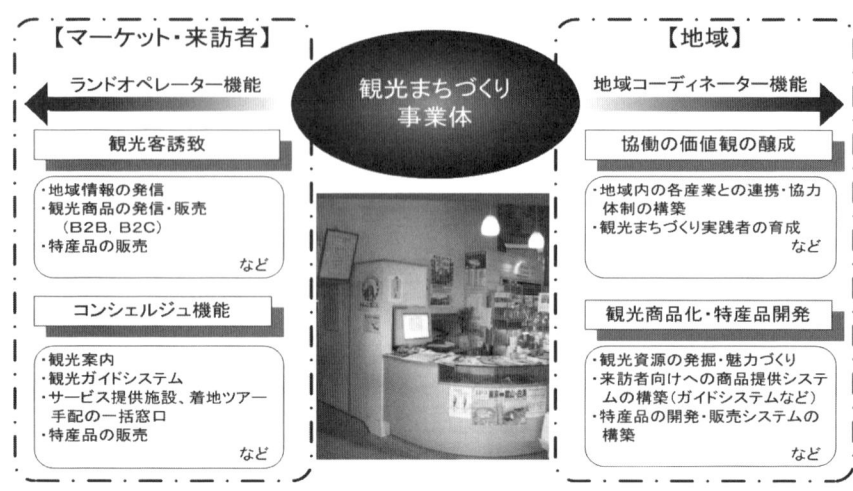

```
┌─────────────────────────────┐         ┌─────────────────────────────┐
│  【マーケット・来訪者】      │ 観光まちづくり │  【地域】                    │
│ ←── ランドオペレーター機能  │   事業体    │  地域コーディネーター機能 ──→ │
│   ┌─────────────────┐      │            │   ┌─────────────────┐       │
│   │   観光客誘致     │      │            │   │ 協働の価値観の醸成 │       │
│   └─────────────────┘      │            │   └─────────────────┘       │
│   ・地域情報の発信          │            │   ・地域内の各産業との連携・協力 │
│   ・観光商品の発信・販売     │            │    体制の構築                 │
│    （B2B, B2C）             │            │   ・観光まちづくり実践者の育成  │
│   ・特産品の販売            │            │                      など    │
│                      など   │            │                              │
│   ┌─────────────────┐      │            │   ┌─────────────────┐       │
│   │ コンシェルジュ機能 │      │            │   │観光商品化・特産品開発│       │
│   └─────────────────┘      │            │   └─────────────────┘       │
│   ・観光案内                │            │   ・観光資源の発掘・魅力づくり │
│   ・観光ガイドシステム       │            │   ・来訪者向けへの商品提供システ│
│   ・サービス提供施設、着地ツアー│          │    ムの構築（ガイドシステムなど）│
│    手配の一括窓口           │            │   ・特産品の開発・販売システムの│
│   ・特産品の販売            │            │    構築                      │
│                      など   │            │                      など    │
└─────────────────────────────┘         └─────────────────────────────┘
```

図 3.2 持続可能な観光まちづくり事業体に求められる機能
出典：観光庁観光地域振興部観光地域振興課 (2009).

調査の結果，観光まちづくりを先導的かつ，持続可能な組織とするためには，観光客誘致の情報発信機能，コンシェルジュ機能と，地域において協働の価値観を醸成して活動を束ねる機能，観光商品化・特産品開発によって一定の収益を確保する機能の両面を有する組織が求められるとの方向性が示された(図3.2参照).

3.2.3 観光まちづくりプラットフォームの仕組みづくりに向けて
a. 既存組織としての観光協会の限界

地域資源を最大限に活用して，着地型旅行商品をはじめとする商品・サービスを積極的に販売するためには，ワンストップ窓口となって着地型旅行商品などを販売していく機能を担う組織が必要となる．その実現に最も近い組織が各地域の観光協会である．しかし従来型の観光協会などは，観光事業者を構成員（会員）とし，会員事業者からの会費や自治体からの補助金に依存していることなどにより，自治体の区域や公平中立性に縛られてしまうため，現状のままでは顧客の志向に対応することは難しい．

このことは市町村の観光協会に対するアンケート調査でも明らかとなっている．現在自ら旅行商品を企画・販売している組織は全体の2割程度であり，今後の観光推進のためには，①地域全体の経営・リーダー，②ガイド・インストラクター，③旅行業に関わる専門人材が必要である．一方で，①予算不足，②会費・

補助金への依存体質，③人材不足が組織上の課題である．今後，旅行業登録を取得して積極的に着地型旅行商品などの販売をしていく意向を持っている観光協会は，企画・販売を実施していない観光協会のうちの2割程度に留まっている．

b. 市民協働との連携

着地型旅行商品の販売だけでなく，持続可能な観光まちづくりの実現のためには，新しい地域資源の発掘と体験プログラムとしての組立ても併せて展開していく必要がある．近年，観光のみならず効率的な行財政運営や福祉部門，環境や教育などの多分野において，市民と行政とが一体となってまちづくりに取り組む「市民協働」の活動が活発化してきている．

観光面では，観光案内ガイドや体験プログラムのインストラクター，特産品・食の開発などにおいて市民活動と連携した取組みが盛んに展開されている．依然として「まちづくりは行政主導」という考え方が根強い地域もみられるが，これからは住民が主役となる時代に確実に向いてきている．

住民が主役のまちづくりを確実に展開するための極意は，互いの活動を認め合うことと，活動に対する感謝の気持ちを持つことである．観光まちづくりに関わる組織・メンバーが互いの活動を認め合いつつフラットな関係を維持できる仕組みの中で，互いの活動を讃えて感謝の念を持ち続けられるならば，確実に地域ぐるみで来訪者を温かく迎える環境が整うことになる．真のゲスト−ホストの関係が整う地域こそが，品格のある地域としてこれからの集客を現実のものとするのである．

c. ブランド化による付加価値づくり

著名な観光資源を有する地域でなくても，テーマいかんによっては，集客によって生じる経済的効果などを通じて地域の活力を高めることができる．全国各地域が活力アップの機会を得たことになり，地域間での競合が激化することが予想されている．実際，これまで観光地という意識が希薄だった東京23区においても，こぞって観光パンフレットやマップを充実させて誘客に向けたシティセールスを展開している．

今後の地域経営における持続可能な仕組みへの展開を考えると，話題性を創出し地域の新しい観光テーマを来訪者に認知してもらったうえで，そのテーマが賞賛されることで地域のブランド力が備わっていく．地域ブランドと認知されることで，①地域個性が類似した地域が新しく登場しても再来してくれる，②地域の取組みを支持し続けてくれる，③地域の品格を信じて他人に紹介してくれるとい

った付加価値を生むことになる．

この付加価値によって生じる経済効果を，次の商品づくりのための原資として循環させることによって，持続可能な観光まちづくりが実現する．観光まちづくりの最終目標は，「地域ブランド」と多くの人に認知・承認してもらうことなのである．

3.3 観光まちづくりの段階的展開手法と今後の展開方向

3.3.1 観光まちづくりの2つのタイプ

観光まちづくりへの取組みを大別すると，①既成の観光地が「地域ぐるみ」での取組みに向けてまちづくりを展開するタイプ，②観光地でなかった地域がまちづくりの成果を観光に生かそうとするタイプの2つがみられる．近年提唱されている「観光まちづくり」は，前者を強く意識しているのに対して，後者は，観光まちづくりの原型ともいえる町並み保存活動や先進地域として紹介されている組織であり，「まちづくり型観光」と称して区分しておく必要がある．

前者「観光まちづくり型」の地域では，一定の知名度と既往の集客資源・商品に頼っているため，知名度と集客力が日々陳腐化する可能性があることを地域全体として認識するといった意識改革から取り組む必要がある．また観光が一定の地域産業として体系化されていることから，フラットな関係性の中での活動展開に取り組む際に，他力本願的かつ「長いものに巻かれろ」的な意識が生じやすいことが障壁となる．目指す取組みの姿は「地域ぐるみ」の実現にある．

後者「まちづくり型観光」の地域では，まちづくりに対するノウハウと地域内での様々な調整を経験していることから，観光・集客によって地域活力を高めるという目標を共有しやすい．しかし観光・集客に関する経験が乏しいことから，地域住民から理解を得るまでに時間を要する．また，観光・集客を実現するノウハウと，来訪者を迎えるオペレーション技術を有していないことから，一定の集客規模を超えるとコントロールできなくなるといった課題を抱えている．

3.3.2 観光まちづくりの3つのステップ

地域の経済的潤いは，地域を元気にするためには不可欠の要素であり，誰しもが求めるものである．その実現のためには，最初から経済的な効果を求めるのではなく，経済効果を得るまでの3つのプロセスにチャレンジする姿勢が必要である．これは，観光まちづくり型，まちづくり型観光の双方に共通するものである．

①**愛着と誇りの持てる舞台（ふるさと）づくり**

　地域住民自らが地域への愛着と誇りを持っている地域こそが，訪れて楽しい地域である．自慢したくなる地域が"住んでよし，訪れてよし"の原点になる．様々なきっかけがあるが，地域住民や事業者，自治体が一体となって観光振興に取り組む機運を高め，愛着と誇りの持てる舞台（ふるさと）づくりから始めることが望まれる．最初から経済的な効果ばかりを求めていては何も始まらないと考えたほうがよい．

②**人が行き交うこと（他人の目）による地域の磨きかけ**

　「地域に人が訪れるようになる」＝「他人の目が地域に加わること」と考えると理解が深まる．人の目が気になり，より美しく整えよう，より楽しい地域にしようという機運が地域に芽生え，さらに魅力ある地域へと磨きを増すことにつながるのである．

　地域住民相互の交流や地域外から訪れる人々との交流・ふれあいを通じて，住民も来訪者も快適に過ごすことのできるような生活環境と地域文化となるよう，地域に磨きをかけていけば，まちづくりと一体となった取組みへと広がっていくことになる．

③**集散往来による地域活力の向上**

　この段階にまで至ると，自ずと経済波及へとつながってくる．地域外から多くの人が訪れ，少しでも長く地域内で時間を過ごすようになることで地域での消費が拡大され，結果として地域活力の向上にもつながるのである．

　地域の人々が愛着と誇りを持って大切にしているお宝に磨きをかけるとともに，さらに新たな資源を掘り起こし，地域内外に魅力をアピールし迎え入れる．地域内を快適に往来できる仕組みを創り出すことで，地域経済の活性化は地域全体へと広がりをみせることになる．1カ所に留めること，すなわち囲い込みは厳禁である．「集」まった顧客を「散」の行動（地域内回遊）へと促すこと，「集散」によって「往来」を創り出すこと，これが地域活力を向上させるコツである．

3.3.3　まちづくりの極意を集客・観光分野に活かすこと
　　　　──得意技を束ねる活力推進の仕組みづくり

　地域には，ある特定の分野に精通した人材，博学の人材も多く住んでいる．観光まちづくりの推進・展開においては，これらの人材の登用が不可欠である．「匠」，「博士」，「インストラクター」など称号・呼称は様々であるが，得意技と地域貢

献に対する熱意ある人材を組織的に束ね，地域活力の向上という目標実現に，地域全体として取り組むことが大切となる．

市民協働のまちづくりの極意は，先に示したように「認め合うこと」と「感謝する心」にある．地域住民の心と力を重ねることで，大きな力となる．観光まちづくりプラットフォーム実現化の鍵は，まちづくりの極意である「関心を寄せ合うこと」から始まり，市民協働の仕組みを作ることで花開くのである．生きがい・地域貢献を求める市民の心意気が高まっている現在はまさに，観光まちづくりの萌芽の時期である．

3.3.4　観光まちづくりのモデルと今後の展開方向

地域内で観光まちづくりに貢献したいと考える人が多数いたとしても，具体的な活動の場や仕組みが形成されていなければ，せっかくのパワーを結集することはできない．

観光まちづくりを先行している地域をみると，①市民活動をベースとして観光まちづくりを展開しているタイプ，②観光協会を軸に収益事業を創出しプラットフォームへの展開を模索しようとしているタイプ，③共通するテーマを掲げ広域連携による事業性を追求しているタイプなどがみられる．これらを参考として，表3.1に今後観光まちづくりに取り組むにあたって中心組織となるタイプを類型化し，その特徴を示す．観光まちづくりの取組みは緒についたばかりであり，どのような組織とすれば成功に導けるかの正解はない．

観光まちづくりの中核となることが期待される組織としては，商工会議所や商工会，観光協会，地域の主要な観光施設を運営している組織体（道の駅や物産施設などの運営企業），まちおこし会社やまちづくりのNPO法人，広域事業組合，各種市民活動団体などが挙げられるが，これらは本来の事業目的達成のために組織化されたものであり，観光まちづくりの運営においては，フラットな関係で共同体として取り組む中で機能分担を進めていくことが最も効果的かつ現実的であると考えられる．

観光まちづくりの基本は，「地域の付加価値を創ること」＝「地域ブランドと認知される地域に導くこと」を目標として，地域への愛着と誇りを持つ地域住民が主役となって，来訪者を心から迎えるという成熟した観光の姿を実現するプロセスをつくることにある．何らかの形で地域への貢献を求める住民は少なくない．そのパワーを観光・集客の分野に結集させたいものである．既往の観光地だけで

表3.1 観光まちづくりを推進する中核的組織のタイプと特徴

タイプ	特　徴
まちなか商工型	・商工会議所や商工会，中心市街地の活性化組織，TMO組織などが中心となって，まちなかの商工業者と連携し，地域をアピールする事業を組み合わせることで，まちなかをフィールドとする体験プログラムを企画・創出・実践する ・新たな装置・サービスの整備を伴うことなく，「企画力（テーマ性）」次第では，アピールしうる事業となる可能性が高い
多機能複合型	・地域の集客施設（「道の駅」の運営母体など）や観光協会が，本来事業の複合機能として，体験型プログラムの企画・創出・販売・運営を行っている ・観光事業の収益性は現時点では低いことを前提に，収益性のある事業との組合せに注力することがポイントとなる
観光協会発展型	・従来の観光協会のように収入を会員会費に限定せず，旅行業登録を取得して積極的に着地型旅行商品販売などの収益性のある新規事業の創出に力を入れる，いわば観光協会の発展型 ・革新的な考えであることから，求心力，行動力のあるリーダーが必要であるとともに，地域の理解を十分に得て取り組むことが必要不可欠である
広域連携型	・複数の市町村からなる広域市町村が連携し，観光客や体験型の修学旅行などを誘致するために新たな組織をつくるタイプ．国の地域指定や補助事業（例えば観光圏など）がきっかけとなる場合もある
地域限定仲間づくり型	・体験プログラムの実践者が主体的に仲間づくりとプログラムの運営を目的として組織化する ・地域限定での仲間づくりと実質的な運営の実行性の面では効果のある組織体系である．観光地域づくり事業全体を運営管理する組織体の下に，このタイプの組織を置き，連携を強めることで，機能的な組織形態が構築されることが期待される

なく，これまで観光地でなかった地域でも，地域の新しい価値を見出し地域ぐるみでそれを共有して地域の活力を高める，まさに「観光まちづくり」の競合時代に入っている．

これまでの既成概念や集客実績から離れ，「地域の素の魅力」を見つめ直す作業から始めたいものである．　　　　　　　　　　　　　　　［大下　茂］

● ニューツーリズム
　旅行者のニーズが多様化する中，従来の物見遊山的な観光旅行に対して，テーマ性が強く，体験型・交流型の要素を取り入れた商品・サービス事業が創出されニューツーリズムと総称される．国の事業要件のタイプとして，産業観光，エコツーリズム，グリーンツーリズム，ヘルスツーリズム，ロングステイ（長期滞在型観光），文化観光の6つのテーマが設定された．

● 観光まちづくりプラットフォーム
　観光を通じた地域振興を図っていくためには，行政区域にとらわれずに観光に関わる関係者が協働して着地型の旅行商品を企画・販売することが望まれていた．観光まちづくりプラットフォームとは，着地型旅行商品の販売を行うため，地域内の着地型旅行商品の提供者と市場（旅行会社，旅行者）をつなぐワンストップ窓口としての機能を担う事業体をいい，観光圏整備法の区域がイメージされている．

文　献

大下　茂（2009）：地域の記憶，産業，暮らしぶり，文化等の総体的な地域の魅力があってこその観光まちづくり～桐生市・みどり市の観光まちづくりの取組みを通じて．都市計画ぐんま，群馬県都市計画協会．
大下　茂（2011）：行ってみたい！と思わせる「集客まちづくり」の技術．学陽書房．
大下　茂（2012）：今求められている観光のかたち～「素」の美しさの追求．それは，今の魅力を削りとることから始まる．観光政策フォーラム原稿（2012年11月1日NET配信）．
観光庁観光産業課（2009）：平成20年度ニューツーリズム創出・流通促進事業報告書ほか．
観光庁観光産業課（2010）：ニューツーリズム旅行商品　創出・流通促進ポイント集．
観光庁観光地域振興部観光地域振興課（2009）：観光を活かしたまちづくりを推進する体制づくり～平成20年度持続可能な観光まちづくり事業体の創出支援調査事業報告書．
観光庁観光地域振興部観光地域振興課（2010）：観光地域プラットフォーム研究会における取りまとめ．

4 観光行動と観光市場

4.1 観光行動の3つの特性

4.1.1 成熟消費社会におけるストーリーの重要性

日本はすでに成熟消費社会へと入っており，観光での消費意欲は中国をはじめとする高度経済成長国とは異なっている．成熟消費社会の観光行動の特徴は，物欲よりもストーリー欲が効果を発揮するという点である．バブル期までは，日本では買えないというだけでブランド品やお酒などを可能なだけ購入する日本人観光客が世界中を闊歩していたが，現在ではその地位を中国人観光客に譲っている．日本人の観光消費額は減少しており，観光事業者に消費戦略再構築を促している．

図4.1は，JTB総合研究所が，観光地への訪問意欲，特産品の購入意欲について調査した結果である．観光地や特産品の写真（現物）および解説文のみをみせた場合と，写真（現物）および解説文に加えて関係者の話（録音）を1分間聞かせた場合の訪問意欲，購入意欲を比較している．

観光地への訪問意欲・特産品の購入意欲ともに，話を聞いた後では大きな伸びを示している．つまり消費者はわずか1分間のストーリーで魔法にかかったのである．日本人は旅行スタイルも含めてひととおりの観光経験を有しており，想像の範囲内であることに対しては積極的な訪問意欲や購入意欲を示さなくなりつつある．つまり観光事業者には，モノを売るのではなく観光地や特産品の隠れたストーリーを売ることが求められているのである．

4.1.2 人の移動を促す口コミの効果

現在，1人あたりが1日に触れる広告の数は500以上に及ぶといわれており，情報建築家のリチャード・ソール・ワーマンは『Information Anxiety（情報選択の時代）』で，ニューヨークタイムズ平日版の情報量は17世紀の英国人が一生で得るものを超えると述べている．21世紀になりインターネットが急激に日常社会のインフラとして重要性を増し，これに合わせて現代人はいつでもどこからでも世界中の情報を入手することが可能となった．観光産業においても，情報戦

A.（観光スポットの話を聞く前）
その観光地に訪問してみたいと思いましたか？

- そう思う 8.1
- ややそう思う 15.3
- どちらともいえない 66.7
- そう思わない 2.7
- まったくそう思わない 2.7
- 無回答 4.5

B.（観光スポットの話を聞いた後）
その観光地に訪問してみたいと思いましたか？

- そう思う 30.6
- ややそう思う 58.6
- どちらともいえない 9.0
- 無回答 1.8

C.（開発ストーリーを聞く前）
特産品を購入してみたいと思いましたか？

- そう思う 7.2
- ややそう思う 18.0
- どちらともいえない 63.1
- そう思わない 8.1
- まったくそう思わない 0.9
- 無回答 2.7

D.（開発ストーリーを聞いた後）
特産品を購入してみたいと思いましたか？

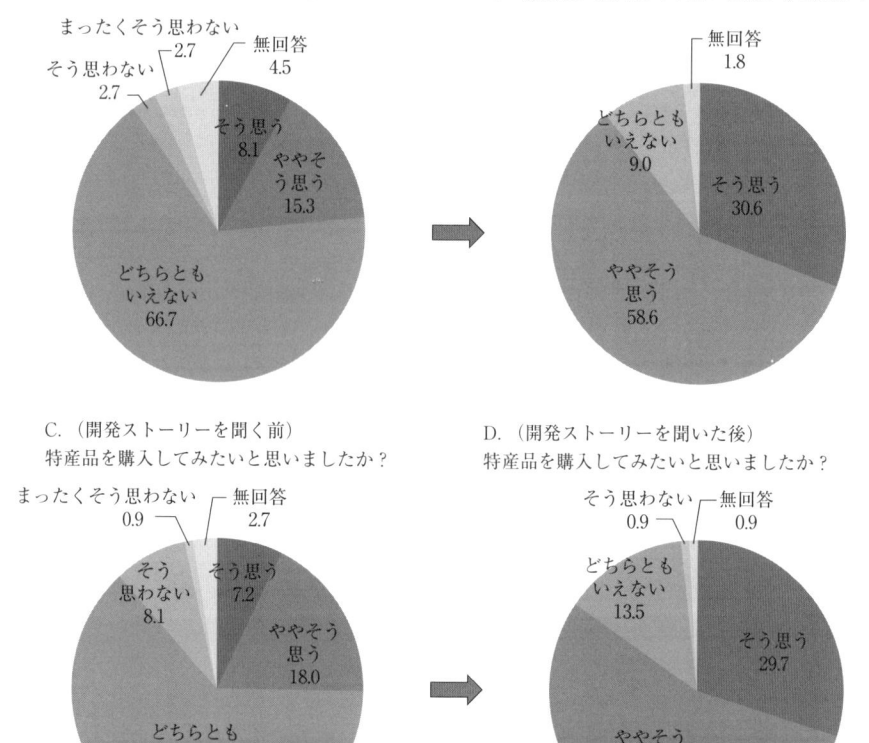

- そう思う 29.7
- ややそう思う 55.0
- どちらともいえない 13.5
- そう思わない 0.9
- 無回答 0.9

図4.1 観光地への訪問意欲，特産品の購入意欲（％，n=111）
A：説明書と写真のみの場合，B：説明書と写真に加えて現地関係者の声（録音）を1分間聞かせた場合，
C：説明書と現物のみの場合，D：説明書と現物に加えて開発者の声（録音）を1分間聞かせた場合．

略は日々重要性を増している．

　入手可能な情報量が飛躍的に拡大する一方で，信頼できる情報ルートからの口コミが旅行先決定の大きな要因であることは今でも変わりはない．特に旅行先の検討時においては，家族や友人などの特に親しい関係にある人から情報を入手しようとする．表4.1は，JTB総合研究所が北海道観光振興機構の委託を受けて行った外国人観光客の情報入手ルートに関する調査結果である．調査を行った2009～2010年時点では，ほぼすべての国・地域で「家族・友人の口コミ」が訪

表 4.1 外国人観光客の情報入手ルート

	韓国 (n=400)	台湾 (n=400)	香港 (n=400)	中国① (n=1212)	中国② (n=1232)	ロシア (n=323)	シンガ ポール (n=301)	マレーシア (n=311)
テレビ	53.8	38.0	44.8	31.6	27.2	37.5	59.1	58.5
映画	42.0	17.5	25.3	16.9	11.1	10.8	30.9	26.7
新聞	15.5	17.3	35.0	19.7	21.9	11.1	39.2	38.9
雑誌	29.8	31.8	58.3	21.0	16.7	25.7	45.8	56.3
ダイレクトメール	7.5	3.8	3.8	2.6	1.2	4.6	12.0	18.3
インターネット	53.3	40.3	47.0	37.1	37.3	74.3	56.8	71.1
家族・友人の口コミ	45.5	60.5	65.8	63.7	63.5	63.2	59.1	64.6
旅行博・物産店などのイベント	17.3	28.3	26.0	14.9	14.4	32.8	48.2	56.6
旅行会社のイベント	12.5	35.3	42.5	34.8	21.9	29.4	23.6	40.2
その他	3.8	5.8	3.8	7.3	2.0	5.0	2.3	1.0
とくにない	4.3	3.8	2.8	3.3	1.5	2.2	8.6	2.6

数値は割合（%）．
中国①は，北京，上海，広州，中国②は瀋陽，大連，青島，重慶．
出典：北海道観光振興機構「北海道観光に関する東アジア地域マーケティング調査」（2009〜2010年3月）．

問先決定の大きな要因となっており，インターネットを上回っている．情報量が増えれば増えるほど，人間の処理能力を超えた情報量に触れることになり，身近な最も信頼できる人からの情報を重要視することがうかがえる．最近のFacebookの急伸も，同じ傾向といえる．

各自治体は観光誘致戦略として競って情報発信を行っており，ウェブサイトはもちろん，ツイッターやFacebookを駆使している自治体もある．しかしながら口コミ戦略の重要性について認識はできても，そのつかみどころのなさから，観光客が最も重要視している家族・友人の口コミまで踏み込んだ有効な情報発信手法の実現には至っていない．

4.1.3 満足度とリピートの相関性

観光では観光客が満足するかどうかは非常に重要なことであり，受入れ地側では常に注力してきた．その一方で，満足度は高いのにリピート率が低いという声をよく聞く．なぜ満足度が高いのに，リピートしないのか．図4.2は北海道奥尻島の来島者に行った調査結果である．

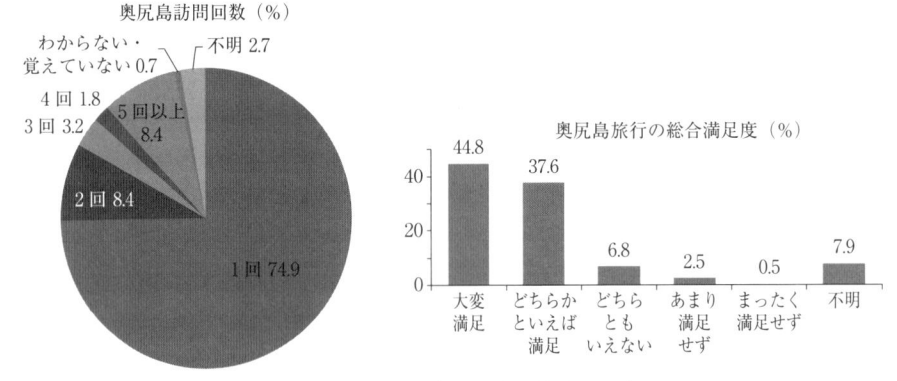

図 4.2 満足度とリピートの相関性（n = 442）
出典：奥尻町（2008年奥尻島来島者調査）．

　調査結果は極めて高い満足度を示している一方で，決してリピート率が高いとはいえない．この相矛盾する結果の謎は過去の日本人観光客の歴史をひも解くとみえてくる．

　1960年代の海外旅行自由化により，日本人観光客が世界中を訪問するようになった．日本人は最初にハワイを訪れた後，次にロンドン，パリ，ローマなどへと旅行先を変え，常に新たな旅行先で新たな発見を行ってきた．同様のことが国内旅行にもあてはまり，リピートが始まるのは観光客の旅行経験値がある程度高くなってからだといえる．

　このように観光客が持っている本能は，「新たな発見」であり，リピートにはこの本能と反する側面も含まれる．口コミ効果が大きく発揮されるとはいえ，宿泊施設が満足度を高め，お客様アンケートのポイントを上げたとしても，リピートさせるには不十分である．観光客の本能が新たな発見であるのならば，リピートさせるためには新たな発見の要素を含んでいることが不可欠である．

　2011年データで年間約2535万人が入場するディズニーリゾートは，数年ごとに新たなアトラクションをオープンさせ，パレードの変化，本場米国の映画やテレビなどのソフトと連動した新たなグッズの販売などにより小さな変化を起こし，複数回の訪問経験者にさえ，新たな発見がしたいという決定的な動機を与え，リピートさせている．観光におけるリピート戦略とは，満足度を高めるとともに，消費者にリピートの動機を与えることに他ならないのである．

　奥尻島の調査結果では，5回以上のハードリピーターが8.4％も存在すること

も見逃せない．その後のヒアリング調査で，「食」と「島民との人間関係構築」が大きな動機となっていることがわかった．この2つは観光客の本能というより，人間の本能そのものである「食欲」，「集団欲」に起因している．

観光におけるリピート戦略は，変化，動機付け，人間の本能をファンダメンタルとして構築すると効果が発揮できる．

4.2 データから読み取る観光市場

4.2.1 企業データから読み取る観光市場

日本国内の主要旅行会社の2007〜2011年度の売上げ推移をみてみると，2011年度は2007年度比84.5%まで減少している．日本人1人あたりの年間宿泊数は2.92泊（2005年）から2.17泊（2011年）まで減少しており，国内宿泊旅行に国内旅行消費額の67.5%を依存している現状では，主要旅行会社全体でのさらなる売上げ増加は容易ではない．

低迷する国内需要に対して鍵を握るのは外需の取込みである．世界の旅行会社の2010年の売上げは図4.3の通りである．ドイツに本社を持ち，名実ともに世界一の旅行会社であるTUIグループは売上げ321億2000万ドル，航空会社やホテル，クルーズ会社などを有し，まさに垂直統合を実現した巨大旅行会社である．カールソンワゴンリー社は，企業のソリューションを提供する北米中心のビジネストラベルに特化した旅行会社であり，エクスペディア社はオンラインに特化し，北米市場，ヨーロッパ市場に続き，アジア市場への積極的な進出を果たしている．日本トップのJTBグループは世界では6番目に位置しており，経済成長によりアジア各国の観光ニーズが高まる中でグローバル企業への脱皮を迫られている．

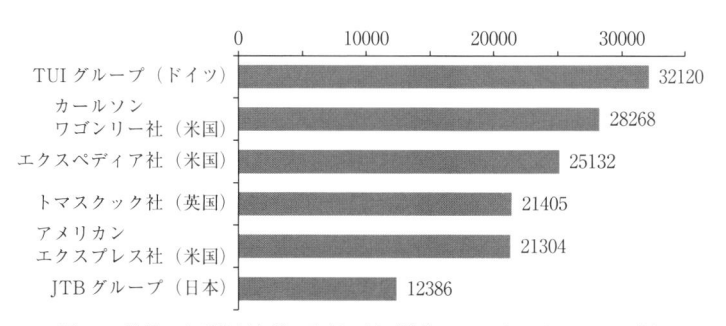

旅行会社	取扱い額
TUIグループ（ドイツ）	32120
カールソンワゴンリー社（米国）	28268
エクスペディア社（米国）	25132
トマスクック社（英国）	21405
アメリカンエクスプレス社（米国）	21304
JTBグループ（日本）	12386

図4.3 世界の大手旅行会社の取扱い額（単位は100万USドル．2010年）
出典：Euromonitor.

LCC先進国のオーストラリアでは，2004年からジェットスター航空社が運航を開始し，2003年に3388千人だった出国者は，2004年には4369千人，2011年には7831千人にまで達している．アジア諸国の経済発展およびLCCの就航により，今後はアジアを中心とした人流が飛躍的に拡大し，世界の旅行会社の主戦場がヨーロッパからアジアにシフトしてくることが予測される．日本国内の旅行会社は今後，海外の巨大旅行会社による水平展開，国内新興勢力によるさらなる攻勢にさらされるはずである．

4.2.2　自治体データから読み取る観光市場

　長年ライバル関係にあるとされてきた北海道と沖縄県のデータをみてみる．域外からの入込客数は，2007年度は北海道6488千人，沖縄県5892千人であったが，2011年度は北海道5444千人，沖縄県5528千人と逆転している（図4.4）．この逆転は沖縄県の観光客が伸びたということではなく，両地域ともここ5年で入込客数が減少している中で，沖縄県の減少幅が小さかっただけである（2007年比で北海道が83.9％，沖縄県が93.8％）．日本を代表する北と南の観光地が苦戦しており観光市場全体の縮小傾向がうかがえる．

　住民を含む延べ宿泊数では，北海道27294千泊，沖縄県14145千泊と大きな開きがあるが，これは北海道と沖縄県の人口規模の違いからくるものである．外国人観光客をみてみると，北海道570千人に対して沖縄県は301千人となっているが沖縄県の数字にはクルーズ船客の一時上陸分も含まれており，実質的な数字の開きはかなり大きい．北海道は東アジアでの人気が極めて高く，インバウンド観光先進地として，外国人ドライブ観光，映画『非誠勿擾』のロケ地めぐりなど数

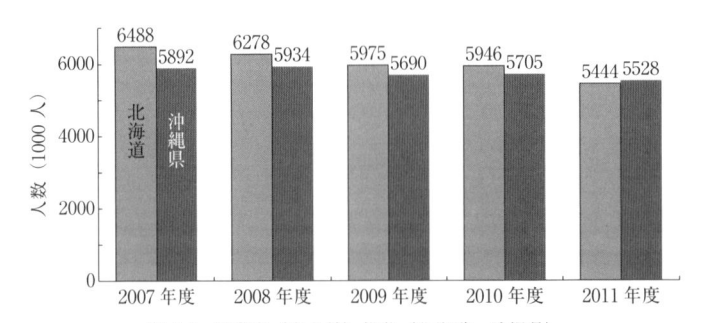

図4.4　観光客（実人数）推移（北海道・沖縄県）
出典：北海道経済部観光局（来道観光客数（実人数）推移），沖縄県（観光要覧）．

多くの成功事例を積み上げており，東アジアのオンリーワン地域としてさらなるパイの拡大が期待できる．一方，沖縄県は東南アジアのビーチと競合しており，国内観光客ほどの規模感はなかったが，ここ数年はプロモーション効果が徐々に出始めており，東アジアでの存在感が高まりつつある．加えて外資系ホテルの進出も相次いでおり，沖縄県観光振興基本計画が目指す「世界水準の観光リゾート地」への一歩を歩み出したといえる．2016年までに外国人観光客1800万人/年にするという国の目標を実現するためには，この2つの地域が大きな人流を作れるかどうかにかかっている．

4.2.3 観光市場に必要な新たな資金循環

諸外国が輸出産業と同様に観光産業を外貨獲得の重要産業と位置付けてきたのに対して，日本の観光は，国民の余暇を充実させる内需型産業として発展を遂げてきた．経済成長による1人あたりのGDPの伸びに合わせて，観光産業も大きく成長し全国各地にはハード投資を伴う観光施設の建設が行われてきた．江戸時代の参勤交代によって全国の街道が形成され，宿場などのサービス機能が構築されたのと同様に「人の動き」により全国の発展が促進されたのである．

武家諸法度にて参勤交代が制度化されてから367年経った2002年に「経済財政運営と構造改革に関する基本方針2002」が閣議決定され，2003年には国土交通省により外国人旅行者訪日促進戦略，外国人旅行者受入れ戦略，観光産業高度化戦略，推進戦略から構成される「グローバル観光戦略」が策定され，参勤交代と同様に人の動きを促進する政策決定がなされた．本格的な外国人観光客誘致活動も同時に始まり，韓国，台湾，米国，中国，香港を促進重点国・地域としてビジット・ジャパン・キャンペーンがスタートし，現在に至っている．

観光戦略が立案される一方で，地域活性化の現場レベルの観光関係者からは「役所が観光予算を削ったから観光客が来なくなった」，「観光予算がないから知恵で勝負するしかない」という声を相変わらずよく聞く．プロモーションや基盤整備に使う予算が集客に影響することは間違いない．短期戦略では知恵で勝負することができても，産業として発展拡大し，安定軌道に乗せるためには安定した財源は欠かせない．

各地域では，2008年度より緊急雇用創出事業や重点分野雇用創造事業を活用して，これまで観光施策を実施したことがない自治体までもが積極的に動いているが，同時に，結果がみえづらい観光への取組みに足を踏み入れたという先行き

不透明感も漂わせている．せっかく雇用した人材を雇用創造事業が終わるとともに解雇するという状況も全国各地で起きている．

日本の経済発展に合わせて成長した観光産業は誘致のための事業予算の多くを行政に依存し，産業発展のための自立した財源基盤，つまり資金循環モデルを確立できておらず，中長期的な観光戦略を不安定な状況に追い込んでいる．

厳しい経済環境の中で，行政が観光予算を確保するには雇用の確保，税収の増加という大義名分が不可欠であり，国・自治体の税収が伸び悩み，社会保障関係費が膨張している現状では，宿泊者の増加などの観光産業としての結果が求められて当然であり，行政予算依存から脱却し，新たな自立財源を確立することはまさに急を要しているといえる．

a．法定外目的税

2000年の地方分権一括法により自治体の課税権が拡大し，法定外目的税が新設された．地方税法に定めのある以外の目的税で，その使途を特定して徴収される地方税の一種である．観光客になじみの深い入湯税は，市町村が入湯客に課す地方税法に定めのある法定目的税である．

自治体で観光に関連する法廷外目的税を実施しているのは，2002年に観光振興予算確保を目的に施行し2011年度予算ベースで11億円以上の税収を見込んでいる東京都の宿泊税をはじめ，岐阜県の乗鞍環境保全税，日本で最初の法定外目的税である山梨県富士河口湖町の遊魚税，沖縄県伊是名村・伊平屋村の環境協力税などがある．その他の観光地を抱える自治体も新たな観光財源として宿泊税や環境税などの法定外目的税の導入を意識はしつつも，議論推進の要となる観光事業者の積極的な姿勢を取りまとめることができずに導入がなかなか進んでいない．導入反対側には，観光客の減少リスクと，事業者側の新たな徴収業務負担増を挙げる声が多い．観光客の伸び悩みによる業績低迷が続き，事業者の収益が源泉となる普通税からの財源確保が不安定になっているのに加え，法定外目的税（観光客への課税）からの財源確保もスムースに実現していない．これらは観光が解決すべき大きな課題であり，現状においては成長産業としてのサイクルを生み出していない大きな原因でもある．

海外の都市でも，宿泊税，ホテル税，滞在税などの名称で同種の税を負担する例がある．ニューヨーク市ではホテル客室占有税として通常の税金から宿泊料金に5％加え，宿泊料金に応じて最高2ドルまでが課税される．パリ市では滞在税としてホテルのランクに応じて100円程度，ハワイ州ではホテル宿泊税として宿

泊料金の 9.25％が課税されており，すでに観光財源の安定化が実現している．

b. 寄　付

税制以外に観光業界が研究すべき取組み事例として，寄付制度が挙げられる．英国における 2008 年度の年間寄付総額は，約 99 億ポンド（1 ポンド＝120 円とすると，1 兆 1188 億円）と推計され，英国の GDP のおよそ 0.7％に相当する．一方，日本では東日本大震災前の 2009 年度で約 1000 億円，GDP のおよそ 0.02％と低水準である（日本の個人寄付総額は政府の「2011 年新成長戦略」による）．

先進諸国では公共性の高い取組みに対する寄付文化が定着しており，東日本大震災を機に日本においても寄付文化の定着が図られようとしている．2001 年に英国で作られたソーシャル寄付サイト「Just Giving」は，世界で最も成功している寄付コミュニティの 1 つである．その最大の特徴は，誰もがチャリティプロジェクトを立ち上げることができ，そして多くの人々が気軽に寄付に参加できる仕組みだということである．「寄付したい人」と，「その気持ちを応援する大勢の人たち」が，いつでも，どこからでも参加できるのである．

一例を挙げると，2009 年のロンドンマラソン参加者約 3 万 5000 人のうち 2 万 999 名が Just Giving を通してファンドレイズを行った．支援を受けた非営利団体は 1693 団体，Just Giving を通じて集まった寄付金は 2400 万ポンド（約 28 億 8000 万円），寄付の件数は 65 万 6350 件であった（Just Giving Japan 資料より）．

2010 年の東京マラソンで寄付参加枠が設けられたものの，日本ではイベントで寄付を集める同様の動きはまだまだ少ない．来島者に環境協力税を課している沖縄県伊是名島では，商工会が中心となり「チーム伊是名」を結成し，一定の寄付額を設定した特産品を販売することにより，高校や塾がない島の子ども達のための夏期講習費用を生み出している．観光は，全国各地で地域を挙げてのイベントを数多く実施しており，寄付を集めるエンジンとなる高い潜在力を持っている．西洋の先進諸国とは生活文化の違いもあり，すぐに大きな資金循環をもたらすとは考えにくいが，国，自治体の財源が厳しくなる中で，新たな資金循環モデルとして観光の看板整備や情報発信への活用を大いに研究，実行する必要があると思われる．

観光が自他ともに認める 21 世紀の成長産業となるためには，財源問題の解決，つまり行政予算から自立した新たな資金循環モデルの構築が必要である．

4.3 観光産業の市場戦略

4.3.1 工業化時代と情報化時代の市場優位性

ミッドメディア社・代表取締役の橋本英重は，情報化時代の不確実性について次のように整理して，工業化時代との違いを述べている．

「工業化時代には，企業は新たな商品開発に多くのコストと時間をかけ，開発した新商品の競争優位期間も長くなる．洗いから脱水まで自動で行う全自動洗濯機は，1965年に松下電器産業（現 パナソニック）によって第1号機が開発・発売された．ロングセラー商品としてその後，様々な改良が加えられ，現在では完全に国民生活に必要不可欠なものとなっている．情報化時代においては，情報の独占が難しく，新商品に対して競合企業による対抗商品が短い期間で出てくるために，開発コストと時間のバランスが難しい（図4.5）」．

また橋本は，情報時代は新たな成長のチャンスとして次のようにも述べている．

「このように情報化社会が完全に定着した現代社会では，企業活動においては第一に変革とスピードが求められる．知財保護のメカニズムが働きにくい観光業界の商品開発については，製造系のメーカーとは比較にならないほどのスピードが要求される．情報化時代は観光産業にとって成長のチャンスと淘汰の危険性の両方の可能性を含んだ時代でもある」．

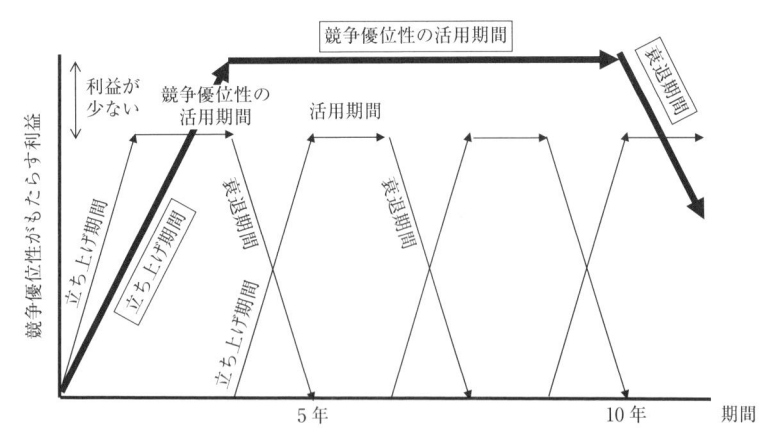

図4.5 工業化時代の競争優位性と情報化時代の競争優位性の比較
情報化時代の競争優位性：──→，工業化時代の競争優位性：━━▶．
出典：「起業戦略」大江健著, Richard A. D'Avenir, "Hyper-Competition", Free Pressに，橋本英重が改訂．

4.3.2 成長市場と飽和市場の顧客戦略

スマートフォン市場のように技術革新に伴い国民の需要が大きく拡大する成長市場では，企業は技術力を背景に強気の商品戦略が可能となってくる．一時期の液晶テレビがそうであったように，たとえ値段が高くとも，消費者の旺盛な購入意欲により市場が拡大する．

飽和市場では，成長市場のような需要の拡大が見込めないために，企業がとるべき戦略は異なってくる．最近では三光マーケティングフーズ社が運営する「東京チカラめし」を飽和市場戦略の事例として挙げることができる．牛丼市場はデフレの象徴といわれている市場であり，吉野家，松屋，すき家の3社のシェアが高く，厳しい競合状態となっている．加えてファストフードということもあり，店舗の立地が売上げに大きく影響することから新規参入が難しい市場であった．このような市場環境の中で，東京チカラめしは「焼き牛丼」を看板商品としてオープン1年で約100店舗の出店に成功している．従来の牛丼は，各社とも差別化された商品コンセプトはなく，「つゆだく」と注文する客がいるくらいである．つまり牛丼という商品に対して，企業側は新たな商品コンセプトを消費者に植え付けることをしないまま激しい価格競争に没頭していたということである．東京チカラめしは牛丼に「焼き」というコンセプトを持ち込み，自覚のないままにマンネリ感を感じていた消費者の囲い込みに成功した．1990年代にはカレールー市場において，江崎グリコ社が「コク」というコンセプトを市場に持ち込み，ハウス食品社の看板商品であるバーモントカレーの牙城を崩したこともある．

観光市場もデフレ化，マンネリ化が定着した飽和市場である．消費者は価格競争以外の新たなコンセプト投入への潜在的な期待を持っており，「生」，「塩」などのキーワードにより売上げを拡大している企業もある．各企業は，データベースに登録した自社の顧客に情報を一方的に送りつけるだけではなく，顕在化していない顧客ニーズをコンセプト化し，新たな顧客戦略として囲い込みを行う必要が出てきている．

4.3.3 観光市場とKPI

最後にKPI（key performance indicator）について述べておきたい．日本は全国各地で観光振興が行われているといってもよいくらい，各自治体間の観光客誘致競争が白熱している．各自治体はプロモーション手法を高度化させており，最近ではSNSで消費者と一体化した新たなプロモーションを実施している自治体

も出てきている．一方で，その効果測定は相変わらず不明瞭であり，貴重な観光財源の投資効果が測られていない．

　海外では，ハワイ州政府観光局をはじめ，KPI によりマーケティング活動の達成プロセスを管理することが普通に行われており，より厳しい投資効果の可視化が行われている（表4.2）．観光が21世紀の重要産業として国民理解を得るためには，期待論としての観光産業のみならず投資論としての観光産業に脱皮する必要に迫られている．

[篠崎　宏]

表 4.2　ハワイ観光局の日本向けマーケティング活動に関する KPI

指　標	概　要
観光消費額	訪問客によるハワイでの観光消費額（US ドル）．パッケージツアーによる発地支払いの消費額も含む．
1 人 1 日あたりの観光消費額	対象マーケットからの訪問客による 1 日あたりの平均消費額（US ドル）
訪問客数	対象マーケットからの訪問客数
平均滞在日数	対象マーケットからの訪問客のハワイにおける平均滞在日数
島間移動数	対象マーケットからの訪問客のハワイの島間移動客数
航空座席数	対象マーケットからの航空座席数
meeting, convention and incentive の商品数（MCI 誘致に対する評価）	主要ホテルの宿泊数（nights），主要ホテルの予約数，コンベンション施設における宿泊数など
対象マーケットにおけるマーケットシェア	対象マーケットからのアウトバウンド数および対象マーケットにおけるハワイのシェア
訪問客数あたりのコスト	ハワイ観光局の予算÷訪問客数
広告活動に対する評価（指標）	視聴者数基準の対前年伸び率，テレビ番組や CM の露出 視聴者へのリーチ：対象期間内における個人や家庭に対する露出度 消費者への印象（gross impressions）
PR 活動に対する評価	メディア別による PR の対価（新聞，雑誌，インターネット上のエディトリアル，TV（ローカル），TV（全国放送），ラジオ（ローカル），ラジオ（全国報道）など（各メディア別に PR 対価が記載）
紙媒体，オンライン，ブロードキャスト（TV およびラジオ）における露出回数	
ウェブサイトに関する評価	①ウェブサイトへの訪問者数，②ウェブサイトでの平均滞在時間，③ページビュー
ソーシャルメディア	①ソーシャルメディアリード，②バイラリティー（ネット上での口コミ），③ソーシャルメディア上でのハワイに対する言及
対象マーケットにおけるブランド浸透度	DK Shifflet & Associates によるマーケティング効果測定調査によるデスティネーションイメージ別のランキング （例）歴史と文化，new discoveries，異文化体験など

出典：JTB 総合研究所調べ．

- ●リチャード・ソール・ワーマン
　1935年3月26日米国生まれ．情報をわかりやすく表現することを提唱している情報建築家．情報化時代について書いた著書『Information Anxiety（情報選択の時代）』は世界中で読まれている．

- ● KPI（key performance indicator）
　組織の事業目標達成へのプロセスをチェックする指標のうち特に重要な指標を指す．主に企業活動で使われることが多いが，観光のプロモーション活動のプロセスチェックでも使われることが増えてきた．

- ●非誠勿擾（フェイチェンウーラオ）
　2008年公開の中国の映画で日本名は「狙った恋の落とし方」．北海道東部を主なロケ地としており，中国に北海道ブームを引き起こした．北海道へのチャーター便の増加などによる中国人観光客急増のきっかけを作った．

文　献

Wurman, Richard Saul（1989）：Information Anxiety, Doubleday.

5 ICT革命と観光産業

5.1 観光におけるICT革命の影響

5.1.1 ICT革命とは

情報通信技術 (information and communication technology, ICT) により社会に大きな変化がもたらされており,その変化が革命的であることから「ICT革命」と呼ばれる.「IT革命」と呼ばれることも多いが,ここでは,その革命的変化の中心がインターネットというネットワークによるコミュニケーションによってもたらされていることから,「ICT革命」と呼ぶことにしたい[*1].

ICTが社会にもたらしている変化は多方面に及ぶが,企業にとってはインターネットが普及(図5.1)したことにより大きな市場と直接的に結ばれ取引きが行われるようになったことが最も大きな変化であろう.企業間の取引き(B to B) においても企業-消費者間の取引き (B to C) においても,企業が取引きの相手先とインターネットで結ばれ,いわばインターネット自体が大きな市場となった.そして単に結ばれただけでなく,需要側と供給側のマッチングが瞬時に低コストで,場合によってはすべて自動で行われるようになった.新たな市場機会を得た企業もあれば市場を失った企業もある.特にインターネット普及前に構築・確立されていた媒介的なビジネスモデルの多くは,その高いコスト,カバレッジやリーチの限界,効率の低さから,インターネット上で展開されるビジネスモデルに太刀打ちできない厳しい状況に直面している.例えばアマゾン社などの大手インターネット通販の台頭により小売業が苦境にあるというような状況である.

ICTは一般の人々にとっても大きな変化をもたらした.インターネットは速報性,双方向性,ダイレクト性といった特性から能動的な情報収集ツールとして用いられるだけでなく,交流や自己表現のプラットフォームともなり,人々のコミュニケーションに変化を与えている.また,インターネットを通じた商品(サービス)の購入も一般化している.

---

*1: 国際電気通信連合 (ITU) や日本の総務省でもこう呼んでいる.

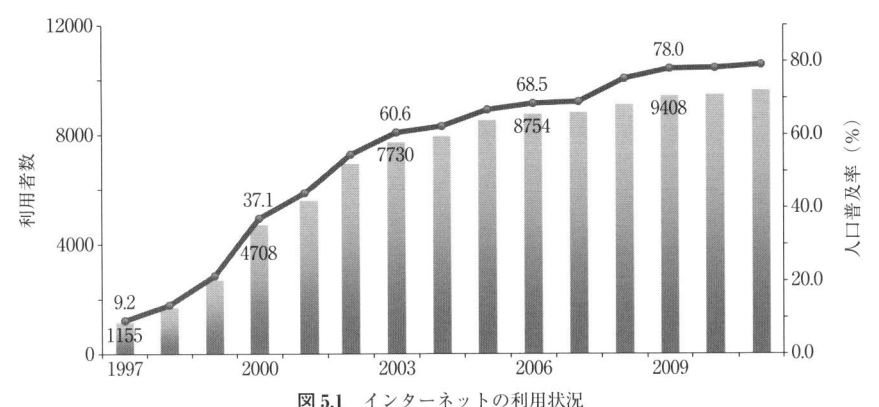

図 5.1 インターネットの利用状況
利用者数：棒グラフ，人口普及率（％）：折れ線グラフ．
出典：総務省（2004）．

5.1.2 観光と情報

ICT は観光にも大きな変化をもたらした．そもそも観光は本質的に ICT と親和性が高い．観光産業が情報を流通させ，観光者が情報を消費しているとみることができるからである．

観光産業は，各事業者が提供する輸送，宿泊，飲食，体験などのサービスを単体あるいは組合せで消費者に提供している．そこで"流通"させているのは，予約や決済など，そのサービスを利用する権利に関する取引き情報であり，物流は伴わない．

一方，観光者は目的地や現地での行動内容に対するイメージや期待から訪問を決定し，情報収集や手配などの準備を行い，実際の観光行動を行う．その過程で観光者は様々な情報を取り扱うが，それらは形のない観光という商品の不確実性を減らすものとして重要な役割を果たす．

このように観光と ICT の関係は深く，ICT 革命は観光産業における取引きや観光者の行動を効率化させるだけでなく，観光そのものを変えようとしている．

5.1.3 観光と ICT

前述のように観光産業はサービス利用権に関わる情報を"流通"させているのだが，航空会社や旅行会社は古くから予約システムなどを ICT によって効率化・高度化させてきた．観光産業はいわば情報産業でもあったのである．特に，航空会社の予約システムを起源とする CRS（computer reservation system）の運用

と展開が，1970〜1980年代に航空会社の経営を左右していたことは象徴的である．航空会社は1970年代後半に旅行会社を囲い込むようになり，他社に対する競争優位を獲得するために情報システムを構築し活用する「戦略情報システム」の成功例として1980年代に盛んに紹介された．見方によってはICT革命が最も早く到来した業界ともいえよう．観光におけるサプライヤー（サービス提供者）と観光者とを結ぶ媒介としての役割を果たしてきた旅行業も，情報の非対称性[*2]によって事業を拡大させてきた業界であり，ICTを利活用してきた．

ICTにより観光産業だけでなく観光現象全体で"革命"と呼べる大きな変化が生じたのはインターネット登場以後である．インターネットがそれまでのICTと異なるのは，最終消費者である一般の人々が使いこなせるという点である．CRSが後に航空業界だけでなく旅行・観光業界全体を結びその流通を支えるネットワークとなりGDS（global distribution system）と呼ばれるようになったなど，観光産業は高度にICTを利活用するようになっていたが，それはあくまでも企業内や企業間，業界間のことであった．インターネットは消費者が直接利用するものであり，さらに移動体通信技術や携帯端末の発達によりいわゆるユビキタス化が実現され，また技術が標準化されており，いつでもどこでも誰でも利用できるようになった．観光に関わる事業者は，多くの人々が直接利用するという前提で，しかもそれまでのメディアよりも低コストで情報の発信や予約機能の提供を行えるようになった．

5.2 観光を構成する各要素におけるICT革命の影響

5.2.1 観光者とICT

ICT革命により人々が扱う情報は大きく変化した．例えば，観光行動の事前の段階で，それまでマスメディアや旅行業を通して得ていた観光の実施そのものに関わる情報，行動の効率化に関わる情報，観光対象に関する知的関心を満たす情報などがICTを通じて得られるようになり，それらの情報量も飛躍的に大きくなった．予約や決済も都合のよい場所・タイミングで可能になり，移動中や現地でも多くの情報が得られるようになった．人々はICTを通じて自らの手で情報収集から手配までを行えるようになったのである．消費者が購買プロセスにお

[*2]: 旅行業者は各地や事業者の情報を豊富に持っていたが，一般の人々の情報アクセス手段は貧弱であり，言語バリアも存在していた．

いて非効率性を排除する消費をリーン（lean）消費というが，観光におけるリーン消費はICT革命によって実現された（高橋，2011）．総務省の『平成20年度情報通信白書』によれば，インターネットで「旅行・チケット」を購入している人の割合は53.4%と半数を超えており，他に半数を超えた商品はなかった．

ICT革命による最大の変化は，それまで情報の受け手であった一般の人々が，情報の発信と共有を行うようになったことである．情報を発信するコストや手間が軽減されたことで情報発信が容易となり，多くの人々がそれを共有することを前提とする情報発信も行われるようになった．実際に，人々は自身の観光体験や観光に関わるサービスの利用体験を発信し共有し始めている．そこには評価情報も含まれ，発信・共有の対象は，不特定多数であったり特定の相手であったりする．

すなわち観光産業から人々への一方向だった情報の流れが双方向になったというだけでなく，水平的な関係を基盤とした相互作用がなされるようになったのである．自身が強く関心・興味を持つもの，すなわち高関与なものに対する消費について，能動的な情報探索を行うだけでなく積極的な情報発信を行う「アクティブコンシューマー」と呼ばれる層も広がりをみせ，その影響力を増してきた．さらに近年のソーシャルメディアの台頭は，人と人とのつながりを容易にする仕掛けが設けられ，あらゆる層の人々が情報発信の主体となり，その情報が共有され相互作用が生じている．

5.2.2 サプライヤーとICT

輸送，宿泊，飲食，体験などの観光に関わるサービスを提供する事業者をここではサプライヤーと呼ぶ．サプライヤーは長らく消費者と直接的に結ばれる情報提供や流通のチャネルを持たず，情報提供や予約・販売を旅行業に依存してきた．

ICT革命により消費者と直接結ばれるようになると，旅行業に依存せずに情報提供や予約・販売が可能になった．消費者に直接販売することで旅行業者に支払う販売手数料が不要となり，価格・販売数なども主体的にコントロールできるようになった．消費者に，自社が提供するサービスに関する情報を直接提供することも可能になった．各サプライヤーが提供するサービスは単独での需要というよりも，観光行動全体の中での素材としての役割を果たしていることが多い．それゆえ消費者へは自社のサービスだけでなく観光行動全体に関わる情報も提供されるようになった[*3]．ウェブサイトで他のサプライヤーの予約機能を提供するこ

とも行われている*4.

　サプライヤーが旅行業を完全に排除して販売することは難しいが，各サプライヤーは直販志向を強め，自社サイトを中心とする直接販売に力を入れている．また宿泊業界は低廉なネットエージェントの利用を，航空業界は旅行業に対する"ゼロコミッション"（販売手数料の廃止）を推し進めてきた．近年日本でも参入がみられるようになったLCCはもとより直販を前提としたビジネスモデルである．ICT革命によって，サプライヤーは旅行業を流通チャネルとして重視する必要がなくなったのである．

　旅行業に頼らずとも，予約・販売において他のサプライヤーと協力し，そのサプライヤー利用を含む観光全体に関する情報発信を行うことも可能となり，サプライヤーが観光全体のトータルデザインを行い消費者に訴求することも可能になっている．

5.2.3　旅行業とICT

　旅行業は観光者とサプライヤーの間に立ち，観光者の購買を代理し，またサプライヤーの販売を代理してきた．さらにサプライヤーのサービス利用権に関わる情報を組み合わせることにより，パッケージツアーとして新たな付加価値を提供し観光需要を創造してきた．旅行業は一般の人々の情報アクセス手段やサプライヤーの流通チャネルが限定されていた時代に，両者を結ぶ媒介的なビジネスを行ってきたのである．

　しかしICT革命によって大きく変化を求められることになった．前項で述べたとおり，インターネットによってサプライヤーによる直接販売が可能となったことから，宿泊や交通などの単品販売はそれに置き換えられることになった．

　「じゃらんnet」や「楽天トラベル」などの，宿泊予約サイトの運営を事業の中心とするネットエージェントと呼ばれる業態が台頭するようになったのは2000年代前半である（図5.2）．販売手数料が低廉であることや販売の自由度が高いことで勢力を伸ばした．販売手数料は旧来の旅行業が10～15％程度であるのに対し，ネットエージェントは5～9％程度である．また従来，旅行業と宿泊業の間では一定の客室数を旅行業者に割り当てる「アロットメント」（allotment,

---

*3：例えば交通事業者が目的地での過ごし方に関わる情報を提供する．
*4：例えば航空会社が自社ウェブサイトで航空便の予約とともにホテルやレンタカーの予約機能を提供する．

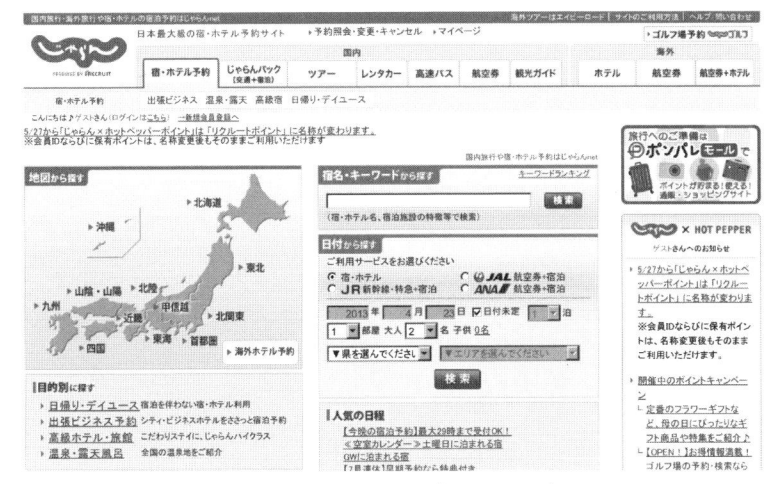

5.2 観光を構成する各要素におけるICT革命の影響

図5.2 宿泊予約サイト（じゃらんnet）

割り当て）と呼ばれる商慣習があり，旅行業に割り当てられている間は価格・販売数・タイミングなどを宿泊施設が自由にコントロールできる余地はなかった．これがネットエージェントでは自由になったのである[*5]．

サプライヤーによる直販志向やネットエージェントの台頭により，交通・宿泊などの観光に関わる単品のサービスを"代売"するという機能は期待されなくなっているが，旧来の旅行業が強みを発揮する余地も残っている．

旅行業は単品の流通だけを行ってきたのではなく，店舗やパッケージツアーの実施を通じて集積する情報やノウハウを強みとしてきた．消費者がインターネットにより大量の情報を収集，発信，共有を行う時代だからこそ，旅行のプロとしての情報，特にサプライヤーや観光地の評価に関わる情報が求められ，そのような情報の提供が行われるのが店頭であってもインターネット上であっても，それらの価値が消費者に評価されるのではないだろうか．旅行商品についても同様のことがいえ，旅行業がプロとしての情報やノウハウを持っているからこそ，パッケージツアーは価格や効率，安心感といった付加価値を持つのである．

価格やスペックだけで予約・購買が決定されるような単品の流通についてはサプライヤーの直販やネットエージェントに取って代わられ，ICT革命によりそ

＊5: ただしネットエージェントが大きな力を持つようになってからは，一部で販売手数料の値上げやアロットメントもみられる．

の存在意義すら問われるようになった旅行業であるが，情報提供やパッケージツアーの販売においては，強みを発揮して付加価値を提供していくことが可能である．

5.2.4 観光地とICT

ICT革命により観光地は消費者に直接情報を提供できるようになった．政府観光局，地方自治体，観光協会などの公的機関もインターネットを通じて観光者を誘致するための情報提供を行っている．パッケージツアーを造成する旅行業者に対する情報提供も行われており，観光地の魅力を伝える情報のほか，パンフレット制作，ウェブサイト制作に必要な写真素材を提供するなどの取組みも行われている．

観光地に滞在している観光者への情報提供もICTを通じて行われるようになった．移動体通信技術の発達により通信可能な携帯端末が普及したことで，滞在中の観光者に対し，イベントや自然（天候や植物の開花・紅葉情報など）の現況などの最新情報を提供できるようになった．位置情報に応じた情報提供や，スマートフォンの専用アプリにより情報提供が行われている場合もある．

観光資源の解説などのインタープリテーションを携帯端末に行わせている例もみられる．位置情報を利用したゲームにより，その地域への訪問や散策，店舗訪問を促すという取組みもあり，コロプラ社が展開する「コロニーな生活」を公的機関が集客のためのプロモーションに用いている例がある．インタープリテーションを受けてまち歩きを楽しむ，あるいはゲーム化（ゲーミフィケーション）された観光を楽しむという，ICTによって当該地域での滞在の付加価値を高める例である．

このほか，着地型観光を志向し，旅行商品を企画・造成・販売するという取組みが各地でみられるが，流通チャネルとしてのインターネットが存在することを前提とする取組みであり，これもICT革命の影響であるといえる．

5.3 観光産業とICTをめぐる動向と展望

5.3.1 CGM利用の定着

インターネットを利用して消費者がコンテンツを生成するメディアをCGM（consumer generated media，消費者生成メディア）という．口コミサイト，Q&Aサイト，ブログポータル，BBSポータルなどがこれにあたり（SNSもこれ

に含まれる．5.3.2項参照），消費者が観光に関わる情報の収集や発信の手段としてこれらのサイトを利用することが定着している．「TripAdvisor」，「フォートラベル」などの旅行口コミサイトにおいてはもちろん，Q&Aサイトでは観光に関わる質問がなされ，ブログでは観光経験が語られているなど，各種のCGMで消費者が発する観光に関わるコンテンツが扱われている．

このようなCGM上でユーザーが生成するコンテンツをUGC（user generated content，ユーザー生成コンテンツ）と呼ぶが，宿泊予約サイトでの宿泊施設利用の感想，いわゆる"口コミ"もこの一種であるといえる．ほとんどの宿泊予約サイトにおいて，利用者が宿泊施設に対する評価情報を書き込むことができる機能が提供されており，他の利用者もその情報を閲覧できる．

消費者が，企業や地域などによる公式情報よりも他の消費者が発する情報，特に評価に関わる情報を信頼する傾向にあることから，今後も人々が活発にCGMを利活用し，観光に関わる情報の収集や発信，そしてその共有を行うと予想される．企業や地域には，自社や自地域に関わるUGCを把握し，肯定的内容を増やし否定的内容を減らす努力が求められる．

5.3.2　SNS利用の広がり

SNS（social networking service）とは，個人間の社会的なつながり（社会的ネットワーク）を基盤として利用者間の情報のやりとりがなされるインターネット上のサービスのことである．Facebookやmixiが代表的な例で，そこでは家族，友人，同窓，同郷，同僚，同好などの社会的なつながりのある個人間でコミュニケーションが行われ，その関係の維持や発展のために利用されている．総務省が2011年に行った「次世代ICT社会の実現がもたらす可能性に関する調査」によれば，ソーシャルメディア[6]の利用率は42.9％で，そのうちの75.2％がSNSを利用している．

SNS上でやりとりされる情報の中には，観光に関わる経験や感情も含まれている．文字，写真，動画により表現されるほか，位置情報や，今まさにその行為が行われている・そう感じていることが伝わる表現も含めることが可能である．豊かな表現で観光経験を再構成し，他のSNS利用者に発信することができる．

SNSは前述のCGMの一種であり，そこでやりとりされている情報はUGCで

---

[6]: SNS，地域SNS（地域のコミュニティ活動に特化したSNS），ブログ，電子掲示板，ミニブログ，

あるが，他の CGM と異なるのは利用者が社会的なつながりを明示し実名あるいはそれに近い形[*7]で情報を発信するという点であり，最終的な編集権はサイト運営者側ではなく利用者側にある．そのため企業などがコンテンツをコントロールすることは難しく，消費者はそれだからこそ，その情報が信頼性のあるものであると捉える傾向にある．

日本観光振興協会（2012）によれば，観光者が情報源として最も参考とするのはインターネット（49％）[*8]で，次いで家族・友人の話（36％）である（図5.3）．またニールセン社が2009年に実施した調査では，世界のインターネット利用者が最も信頼する広告媒体・情報源は「知人による直接の推奨」（90％），次いで「インターネット上の消費者の意見」（70％）であった．このことからも SNS が観光者の情報源として強い力を持っていることがわかる．観光産業としてはこの SNS をいかに活用していくかが課題であるが，まだ模索段階である．

SNS では利用者が個人として情報を発信するが，Facebook の「Facebook ページ」のように，サービス上に企業などが情報を提供することができる．その情報について，利用者が評価（「いいね！」をクリックするなど）や「シェア」（共有・紹介・推薦）することができるようになっており，ある利用者が評価やシェアしたという事実を他の利用者が知ることや，その情報の内容を知ることもできる．企業や地域のウェブサイトなど外部の情報も，評価・シェアできる．SNS は，個人が発する情報と企業などが発する情報という性格の異なる情報が共存している場であるが，双方の情報が評価やシェアといった利用者のサービス上での行動によって関連付けられるのである．

現在，このような SNS という空間でサプライヤーや旅行業，観光地などが消費者とどのように関係を構築するかが模索されている．新サービスやイベントの告知，自然の現況，観光資源の紹介などの情報が提供されているほか，SNS 利用者との双方向のコミュニケーションが行われている例もある．無料利用・訪問などモニターとしての特典を与え，実際のサービス利用や現地訪問経験の投稿を促し，それを企業・地域側のページで紹介するなど，インターネット上にとどまらない取組みを行う例もみられる．

SNS には消費者との継続的なつながりを支援する仕組みもある．例えば Face-

---

*7: 実名性・匿名性の度合いはそれぞれのサービスによって異なる．
*8: 「インターネットでの書き込み情報」，「インターネットでの広告」，「ブログからの情報」の合計．

項目	%
家族・友人の話	36.0
パンフレット	31.2
ガイドブック	30.6
旅行専門雑誌	26.9
インターネットでの書込情報	24.0
インターネットでの広告	21.5
新聞・雑誌の広告・チラシ	21.2
旅行業者	20.8
新聞・雑誌の記事	12.3
テレビ・ラジオの番組	12.2
観光案内所・情報センター	7.9
旅行・歴史などに関する本，小説	6.8
駅・車内のポスター	5.6
携帯電話	4.7
テレビ・ラジオのCM	3.9
ブログからの情報	3.2
観光物産展	1.9
コンビニエンスストアの端末	0.2
その他	1.7

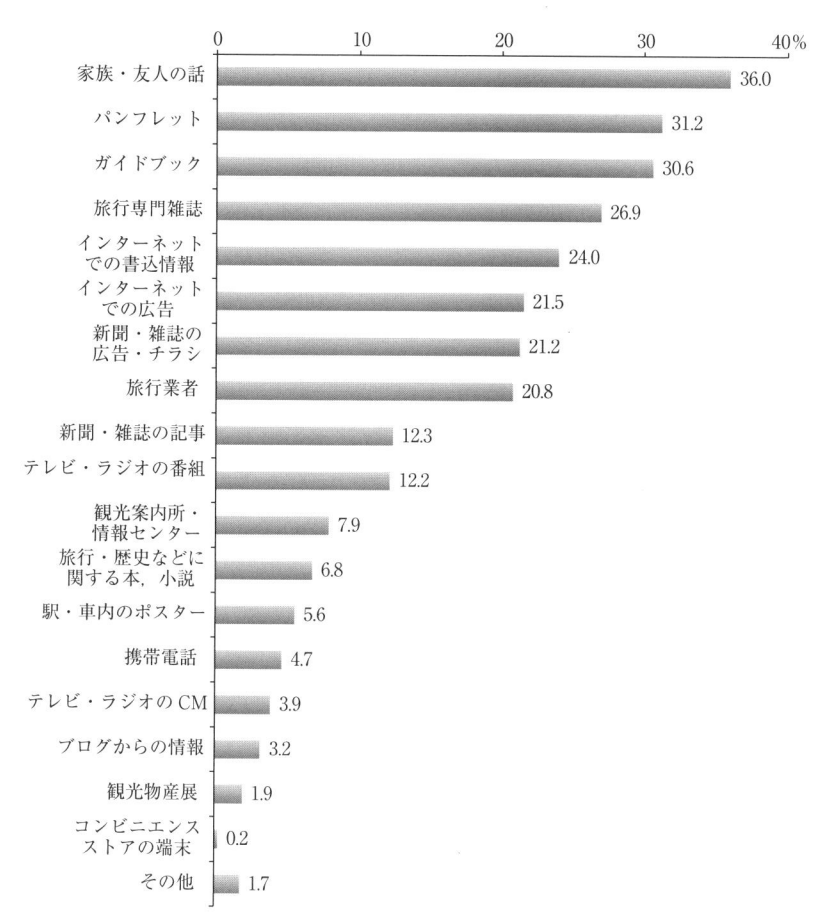

図 5.3 宿泊観光旅行の目的地を決定する際に参考にするもの（％）
出典：日本観光振興協会（2012）．

bookページでは利用者が一度そのページに「いいね！」をすれば，その後発信される情報は，自動的にその利用者に配信される．配信した情報への反応や言及数を把握できる仕組みもあり，情報配信の効果測定につなげることもできる．

　一般に観光は頻繁に行われるものではなく，消費者があるサプライヤーのサービスの利用や，ある地域への訪問に関心を持ったとしても，実際の利用・訪問までにはタイムラグがある．SNSを通じて自社・自地域を認知し関心を持った消費者が実際に行動するまでの間，その消費者との関係性を維持し続ける工夫が求められるが，SNSはこの点でも活用が期待される．もちろん，一度利用・訪問

した消費者の再利用・再訪問を促すための関係性の維持にも活用できる．さらには一度利用・訪問した消費者がSNS上で観光経験を発信することで，他のSNS利用者の利用・訪問につながることも期待できる．

業界独自のSNSを構築する例もある．JTB社は2012年9月より，利用者からのアイデアをもとに海外旅行商品を商品化するサイト「共感トラベラー」をオープンさせている．利用者から出された旅行のアイデアについて利用者同士で企画を具体化していきながら参加者を募り，参加希望者が一定数を超えるとJTB社が商品化を検討するというものである．ここまでの議論の前提としていた大手SNSとは性格が異なるが，SNSという仕組みが一般に受け入れられつつある現在，新たな旅行商品づくりと新たな人々のつながりの演出を結びつけたSNSを提案するというのは，観光産業の取組みとして新たな方向性を示唆している．

5.3.3　観光産業とICTをめぐる展望

観光産業におけるサービスの利用権の流通をめぐっては，ICTの利活用が高度に進み，行き着くところまで行き着いているといえる．サプライヤーは直販を望むようになり，単品販売はインターネット販売へ移行したが，それがさらに進み，宿泊・交通・送迎などの単品素材をインターネット上で組み合わせてパッケージツアーとして提供するダイナミックパッケージも普及している．

ICT革命が観光産業にもたらしている最大の変化は，観光産業と消費者のコミュニケーションのあり方であろう．CGM利用が定着し，SNS利用も広がりつつある中で，人々は社会的ネットワークの中で観光の経験を共有し，企業・地域はそこで消費者との長期的なつながりの構築を求める．観光産業はICT革命によって作り上げられたこの環境で，いかに消費者との関係を構築し，いかに消費者を巻き込んでいくかが問われている．

[大谷新太郎]

●ゲーミフィケーション

　ゲーミフィケーション（gamification，GF）とは，社会の諸問題にゲームの要素を取り入れ解決を図ることをいう．企業や教育など様々な分野でその試みが行われつつある．到達点や進行状況が明示される，他者との競争を意識させるなどにより，利用者が自ら継続的に特定の行動をとるように促すことができる．

観光にもこれを取り入れることができる．そもそも観光には古くからゲーム的要素がみられ，札所巡りのように宗教と結びついたもの，スタンプラリーや"乗りつぶし"のように観光地や交通事業者が展開するもの，旅行貯金のように観光者が自らルールを定めて行ってきたものなど，多くの例がある．本来は航空業界の高頻度利用者優遇策であるFFP（frequent flyer program）も，マイルを貯めて航空券を獲得することがゲーム的要素を帯び，消費者が飛行機利用以外でもマイル獲得を図る現象がみられ，GFの一種であるといえる．

ICTにより行動の記録や進行・達成度の可視化，ポイントなどの特典提供，利用者間の情報共有などが容易になったことでGFの可能性が広がっている．特に観光行動は空間の移動が伴うことから，位置・移動情報を利用できることが観光におけるGFの可能性を広げている．例えば宮崎市観光協会のスマートフォン用アプリ「神☆コレ」は，観光スポットや飲食店などに設置されたQRコードを読み込み神話のふるさとにちなんだキャラクターを集めるゲームで，懸賞への応募や利用者間でのキャラクター交換などの仕組みが用意されている．

ICTを活用したGFはまだ実験段階のものが大半であるが，前述したように観光におけるGFはこれまでにも多くみられている．GFはICT時代の新たな概念や手法というよりも，企業や地域での取組みを論じる際の切口の1つであり，ICTがその可能性を高めているとみるべきである．

文 献

大谷新太郎（2007）：IT革命と旅行業．観光実務ハンドブック（日本観光協会 編），丸善．
総務省（2004）：平成23年通信利用動向調査の結果．
高橋一夫（2011）：ICTとリーン消費，観光のビジネスモデル（高橋一夫・石井淳蔵 編），学芸出版社．
高橋一夫・大津正和・吉田潤一 編（2010）：1からの観光，中央経済社．
谷口知司（2010）：観光ビジネスとメディア戦略．観光ビジネス論（谷口知司 編），ミネルヴァ書房．
千葉智恵子（2011）：観光ビジネスの新潮流，学芸出版社．
中村 哲（2010）：観光と情報．現代観光総論 改定新版（前田 勇 編），学文社．
日本観光振興協会（2012）：平成23年度版 観光の実態と志向──第30回国民の観光に関する実態調査．
深田浩嗣（2011）：ソーシャルゲームはなぜハマるのか──ゲーミフィケーションが変える顧客満足，ソフトバンククリエイティブ．
深田浩嗣（2011）：ゲームにすればばうまくいく─〈ゲーミフィケーション〉9つのフレームワーク，NHK出版．

6 交通産業経営

6.1 鉄道事業

6.1.1 鉄道事業の定義と種類

日本の鉄道事業は「鉄道事業法」によって定義されている．同法第二条によれば，鉄道事業は第一種，第二種および第三種に区分される．

- 「第一種鉄道事業」とは，他人の需要に応じ，鉄道（軌道法による軌道及び同法が準用される軌道に準ずべきものを除く．以下同じ．）による旅客又は貨物の運送を行う事業であって，第二種鉄道事業以外のものをいう．
- 「第二種鉄道事業」とは，他人の需要に応じ，自らが敷設する鉄道線路（他人が敷設した鉄道線路であって譲渡を受けたものを含む．）以外の鉄道線路を使用して鉄道による旅客又は貨物の運送を行う事業をいう．
- 「第三種鉄道事業」とは，鉄道線路を第一種鉄道事業を経営する者に譲渡する目的をもって敷設する事業及び鉄道線路を敷設して当該鉄道線路を第二種鉄道事業を経営する者に専ら使用させる事業をいう．

このうち第三種は線路の敷設と貸付，つまり鉄道のインフラだけを運営・管理する事業であり，鉄道を利用して交通サービスを提供する第一種，第二種とは性格が異なる．JR旅客各社，民鉄（私鉄）各社，地下鉄など，我々が通常体験する「鉄道」の多くは第一種鉄道事業である．なお同法は鉄道事業とは別に，索道事業と専用鉄道を定義している．これらは鉄道事業とは区別して定義されながらも，管理運営上の重要事項は鉄道事業法で規定されている．

鉄道の種類に関しては，「鉄道事業法施行規則」第四条に記載がある．これによれば鉄道は，①普通鉄道，②懸垂式鉄道，③跨座式鉄道，④案内軌条式鉄道，⑤無軌条電車，⑥鋼索鉄道，⑦浮上式鉄道，⑧前各号に掲げる鉄道以外の鉄道に種別されている（図6.1）．

6.1.2 輸送機関としての鉄道の役割

運輸政策研究機構（2012）によれば，2009年度の輸送機関別輸送分担率における鉄道の分担率は，人ベースで25.6%，人キロベースで28.6%とされている．

6.1 鉄道事業

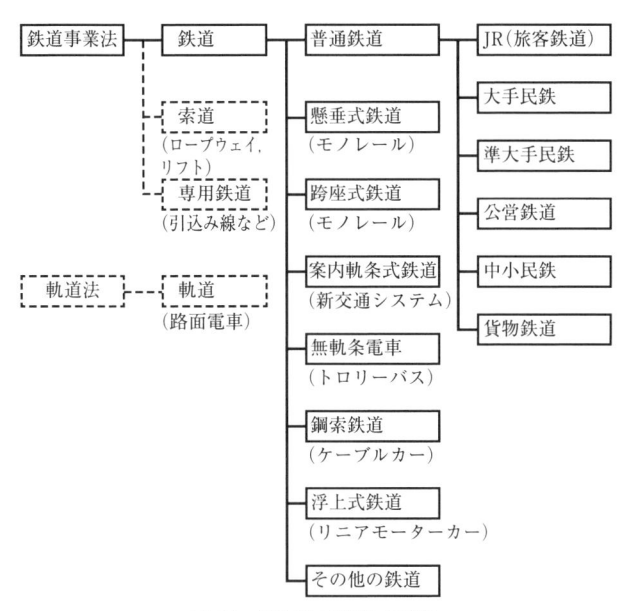

```
鉄道事業法 ── 鉄道 ─┬─ 普通鉄道 ─┬─ JR（旅客鉄道）
           │          ├─ 大手民鉄
           │          ├─ 準大手民鉄
           ┊          ├─ 公営鉄道
           ┊          ├─ 中小民鉄
           └ 索道       └─ 貨物鉄道
           (ロープウェイ,
           リフト)
           ┊
           └ 専用鉄道 ──┬─ 懸垂式鉄道
           (引込み線など)  │  （モノレール）
                       ├─ 跨座式鉄道
                       │  （モノレール）
                       ├─ 案内軌条式鉄道
                       │  （新交通システム）
                       ├─ 無軌条電車
                       │  （トロリーバス）
軌道法 ┈┈ 軌道          ├─ 鋼索鉄道
       (路面電車)        │  （ケーブルカー）
                       ├─ 浮上式鉄道
                       │  （リニアモーターカー）
                       └─ その他の鉄道
```

図 6.1 鉄軌道の種類と根拠法

これは，自動車の74.2%（人ベース），65.6%（人キロベース）に次ぐもので，鉄道は各種輸送機関の中でも自動車に次いで多くの人々に利用されていることになる．なお過去10年間の旅客輸送における鉄道の分担率は，人ベースでは25%前後，人キロベースでは27%前後で推移しており大きな変化はみられない．

一方，貨物輸送では鉄道のトンベース分担率は0.9%であり，自動車の92.2%，内航海運の7.0%に遠く及ばない．また，このトンベース分担率（0.9%）に比べ，トンキロベース分担率は3.9%と約4倍に拡大していることから，貨物輸送における鉄道は比較的長距離の輸送に利用されていることがわかる．なお貨物輸送における鉄道の分担率は，過去10年間トンベースでは1%前後，トンキロベースでは4%前後で推移しており，旅客輸送同様大きな変化はみられない．

以上のとおり，輸送機関としての鉄道の役割は旅客輸送が主たるものであり，貨物輸送に関してはその役割は限定的であるといえる（図6.2）．そして，このことを観光の視点からみれば，鉄道は観光者の移動手段として重要な位置づけにあるということを意味する．観光の主体は観光者，すなわち旅客であり，観光者の移動はすなわち旅客の輸送（観光媒体）ということになる．6.1.3項では，この旅客との接点としてのサービスについて鉄道事業者の側からみていく．

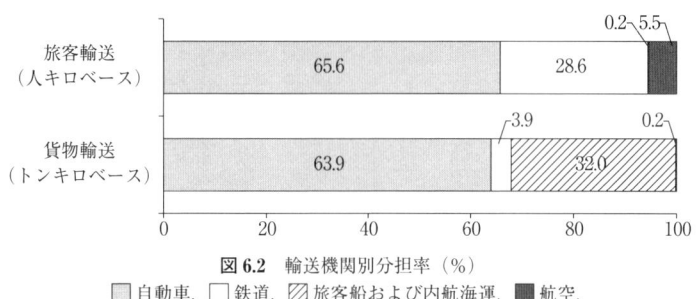

図 6.2 輸送機関別分担率（%）
□自動車，□鉄道，▨旅客船および内航海運，■航空．

旅客輸送（人キロベース）: 65.6 / 28.6 / 0.2 / 5.5
貨物輸送（トンキロベース）: 63.9 / 3.9 / 32.0 / 0.2

6.1.3 鉄道のサービス

鉄道が提供する最も基本的なサービスは，いうまでもなく人や物をある地点から別の地点まで移動させる「輸送サービス」である．利用者は「歩くより速くて疲れない」という"無形の便益"に対して，「運賃」という"対価"を支払う．利用者はさらに，単なる空間の移動以上に"快適な空間の移動"を求め，鉄道事業者は安全安定輸送の確保と利便性，快適性の向上を念頭に，より質の高い輸送サービスを提供するよう努力する．一方で，鉄道事業者は輸送サービス以外にも，付随する各種サービスの向上に力を注いでいる．駅を中心としたサービスインフラの整備，接遇サービスの向上，マナーキャンペーンの展開などである．いまや鉄道事業者は単なる輸送業ではない"生活総合サービス業"を目指し，利用者のトータルな顧客満足向上に戦略的に取り組んでいるのである．

a. 輸送サービス

輸送サービスの向上には，安全性，安定性，高速性，利便性，快適性などの要素が考えられる．なかでも安全性はすべてに優先される最重要要素であり，列車衝突事故を防止する自動列車停止装置の整備には，鉄道事業者側も膨大な投資を行っている．一方で，踏切事故のように鉄道事業者内部で完結できない問題も存在するが，これらに対しては各種のキャンペーンを通して，歩行者，自動車に協力を呼びかけている．その他，駅，ホームでの安全対策や，自然災害への備えとして，地震脱線対策，高架橋柱・駅舎の耐震補強などを計画的に実施している．

安定性の向上には，安全性に加え「正確な運行」が求められる．車両故障による輸送障害削減対策としてのシステム二重系化や，障害発生時における早期運転再開のための訓練実施などは，安定性向上施策の一環である．

列車ダイヤの改正は利便性向上の代表的な例であり，鉄道事業者にとって新商品のリリースともいえる．環境の変化に対応し，より便利な輸送サービスを利用

者に提供することを目指すものである．また近年では，複数の鉄道事業者による相互直通運転など，ネットワーク化の推進にも力を入れており，新車両の投入によるスピードアップ化（高速性の向上）などとともに利便性の向上に努めている．

快適性については個人差があり，難しい問題である．鉄道事業者側の取組みとしては，弱冷房車の設定やセンサーによる車内の温度管理，空気清浄機の導入，ホームとの段差縮小，優先席のつり革・網棚を低く設定するなどが挙げられる．

b. サービスインフラ

サービスインフラとは，より快適に鉄道輸送サービスを利用してもらうために必要不可欠な付帯設備・システムをいう．駅を中心に，これまでの交通の結節点としての機能から，わかりやすく安心して利用できる駅へという変化がみられる．駅構内におけるエレベーター・エスカレーターの整備，バリアフリー対策，AEDの設置などに加え，LED案内表示の拡大，外国語表記など，わかりやすさの向上による案内の充実を図っている．また，駅のデザインや清潔さといった空間の快適性にも配慮がなされる一方，駅前広場，自由通路，ペデストリアンデッキの設置など，自治体との協力によるサービスインフラ整備事例もみられる．

c. 接遇サービス

鉄道利用者との接点は顧客満足度の観点から極めて重要な意味を持つ．鉄道事業者にとっての接遇サービス向上のポイントは，機械化，IT化の推進と，それによって生み出された資源の活用，すなわち人的サービスの充実である．

インターネットの普及により，顧客はいちいち時刻表を買い求めずに，あるいは駅まで足を運ぶことなく，列車の時刻や運賃などを調べられるようになった．一方で，パソコンに不慣れな客層には総合カウンターを整備し，駅にはサービスマネージャーを配置するなどの人的対応を充実させている．自動改札の普及拡大は，スムースな改札と要員削減効果をもたらし，同時に設置された案内カウンターでは，人的対応を必要とする顧客に対するサービスの向上に努めている．

d. 付加価値サービス

駅や列車内での利用者のマナーに関する問題は，鉄道事業者内部で完結できない問題であり，各種のキャンペーンを通して利用者に協力を呼びかけている．喫煙マナー，車内マナー，携帯電話の利用自粛，座席譲り合いなどの「マナー向上キャンペーン」を通して，利用者が気持ちよく駅や列車を利用することが鉄道利用の満足度を高めることにつながる．

また携帯電話，ウェブサイト，車内や駅構内のLED画面，電話サービス，駅

社員の携帯情報端末による列車運行情報の迅速な提供など,「情報提供サービス」も充実させている.

6.1.4 鉄道事業の経営課題——経営の多角化

鉄道に限らず,旅客輸送は人口(あるいは人口密度)に大きく影響を受ける.したがって急速な少子高齢化が進む日本において,鉄道の本業ともいえる旅客輸送を成長分野として捉えることには無理がある.環境問題や資源問題の観点から鉄道を擁護する立場はあるものの,鉄道事業者の経営そのものは,鉄道以外の分野に成長の機会を求めざるをえない.つまり経営の多角化である.ここでは経営の多角化を鉄道事業者の経営上の課題の1つとして捉え,これまでの研究からその要因を整理し,進出事業分野,事業形態について概観する.

今日,多くの鉄道事業者が多角化経営を推進する背景には,まず少子高齢化という外部環境要因が挙げられよう.さらに石井(1985)は,①鉄道事業に対する社会的ニーズの高まりとその多様化,②安定収入源の確保による企業内部の活性化,③余剰能力の吸収,リスクの軽減など,多角化理論に基づく要因を動機として挙げている.また鉄道事業者固有の誘因として,「外部経済効果の内部化(岩澤,1989,具体的内容としては「沿線収益の保護」や「地域密着化」など)」と「認知度の高い社名のイメージがもたらす無形のPR効果(佐竹,1962)」を指摘することもできる.

鉄道事業者による多角化の事業分野に関しては,おおまかに,①バス事業,②不動産分譲業(宅地開発など土地経営),③不動産賃貸業(ターミナル,沿線駅前などの賃貸ビル経営),④観光・レジャー事業(ホテル,遊園地,スポーツクラブなど),⑤その他(駅売店,駐車場,旅行斡旋,広告代理業など)の5つに分類することができる(金谷,1987).このうち観光・レジャー事業については,さらに,(1)旅客誘致策としてのレジャー施設経営(遊園地,野球場など)と,(2)収入源としての施設経営(ホテル,飲食店など)というように,事業目的別に分類することも可能である(石井,1984).

多角化の形態は多種多様であるが,①鉄道業・交通業を中心とする事業展開,②鉄道・交通業以外にも積極的に進出するものの自社沿線地域を中心とする事業展開,③鉄道・交通業のイメージあるいは地域性のイメージを乗り越えようとする事業展開,という3タイプの分類が一般的である(斎藤,1987;岩澤,1989).

鉄道事業者による多角化分野は,「兼業」といわれた時代から「関連事業」と

呼ばれる時代を経て，現在は多くの企業で「生活サービス」，「創造事業」といった言葉が用いられている．単なる鉄道の付帯事業ではない，組織上も独立した事業分野である．ここにも，鉄道事業者にとって多角化の推進が経営上の大きな課題であることがみてとれる．

[柳田義男]

6.2 航空事業

6.2.1 航空事業の基本フレーム

a. 航空事業の定義・特徴

航空事業は，地理的場所の移動を提供する交通サービスの一形態であり，無形のサービスのため在庫がきかない．他の交通と同様，観光やビジネス，貿易などの派生需要のため景気波動や社会的影響を受けやすく，特定の出発時間や特定の場所（空港）に結びついてサービスが提供される，即時（地）性がある．航空事業に特徴的な点として，交通の中で最も高速で移動できる半面，運賃が高く，時間価値の高い場合に選択されることが挙げられる．1回のフライトで旅客と貨物・郵便の複数サービス（共通生産）を，1回の往復運航で行きと帰りの2種類のサービス（結合生産）を提供する（山内・竹内，2002）．サービス形態としては，旅客 or 貨物，定期 or 不定期，国内 or 国際で最大8種類が考えられる．

ICAO（国際民間航空機関）によれば，2011年の世界全体の総売上げは6356億ドル，旅客数は27.4億人（国内16.6億人，国際10.8億人）であった．航空の旅客数は所得弾力的かつ価格弾力的であり，GDPの増加と運賃の低下に支えられ，2020年に40億人（+4.6%／年），2030年に63億人（+4.5%／年）と予測されている（表6.1；ICAO，2012）．

b. 航空事業の単位・指標

航空では客室の座席，貨物室のスペース（重量）を基本的な生産単位とする．さらに，交通運動量であるから，これらに飛行距離（km・mile）を乗じた有効座席キロ（available seat kilometers, ASK）や有効トンマイル（available ton miles, ATM）を供給量として扱う．このうち実際に運賃を支払い販売されたASK・ATMを有償座席キロ（revenue passenger kilometers, RPK），有償トンマイル（revenue ton miles, RTM）と呼ぶ．それぞれをASK・ATMで割った値が利用率（load factor, LF）であり，一般産業の操業度と同様に生産効率を表す．また旅客・貨物の営業収入を販売量で割った営業収入をイールド（yield；revenue per RPK），ASKあたりの営業収入（revenue per ASK）を unit revenue，ASK あたりの営業費用（cost per ASK，CASK）を unit cost と定め，経営上いかに効率的な収益管理を行うか（yield management）をはかる重要な指標としている．

c. 航空の経済性

通常は旅客輸送と貨物・郵便輸送（下部貨物室）を1社で同時に行っており，別々に2社で行うよりも低コストでできる「範囲の経済性（economies of scope）」を享受している．さらに同一路線の出発便数シェアが50％未満のとき，便数シェア以上に旅客シェアを獲得できる「S字型カーブ効果」が古くから知られているため，各社とも参入当初に便数を拡大する傾向が強い．

「規模の生産性（economies of scale）」については，航空は一般産業と異なりネットワーク産業であり，輸送量拡大だけでなくネットワーク（路線数）拡大時にも同時に単位あたりコストの低減が必要であり，「密度の経済性（economies of

表6.1　2001～2011年世界航空輸送実績（有償ベース）

a. 内際別旅客「数」・貨物「トン数」

	旅客（100万人）					貨物（100万トン）				
	国内線		国際線		計	国内線		国際線		計
		シェア		シェア			シェア		シェア	
2001	1121	67%	546	33%	1667	11.0	37%	19.1	63%	30.1
2011	1657	61%	1081	39%	2738	17.2	33%	34.2	67%	51.4
対比	148%	▲6%	198%	6%	164%	156%	▲4%	179%	4%	171%

b. 内際別有償旅客キロ・貨物トンキロ

	旅客-RPK（10億）						貨物-RTK（10億）				
	国内線		国際線		計		国内線		国際線		計
		シェア		シェア		LF		シェア		シェア	
2001	1232	41%	1779	59%	3011	69%	15	13%	102	87%	117
2011	1914	38%	3148	62%	5062	78%	27	15%	155	85%	182
対比	155%	▲3%	177%	3%	168%	9%	180%	2%	152%	▲2%	156%

c. 内際別「客体別」総トンキロ

	旅客-ton・km（10億）				貨物-ton・km（10億）				郵便-ton・km（10億）			
	国内線	国際線	計	シェア	国内線	国際線	計	シェア	国内線	国際線	計	シェア
2001	112	166	278	70%	15	102	117	29%	2.5	2.4	4.9	1%
2011	171	289	460	71%	27	155	182	28%	1.5	3.1	4.6	1%
対比	153%	174%	165%	1%	180%	152%	156%	▲1%	60%	129%	94%	0%

「ICAO（国際民間航空機関：世界191カ国加盟）2011年報」より筆者作成．
ICAOでは旅客1人あたりの重量として手荷物込みで100kgとして旅客トンキロを計算．

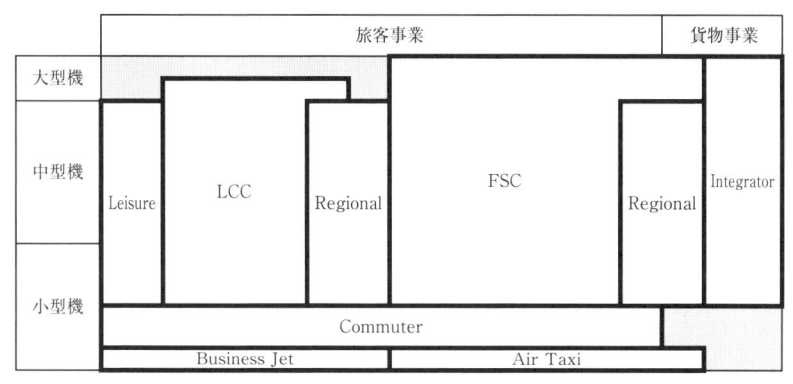

図6.3 エアラインビジネスの概念図
大型機＝Jet 400 席以上，中型機＝Jet 101～399 席，小型機＝RJ 100 席以下
FAA（米国連邦航空局）・ボーイング社資料より筆者作成．

density）」と呼ばれる（山内・竹内，2002）．米国を中心に，旅客・貨物事業とも巨大なハブ空港を中心に放射状にネットワークを形成する「ハブ＆スポークシステム（HASS）」の形成が進み，密度の経済性だけでなく乗換え需要を取り込んだ「範囲の経済性」も発揮されている．

6.2.2　航空規制緩和による新たなビジネスモデルの誕生

1970 年以降，米国で，自然独占の航空事業でも潜在的競争者による参入脅威が存在すればこれまでの厳格な政府規制は必要ないとする「コンテスタブル市場理論」が登場し，航空事業の規制緩和を一挙に加速させ，新たなビジネスモデルが誕生した（村上，2006）．

a. Integrator

1977 年，米国貨物改革法により貨物代理店がエアラインに進出可能となり，FedEx（FDX）社が大型 freighter（貨物専用機）の HASS で全米規模のエクスプレス事業（翌日配達サービス）を誕生させた．これまで航空貨物といえば旅客事業の副産物であったが，このニッチ市場に着目し，空路と陸路を一貫（integrator）するビジネスモデルを開拓した．その後 FDX 社や UPS 社，DHL 社は国際市場に進出し，米国政府も航空貨物分野の自由化政策を積極的に後押しした結果，グローバルな物流網を構築している．

b. LCC

1978 年には米国規制緩和法（Deregulation Act）が成立し，テキサス州内の

サウスウエスト航空（SWA）社が大手 FSC（full service carrier）との競争を避け，州外の2次空港に展開していった．この間 SWA 社は，独創的な戦略（近距離国内市場に特化，B737 単一機種の利用に絞る，機内サービスの簡素化，座席指定の廃止，マルチタスク化，予約のインターネット化）によって unit cost をバス並みに引き下げ，高いシェアを獲得するコストリーダーシップ戦略の LCC（low cost carrier）ビジネスモデルを確立した．

欧州では伝統的に大手旅行会社傘下の leisure（チャーター）航空会社が発達していたが，SWA 社にならって regional（地域航空会社）から LCC にリブランドしたライアンエア社やイージージェット社などの SWA クローンが，1990年代の EU 航空自由化の流れに乗り拡大を続け，現在では短距離区間において，米国の3割をしのぐ4割のシェアを EU の LCC が占めている．

近年はピュアな SWA モデルの LCC は消滅し，国際線，フリルサービス，複数機種を組み合わせた hybrid 型が大半である．アジアでも 2000 年代に入り航空自由化に合わせて拡大し，日本でも 2012 年に FSC 系列の hybrid LCC 3社が就航している．一方，米国のスピリット航空社，アレッジアン航空社など超ローコストで，かつ附帯サービス収入が売上げの4割に達するウルトラ LCC も存在する（表 6.2）．

c. FSC

これまで国内幹線に規制されていたデルタ航空社，アメリカン航空社，ユナイテッド航空社などは規制緩和後，パンアメリカン（パンナム）航空社やトランスワールド航空（TWA）社の国際路線を買収し国際線にも進出した．これらは LCC に対抗し HASS，コンピュータ予約システム（CRS）を通じたマーケティング戦略・IT 戦略，frequent flyer program（FFP，常顧客優待制度）など革命的といえる差別化戦略を構築し，今日の FSC ビジネスモデルを確立した．競争促進により国内線市場も寡占化が進み，かつての commuter（小都市間輸送）も regional として FSC（full service carrier）のフィーダー路線を受託運航している．

旧ナショナルフラッグキャリア（国営航空会社）が前身の欧州 FSC は，EU 航空市場統合・域内自由化により

表 6.2　LCC ビジネスモデルの類型

pure LCC	ultra LCC モデル 初期 Southwest モデル
hybrid LCC	FSC・LCC 混合モデル Charter・LCC 混合モデル Regional リブランドモデル 長距離 LCC モデル
FSC venture	FSC・LCC 合弁会社 FSC 子会社

M&Aが進み，3大グローバルアライアンスごとに，ルフトハンザドイツ航空社，エールフランス航空社・KLMオランダ航空社，ブリティッシュエアウェイズ社・イベリア航空社の3グループに収斂している．

6.2.3 グローバルアライアンスとオープンスカイの進展
a. 2つのオープンスカイ

1992年のオランダとの協定以降，米国は伝統的な2国間枠組みでのオープンスカイ（路線・便数・運賃を自由化する）を開始し，2012年までにEU27カ国を含む世界107国・地域と「2国間オープンスカイ協定」を締結している（日本とは2010年10月）．この米国型オープンスカイでは，オープンスカイといいながらも国内市場の開放（カボタージュ），国籍条項・外資規制（米国では25％未満）の緩和は対象外であるが，協定締結を条件に米国企業との提携や独禁法適用除外（anti-trust immunity, ATI）を認める政策変更を行い，グローバルアライアンス誕生の契機となった（表6.3）．

EUは1997年に，カボタージュや国境を越えた域内航空会社間のM&Aを世界で初めて自由化した．航空協定もEU全加盟国との完全な「多国間オープンスカイ協定」であり，外資規制も相手国間では自由化が基本である．2007年には

表6.3 3大グローバルアライアンスの概要（2013年6月現在）

	Star Alliance	oneworld	Sky Team
設立	1997年5月	1999年2月	2000年6月
加盟社数	29	12	19
世界本社	フランクフルト	ニューヨーク	アムステルダム
就航国数	195	157	187
乗入空港数	1328	841	1000
就航便数（日）	2万1900	8万672	1万5465
年間旅客数	6億7058万	3億2443万	5億5200万
同世界シェア	24.5％	11.9％	20.2％
ラウンジ数	1000	584	525
航空機数	4701	2437	2734
従業員数	44万8926	27万7500	43万6007
RPK（100万）	123万524	73万9238	81万8728
同世界シェア	24.3％	14.6％	16.2％

ICAO，IATA，各アライアンスのウェブサイトより筆者作成．
年間旅客数・RPKは2011年実績．

外資規制緩和などで難航していた米国・EU オープンスカイが EU 側の譲歩により妥結（2008 年開始）し，2011 年には EU 以外のノルウェー，アイスランドも参加し大西洋を挟む 30 カ国に拡大した．

b. 深化する提携

グローバルアライアンスも当初は FFP・ラウンジ共通化やコード（便名）シェアなどに限られ深度も浅かったが，近年は提携深度の深い疑似合併形態のジョイントベンチャー（JV）方式が一部加盟会社間で導入され，収入，コスト，スケジュールが一元管理されている（メタルニュートラル）．IATA（国際民間運送協会）によれば，JV 方式では密度の経済性が働き，運賃が 27％下がったと評価している（IATA, 2011）．JV 方式も ATI が前提で，認可後も各国独占禁止当局により常時監視されている．

6.2.4 今後の航空事業

a. 役割の変化

国家事業として始まった航空事業は，オープンスカイの拡大や経済のグローバル化の進展により役割が大きく変容し，航空事業による直接の経済的貢献よりも観光，貿易，海外投資への間接的な国際貢献が求められるようになってきた．

b. 観光立国の担い手

近年，航空事業はグローバル化を支える裾野産業として発達し（Tae, 2010），2012 年には国際観光客が全世界で 10 億人を突破した．外国人観光客の低迷が続く日本では，島国のため入国も出国も 9 割以上が航空利用である．国内外の LCC 利用拡大による観光客増加，国内外潜在需要の開拓など，航空事業への期待は大きい．さらに，首都圏空港のオープンスカイの本格化に伴い，アジアをはじめとする観光需要の拡大が予想されるが，これを着実に取り込みたい．成長戦略の要として，また観光立国の担い手として，航空事業への期待が高まっている．

c. 最後に

欧州債務危機後の世界的な供給調整も間もなく終わり，オープンスカイのグローバルな拡大が予想される．ネックとなるニューヨーク，ロンドンなど主要国際ハブ空港の容量狭隘化への対応や，ICAO を舞台とした地球環境問題への本格的な対応がいよいよ航空産業に求められるであろう．

［西　村　　剛］

●鉄道事業法

　鉄道事業法（昭和61年12月4日法律第92号，最終改正：平成23年6月3日法律第61号）は，日本の鉄道に関わる法体系の中心をなすものであり，国が行う鉄道事業者の監督に関して規定した法律である．同法は，「鉄道事業等の運営を適正かつ合理的なものとすることにより，輸送の安全を確保し，鉄道等の利用者の利益を保護するとともに，鉄道事業等の健全な発達を図り，もつて公共の福祉を増進すること」を目的としたうえで，鉄道事業の区分・定義をはじめ，事業の許可，事業計画，工事の施行，施設の検査，車両の確認，運賃および料金，安全管理，事業の休廃止などの重要事項を規定している．なお鉄道の種類，申請・届出手続きなどのような個別詳細については，別途，鉄道事業法施行規則（昭和62年2月20日運輸省令第6号，最終改正：平成23年3月31日国土交通省令第32号）などの省令で定められている．

●輸送機関別輸送分担率

　自動車，鉄道，船舶，航空など（輸送機関）の輸送量を表す指標には，単純に輸送した旅客の人数を示す人ベース（輸送人数による輸送量指標）や，輸送した荷物の重量を示すトンベース（輸送重量による輸送量指標）がある．しかし，これらの指標には，旅客，または荷物を輸送した距離が考慮されていないことから，各輸送機関の輸送実態をより正確に表す指標として，輸送した旅客の人数に輸送距離を掛け合わせた人キロベース（輸送人数に輸送距離を加味した輸送量指標）と，輸送した荷物の重量に輸送距離を掛け合わせたトンキロベース（輸送重量に輸送距離を加味した輸送量指標）が用いられる．輸送機関別輸送分担率とは，これら各輸送量指標による輸送機関別のシェアをいう．

●小林一三モデル

　世界でも類をみない成功例として捉えられている日本の鉄道事業者の多角化経営は，阪急グループの小林一三による沿線の宅地開発・分譲にその起源を発するとされる．小林は，1910年の箕面有馬電気軌道（現 阪急宝塚線）開業と同時に，沿線の池田（大阪府）で住宅の分譲を開始しており，同年11月には箕面動物園（大阪府）というレジャー施設経営にも着手している．さらに翌1911年には宝塚新温泉（兵庫県）の営業を開始し，その1年後に室内水泳場を中心とした娯楽場，パラダイス新館を設置，その後の宝塚少女歌劇団の設立，劇場経営の開始など，鉄道経営と結び付いた今日のレジャー産業の原点ともいうべき姿を作り上げた．また1925年には阪急マーケットを開業しており，こうした沿線の宅地開発・分譲から観光・レジャー施設の整備，ターミナルでの商業施設の充実といった事業展開は，今日の鉄道事業者に共通してみられるも

のであり，その意味で小林のこの手法は鉄道における多角化経営の原型といえるのである．

●国籍条項と外資規制

1944年の国際民間航空条約（シカゴ条約）により，国際線に参入する航空会社は「実質的な所有および実効的な支配（substantial ownership and effective control）が当該国の国民に属し」，「航空機は登録国の国籍を有する」と国籍条項を定められており，国家産業としての航空事業の性格を如実に表している．具体的には各国の国内法で定められ，日本では航空法により外資は1/3に規制されている．この国籍条項が国境を越えたM&Aを阻害しているが，これをグローバルアライアンスが補完しているといえる．域内の外資規制を撤廃したEUやIATAは，真の航空自由化の足かせとなっている国籍条項を緩和・撤廃し，航空産業を一般産業化することを米国などに求めている．

文献

石井晴夫（1984）：鉄道業における経営多角化の発展．運輸と経済 **44**(2)：57-66.
石井晴夫（1985）：鉄道業における経営多角化戦略——交通公益事業経営の新展開．ビジネスレビュー **32**(3)：37-51.
岩澤孝雄（1989）：交通サービスと経営戦略，日通総合研究所．
運輸政策研究機構（2012）：数字でみる鉄道2012（国土交通省鉄道局監修），運輸政策研究機構．
金谷隆正（1987）：私鉄業の事業展開概観（上・下）．運輸と経済 **47**(9)：17-25；**47**(10)：43-53.
斎藤峻彦（1987）：関西大手私鉄企業における多角化事業展開．運輸と経済 **47**(9)：36-45.
佐竹義昌（1962）：私鉄の観光事業進出の要因．観光研究 **70**：27-31.
鉄道の百科事典編集委員会（2012）：鉄道の百科事典，丸善．
村上英樹 編（2006）：航空の経済学，ミネルヴァ書房．
柳田義男（2002）：大手民鉄のホテル戦略——所有・経営・運営の事業形態．交通新聞社．
柳田義男（2008）：観光産業における運輸業（3）陸上輸送と海上輸送．実学観光産業論（田中掃六 編著），プラザ出版．
山内弘隆・竹内健蔵（2002）：交通経済学，有斐閣．
IATA（2011）：IATA ECONOMIC BRIEFING（2011年11月28日）．
ICAO（2012）：Fast Facts：History and Forecasts.
Tae, Hoon Oum（2010）：Air Transport Policy in the context of Japan's New Economic Strategy. International Air Transport Seminar series："Liberalization of International Air Services and Tourism"（2010年6月10日）．

7 旅行産業経営
——旅行業の近未来

7.1 旅行業の機能と役割

7.1.1 旅行業の概要

a. 日本の観光と旅行業

現代において，旅行業は人々の移動と滞在を支える基本的かつ重要な機能の1つであり，日本において旅行に関連する商品やサービスは旅行業を中心に展開してきたといえる．その機能や役割は時代とともに変化し，手配請負型の受動的業態から企画旅行商品，いわゆるパッケージツアーの造成と販売という，より主体的で能動的なものへと変貌してきた．

このパッケージツアーを造成する際に必要な「旅行素材」を提供する業者はサプライヤーと呼ばれる．主なサプライヤーとして，ホテル・旅館などの宿泊施設，鉄道・航空などの交通機関があり，旅行業の重要なパートナーである．

旅行業のビジネスモデルは，メディア販売，格安航空券といった大きな変化を経験し，現在ではインターネット販売やソーシャルネットワーキングサービス（SNS）による消費者との交流といった段階を迎えつつある．

b. サービス業としての旅行業

一般に旅行者（消費者）からみると，旅行業とは航空・鉄道などの交通，ホテル・旅館など宿泊，そのほか現地での交通や食事，見学などの予約・手配を行うサービス業である．また，旅行業者が旅行のテーマや目的を設定し，それをもとに構成や内容を企画して，あらかじめ必要な交通，宿泊，観光を組み合わせた商品を利用する方法があり，パッケージツアーと呼ばれている．

一方，航空会社やホテルからみると，旅行業は座席や客室を自社に代わって販売する代理店である．航空会社やホテルの多くは，自前の販売チャネルが少ない（まったくない）ため，大小様々な旅行業者を代理店としている．また，旅行業者がパッケージツアーを作る際には，事前に必要な航空座席やホテル・旅館の客室を仕入れるため，重要な販売先であるともいえる．

以上のように旅行業は，旅行者の代理機能と航空会社やホテル会社の代理機能，

そして自らパッケージツアーなどで両者を結びつける機能を持っている．旅行者は専門性とノウハウに対する安心感と大量の取扱いによる低価格などを期待し，航空会社やホテルは販売のチャネルおよび機会の拡大を期待している．

これらに付随して，食事や休憩の予約・手配，各種施設の入場券・入館券の販売，旅券（パスポート）やビザの取得手続きの代行なども行っている．また，旅行者を案内する業務，いわゆる添乗業務にも関わっている．この添乗業務は，大手を中心に旅行業自身では行わず専門の添乗員派遣会社に委託するケースが多い（新入社員研修や営業目的などの場合を除く）．さらに，世界的に展開する大手の旅行業者は，支店や系列の店舗において代金の支払いに利用できる旅行商品券や海外旅行で利用できるトラベラーズチェックを発行している．

c．旅行業の種類

旅行業は旅行業法上，業務の内容と範囲によって大きく旅行業と旅行業者代理業に分かれる．旅行業には3種類があり（表7.1），旅行業者代理業は特定の旅行業者の専属代理業者である．そのうち「観光圏整備法」に基づく滞在促進地区内の宿泊業者が，観光圏内での宿泊者を対象に旅行業者代理業を営む「観光圏内限定旅行業者代理業」もある．

① 第一種…海外旅行・国内旅行の主催および販売
② 第二種…国内旅行の主催と海外旅行・国内旅行の販売
③ 第三種…海外旅行・国内旅行の販売（一定の条件下では国内の募集型企画旅行も実施可能．そのほか登録条件が緩和された「地域限定」がある）

こうした法律上の区分とは別に，業態や業務内容による実際的な区分がある．

① 総合旅行業： 第一種旅行業で，基本的な業務のほかに旅行に関連する様々なサービスを展開している．
② ホールセラー： 海外・国内のパッケージツアーを造成し，他社に卸販売すなわちホールセールする．販売は行わない．
③ ランドオペレーター： 海外旅行において現地での宿泊や交通，観光の予約・手配を行う．
④ リテーラー： ホールセラーから仕入れたパッケージツアーの販売を中心とする．
⑤ インハウスエージェント： 社内で発生する出張に関わる旅行手配を行う，大企業（グループ企業）内の旅行業．

表7.1 旅行業法で定める旅行業の種類

		登録行政庁 (申請先)	業務範囲				登録要件		
			企画旅行*		受注型	手配 旅行	営業保 証金**	基準資産	旅行業務取 扱い管理者 の選任
			募集型						
			海外	国内					
旅行業者	第1種	観光庁長官	○	○	○	○	7000万 (1400万)	3000万	必要
	第2種	主たる営業所の 所在地を管轄する 都道府県知事	×	○	○	○	1100万 (220万)	700万	必要
	第3種		×	△	○	○	300万 (60万)	300万	必要
	地域限定 (※新設)		×	△	△	△	100万 (20万)	100万	必要
旅行業者代理業			旅行業者から委託された業務				不要	−	必要
観光圏内限定 旅行業者代理業		観光圏整備実施計画 における 国土交通大臣の認定	旅行業者から委託された業務 (観光圏内限定,対宿泊者限定)				不要	−	研修修了者 で代替可能

△は隣接市町村など.
* 「企画旅行」とは,あらかじめ(募集型)または旅行者からの依頼により(受注型),旅行に関する計画を作成するとともに,運送または宿泊サービスの提供にかかる契約を,自己の計算において締結する行為.
** 旅行業協会に加入している場合,営業保証金の供託に代えて,その5分の1の金額を弁済業務保証金分担金として納付する.また,金額は年間の取扱い額が2億円未満の場合であり,以降,取扱い額の増加に応じて,供託すべき金額が加算される.

7.1.2 海外パッケージツアーの歴史

日本における旅行業の歴史について,特に海外パッケージツアーを取り上げて,現在のようなビジネスモデルに大きく関係する流れを中心に整理する.

1964年に海外旅行が自由化されたのを契機に,海外パッケージツアーが開発され発売された.それ以降,各社から様々な商品が発売されて次第に競争が激化していった.1964年の夏にスイス航空社が発売した「プッシュ・ボタン」が,日本で発売された最初の海外パッケージツアーであるとされ,1965年には日本航空社が日本企業初の海外パッケージツアー「ジャルパック」を発売した.

このジャルパックは,日本交通公社(JTB)や近畿日本ツーリスト社,日本旅行社が手配,販売,添乗の業務を分担していた.このように当初は,現在では海外パッケージツアーの素材のサプライヤーである航空会社が主導していった.この1960年代後半には旅行会社によるパッケージツアーが相次いで発売された.

その他の環境変化として，1969年のドル持出し枠の緩和，1970年のジャンボジェット機の就航，数次往復旅券（5年間有効）の導入が指摘できる．この間にアウトバウンドがインバウンドを逆転するなど，海外旅行者数は1965年の16万

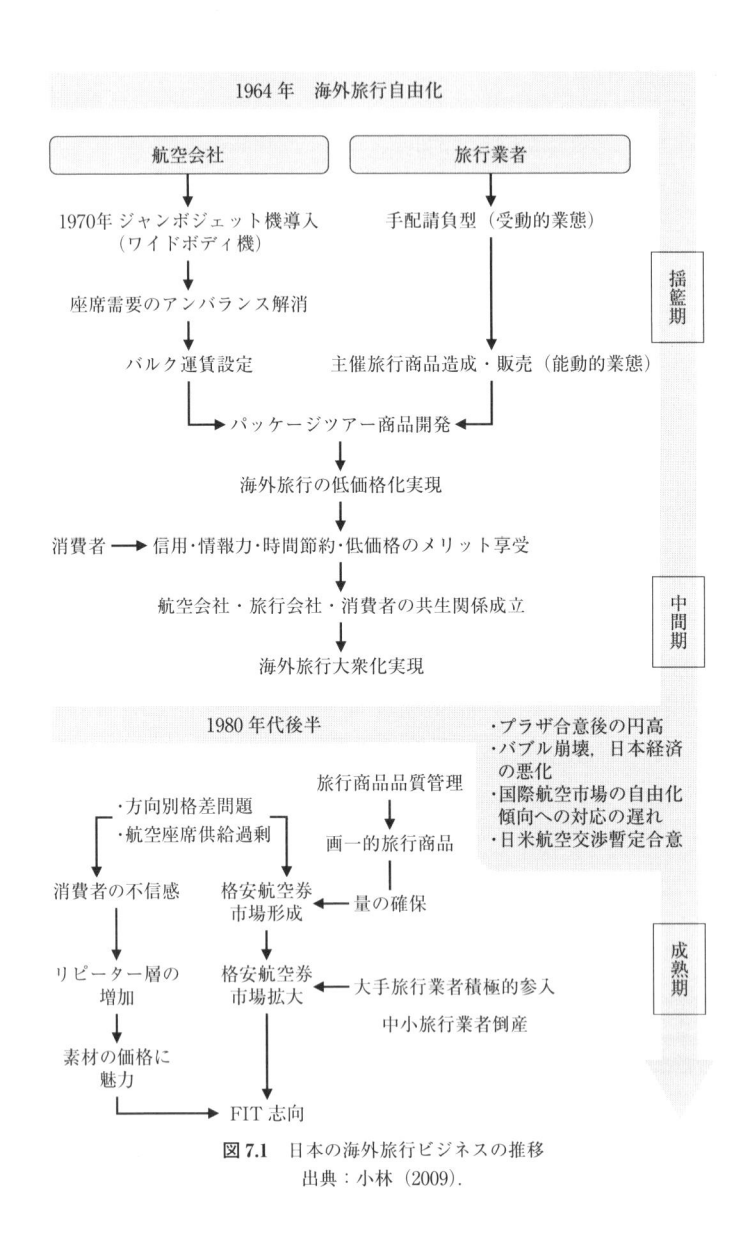

```
                    1964年　海外旅行自由化
         ┌──────────────┐      ┌──────────────┐
         │   航空会社    │      │   旅行業者    │
         └──────┬───────┘      └──────┬───────┘
                ↓                      ↓
      1970年 ジャンボジェット機導入    手配請負型（受動的業態）
         （ワイドボディ機）                                         揺
                ↓                                                 籃
       座席需要のアンバランス解消                                    期
                ↓                      ↓
         バルク運賃設定          主催旅行商品造成・販売（能動的業態）
                └──────→ パッケージツアー商品開発 ←────┘
                              ↓
                     海外旅行の低価格化実現
                              ↓
       消費者 → 信用・情報力・時間節約・低価格のメリット享受    中
                              ↓                              間
              航空会社・旅行会社・消費者の共生関係成立           期
                              ↓
                      海外旅行大衆化実現

         1980年代後半                           ・プラザ合意後の円高
                                              ・バブル崩壊，日本経済
                     旅行商品品質管理              の悪化
      ・方向別格差問題       ↓                  ・国際航空市場の自由化
      ・航空座席供給過剰  画一的旅行商品              傾向への対応の遅れ
           ↓            ↓                    ・日米航空交渉暫定合意
       消費者の不信感   格安航空券 ← 量の確保
           ↓         市場形成                                    成
       リピーター層の    ↓                                        熟
        増加         格安航空券 ← 大手旅行業者積極的参入            期
           ↓         市場拡大
       素材の価格に                中小旅行業者倒産
         魅力    ↓
              FIT志向
```

図7.1　日本の海外旅行ビジネスの推移
出典：小林（2009）．

7.1 旅行業の機能と役割

表7.2 社会的環境の変化

社会経済的な要因	高度経済成長による可処分所得の向上，休暇取得の容易化
諸制度（法律など）の改正	変動相場制への移行による円高，外貨および日本円の持ち出し制限のいっそうの緩和，土産品の免税枠の拡大，数次旅券の導入

人から1974年の234万人へと飛躍的に増加した．

海外旅行市場が拡大していった背景として，社会的環境の変化と旅行費用の低廉化がある．社会的環境の変化としては，表7.2のような点が挙げられる．

旅行費用の低廉化のきっかけとしては，ジャンボジェット機の就航によって高速・大量輸送時代が到来したことが指摘できる．大量の航空座席を販売するために，旅行会社を対象にした「バルク運賃」という特別割引航空運賃が導入された．このバルク運賃が持つ特徴，すなわち旅行会社が一定以上の航空座席を買い取るという仕組みがパッケージツアーの低廉化と市場拡大に影響を与えた．

また，このバルク運賃はパッケージツアーの流通にも影響を与えた．大量の買い上げ（返品不可）航空座席をもとにしたパッケージツアーの登場により，自社のみならず同業他社や契約代理店を通じて販売するという，現在まで続く流通システムが構築された．こうした動きによって，ホールセラーとリテーラーといった旅行業界における実際上の業種が出来上がっていった．

1970年代後半，オイルショックによって旅行市場も一時的に影響を受けたが，1978年の成田空港開港などによってさらに航空座席が豊富に供給され，リピーターも増えるなど大きく市場が拡大していった．

7.1.3 新たな展開と課題
a. BTMとMICE

旅行業がこれまでの旅行ビジネスのノウハウを応用する形で取り組んでいるのがBTMとMICEと呼ばれる分野である．

旅行業が対象としているのは，楽しみのための旅行（つまり観光）だけではない．出張やビジネストラベルといわれる旅行（『観光白書』では業務旅行）も非常に重要な対象である．

経済活動がグローバル化し複雑化する中で，ビジネストラベルに関連するニーズも多様化し，またその規模も拡大しつつある．こうした市場に着目し，より専門的で大規模に展開しているのがビジネストラベルマネジメント（BTM）と呼ばれる旅行業のサービス形態または業態である．主な業務は出張の精算業務など

である．企業は外部委託（アウトソーシング）という形で利用する．

MICEとは企業などの会議（Meeting），企業などの行う報奨・研修旅行（インセンティブ旅行，Incentive tour），国際機関・団体，学会などが行う国際会議（Convention/Conference），イベント，展示会・見本市（Event/Exhibition）のことである．交通，宿泊などとともに，会議室や懇親会の手配を組み合わせることは，これまで旅行業が取り組んできたパッケージツアーづくりなどのビジネスを応用することで可能になっている．MICEへの参加後のイベントや懇親会，観光などは「アフターコンベンション」と呼ばれ，その魅力がMICE開催地選定の重要なカギを握っている．旅行業は，アフターコンベンションについても，楽しさを創造するという従来のノウハウを発揮できる．

b．新たなニーズの開拓

旅行の消費者市場は，流行や社会経済の情勢，人々の旅行経験などによって影響を受ける．大きなマーケティング環境変化としては，景気の低迷，新型の感染症の流行，地球環境問題，大規模な自然災害，高齢化社会の到来などがある．旅行業はこうした変化に敏感に反応し，的確に対応していく必要がある．

その1つとして，高齢化社会の到来は観光産業全体にとって大変重要である．経済的にも時間的にもゆとりを持つ中高年層の登場は，さらなる旅行市場の拡大につながるものとして期待される．では，こうした高齢化社会において観光産業にはどのような取組みが必要なのであろうか．例えば日常生活において何らかの身体的な不安を感じている高齢者は，旅行への参加をためらってしまう場合がある．日程にゆとりを持たせるとともに，利用する各施設の設備や対応の状況，添乗員や各施設の従業員などの人的な対応が重要である．さらに食事についても，カロリーや塩分，脂質などの点で配慮すべきである．このようにハードとソフトの両面で障害（バリア）を取り除く工夫が行われている．

c．旅行業とイノベーション

現在の旅行業にとって中心的な業務であり商品であるパッケージツアーは，旅行業者が企画・販売しているものの，航空座席やホテル客室などその構成要素のほとんどは社外から提供されているものである．パッケージツアーのイノベーションにおいて旅行業者が果たす主な役割は，総体としてのパッケージツアー全体のイノベーションであり，ソフトウェアやサブサービス（副次的サービス）のイノベーションである．すなわち，様々な要素のつなぎ方のイノベーションであるといえる[*1]．

サプライヤーでは，それ自身も1つの企業として様々なイノベーションが発生している．例えばジャンボジェット機の就航について，厳密にいえばその開発は航空機メーカーによるものであるといえるが，実際には航空会社が機材として導入し，人々の移動の高速化と大量化，航空座席の潤沢な供給，航空券の低価格化を生み出した．

そして，旅行者もイノベーションのステークホルダーの1つである．消費者は観光体験を求めてパッケージツアーを購入するが，格安航空券の購入という形でも観光体験が実現されようとしている．旅行者は，インターネットを駆使し旅行に必要な情報を集めようとしたり，積極的に新しい旅行の手法やツールを利用しようとしたりする．こうした旅行者の消費者としての進化はイノベーションの背景となり，またそこからイノベーションが発生する可能性がある．

7.2 パッケージツアー

7.2.1 パッケージツアーの概要

a. 特　徴

パッケージツアーは旅行商品の1つで，旅行業法が「企画旅行」としているものである．旅行商品には「旅行会社が取り扱うすべての商品・サービス」という広い意味もあるが，"パッケージツアー＝旅行商品＝企画旅行"というのが一般的である．

パッケージツアーは，あらかじめ旅行のテーマや内容が決められていて，必要な手配や予約が済んでいる．消費者はテーマや内容，予算，日程などの条件を比較・検討し，数多くの商品から選択することができる．

パッケージツアーは，旅行業者が企画し参加者を募集する「募集型」と，顧客からの依頼によって企画する「受注型」の2つが，旅行業法によって規定されている．どちらもあらかじめ旅行のテーマと内容が決まっていて，出発前に必要な手配などが済んでいる点で共通している．

その最大の特徴は，誰もが気軽に参加できる点である．旅行の初心者や，一定の興味関心のために旅行する人々にとって，特に言葉の問題などで緊張する初めての海外旅行であっても，必要な手配がすべて済んでいれば安心できる．また，

＊1：旅行業者が直接提供する構成要素としての添乗員について，"カリスマ添乗員"の育成といった手法で差別化を図ろうとする戦略もある．

近場への気晴らしの旅行もますます気軽なものになる.

価格の面でも魅力がある.旅行業者による大量仕入れ・大量販売によって,旅行者が必要な手配を個別にするよりも全体として安くなることがある.これは,大量に商品を扱うことによる割引きやコストダウン(いわゆるスケールメリット)と,航空券などにみられる団体割引運賃などの制度によって可能になる.

さらには,旅行業者が手配することによって,個人では難しい国や地域への旅行や,特殊な場所・施設の観光・見学も可能になる.こうして旅行業者がその専門性やノウハウを発揮することで,消費者に旅行の楽しさを提供している.

b. 市　場

パッケージツアーの市場について,顧客を大きく団体と個人に分けて説明したい(表7.3).

団体の顧客とは,主に企業や各種団体,学校などである.企業や各種団体向けには親睦旅行や研修旅行,インセンティブツアー(報奨旅行),懸賞旅行(販売促進用の景品)などがあり,学校向けには修学(研修)旅行や短期間の海外留学などがある.団体顧客向けのパッケージツアーには受注型が多く,営業活動などを通じて注文(依頼)を獲得する.

個人の顧客とは,一般の消費者である.1人で参加できるものから,家族や小グループ向けのものがあり,様々な興味関心に対応する形で展開されていて,多様化と専門化が進んでいる.個人向けのほとんどは募集型で,店舗でのセールスやパンフレット,新聞・雑誌,ウェブサイトなどでの広告を通じて注文を獲得している.

c. 構　造

パッケージツアーは,手配の範囲と程度など,商品としての構造によってフルパッケージ型とスケルトン型の2つに分けることができる.

表7.3　参加形態と旅行商品

参加規模	参加形態	旅行商品
個人	1人旅,カップル,家族,友人など	募集型企画旅行(パッケージツアー),手配旅行(旅行素材の販売・手配),自己手配
団体	企業,公共団体,同業組合,同好会,学校など	受注型企画旅行(団体旅行など),手配旅行(出張手配など),ビジネストラベルマネジメント(BTM)

出典:日本国際観光学会(2005)を一部変更.

フルパッケージ型： 至れり尽くせりの商品で，往復の交通，宿泊，食事，現地での移動手段である観光バス，添乗員，現地ガイドなどが組み合わされている．初心者や中高年を中心に人気があり，テーマに沿って見所を中心に効率的にめぐることが可能である．

スケルトン型： 現地での自由行動を前提としたシンプルな商品で，交通と宿泊という旅行の骨組み（基本構造）の意味からスケルトンと呼ばれる．往復の交通と宿泊のみの組合せが基本で，海外旅行の場合はさらに空港とホテルの間の送迎が組み合わされることが多い．旅行の熟練者や若者を中心に人気があり，費用を低く抑えたい場合や何度も訪れたことのある場所への旅行に利用されている．

7.2.2 パッケージツアーの造成

a. 造成の担い手

大手の旅行業者には，パッケージツアーを造成（企画，商品化）する専門のセクション（部署）や関連会社があって，全国に向けて発売するような商品を担当している．各地方にある支社や地域会社（グループ会社）では，その地方向けのパッケージツアーの造成を行っている．併せて，その地方における仕入れも担当していて，全国発売の商品向けの現地手配も行っている．さらに，その地方の各地域に支店，営業所などがあり，それぞれにおいても独自のパッケージツアーが造成されている．

中小以下の業者はこうした組織やネットワークがないため，1つの部署や1人の担当者が複数の業務を兼務しながらパッケージツアーの造成を行っている．

b. 造成の流れ

パッケージツアーの企画では，まずターゲット顧客，発売の時期やその対象地域，商品種類，テーマや内容に関するマーケティングを行う．

パッケージツアーに必要な客室や座席は，ホテルや航空会社などのサプライヤーから仕入れる．また目的地での観光・見学に必要な各種の現地手配は，支社・支店や専門の現地の業者に依頼する．商品の売出し価格を決める価格戦略の検討は，ターゲットとなる顧客層を想定しながら，社会経済の動向だけでなく，他の商品とのバランス，他社の動きなども考慮する．

販売・流通では，販売チャネルや流通経路の検討を行う．販売チャネルには店舗でのカウンター販売や新聞・雑誌を利用したメディア販売があり，近年ではインターネットでの販売も増えている．また，主に企業や学校などを対象にした営

業活動も行う．

募集型の場合は，店舗などで広く商品を紹介するパンフレットとインターネット上のウェブページを製作する．どちらにも旅程（旅行の日程表）と価格表などが掲載される．パンフレットは商品を販売する店舗に配送される．あわせて宣伝用のポスターを製作する場合もある．

c. 造成と仕入れ

宿泊・交通は，企画旅行の骨組みともいうべき重要な要素で，すべての企画旅行に共通した旅行素材である．宿泊・交通のサプライヤーから派生した業者は，すでに重要な旅行素材を持っているため，この強みを生かした商品づくりが可能になる．

仕入れの際には，必要に応じて個別に手配する場合と，あらかじめまとまった数の客席や客室を手配する場合がある．後者は一般にブロックと呼ばれ，旅行業者が企画旅行を造成する際の都合で必要な分だけ客席・客室を使用し，余れば在庫を返品する．

子会社や支社，支店がない国・地域では，現地にある専門業者（ランドオペレーター）を利用して手配している．海外に拠点のない中小の旅行業者は，こうした現地の専門業者を介して手配を行っている．

7.2.3 パッケージツアーのテーマとブランド

a. テーマ

パッケージツアーの造成において最も重要な部分は，旅行のテーマと内容の設定である．特に募集型では売上げなどに大きな影響を与える．

テーマと内容の検討にあたっては，主にマーケティングの手法が用いられる．まず最も有効かつ直接的な手法の1つは，アンケートやインタビューで消費者のニーズを直接確かめることである．また雑誌・テレビなどを通じて，特にトレンドをリードする女性のニーズを的確に把握することも有効である．さらに他社の動向を参考にする方法もある．競争の結果として似通った商品が現れるケースも少なくない．

テーマや内容に関するアイデアは，特定の国や地域の観光局（観光協会）やホテル，航空会社などのサプライヤーとともに検討される場合もある．こうすることによって，広範な広告宣伝や，通常とは異なる特別な手配が可能になり，より魅力的な商品にすることが期待できる．

b. ブランド

大手と一部の中小の旅行業者が造成するパッケージツアーには，旅行商品としてのブランド名が付けられている．大手の旅行業者は，海外旅行と国内旅行，フルパッケージ型とスケルトン型，高級型と廉価型などの違いを表す複数のブランドを使用している．

ブランド名やそのロゴはパンフレットなどの各種の印刷物にも示され，消費者が商品を選ぶ際の判断材料の1つとなる．ブランドは商品価値の一部を構成しているが，日本では企業のイメージがブランド以上に強い影響力を持つ場合もある．

c. 価格設定

パッケージツアーの価格は，旅行マーケット全体の繁閑の差に合わせて設定されることが多い．ある商品について一定期間の売上げ予算を決め，出発日に合わせて計画的に価格設定をしている．例えば同じ内容でも平日に比べて土曜・日曜日を高く設定したり，寒い1～3月に比べて気候が温暖な時期や夏休みの時期を高く設定したりしている．目的地や時期，商品性，価格帯によって差があるものの，こうすることで結果として一定の範囲で繁閑差の調整につながっている．

7.3　旅行業の新たな展開

7.3.1　グローバル化するビジネス

旅行業は海外旅行を取り扱っているという意味で，以前からグローバルに展開する企業であったといえる．海外に支社や支店，営業所などのネットワークを持ったり，専門の現地業者（ランドオペレーター）との提携関係を構築したりしながら，海外旅行を支えるサービスを提供してきた．

そして，これまでの旅行業の対象は，あくまで日本人の海外旅行（アウトバウンド）が中心であり，また近年増加している訪日外国人旅行者（インバウンド）の一部を担ってきた．しかし，旅行ビジネスの世界的な競争の中において，もはや日本や日本人だけを対象にするだけでは生き残ることはできない．

そこで大手旅行業者は，海外での旅行需要を見込んだビジネスを展開しつつあり．具体的には，外国人による日本以外の国々の間を行き来する流れを対象に主に移動と滞在の手配サービスを提供している．同時に海外の拠点を強化し，日本人観光客向けのサービスを充実させるとともに，現地の外国人を日本に送るビジネスも強化している．

7.3.2 小規模旅行業者の専門化，個性化

大手の旅行業者がビジネスのグローバル化を進める一方で，比較的小規模の旅行業者は，特定のテーマやエリアに専門化したり，個性的なサービスを提供したりするなど独自の生残り戦略をとっている．従来，スペシャルインタレストツアー（SIT）とも呼ばれていた専門化や個性化は，ここではむしろ付加価値の創造による差別化といえる．

具体的には，パッケージツアーにおいて食事に特別な工夫や配慮をしたり，専門性の高い添乗員やスタッフが同行したり，宿泊や現地交通を一般に手配の難しい特殊なものにしたりするなどである．特に添乗員やスタッフについては，いわゆるカリスマと呼ばれるようなキャラクターと専門知識を有した人材を育成して，それらを目当てにしたリピーター作りに成功している例もある．

また，単にパッケージツアーなどで不特定多数の旅行者を一時的に集めるだけでなく，旅行者同士の関係性に注目するビジネスも現れている．パッケージツアーの参加者を様々な形で結びつけていく仕組みを持つケースや，旅の仲間を作る仕組みを持つケースもある．後者ではカルチャーセンターのようなサービスを提供し組織化することで，同じ趣味や興味を持つ仲間との出会い，旅の機会を創出する手助けをしている．

これまでも一般の消費者への意識調査などをもとにした商品づくりが試みられてきた．商品のアイデアから具体的な内容の検討プロセスに消費者を参加させることで，より市場にマッチした商品づくりが可能になる．人々の出会いと交流をもとにした旅行市場の再活性化の取組みとしても注目される．

7.3.3 新しい旅のテーマ

2011年3月の東日本大震災後，各地から多くの人々がボランティア活動のために被災地や避難先に向かった．ボランティアツーリズムと呼ばれる旅行の形態である．その際に利用されたのが東京など大都市からのバスツアーであった．これらのツアーは，もともと観光客やビジネス客，帰省客を対象としたものであったが，同じ仕組みをボランティアという従来想定していなかった目的に応用することで生まれた．さらに宿泊を含んだいわゆるパッケージツアーも同様にボランティア活動に活用された．

このような楽しみのための旅行すなわち観光のために開発され，高度化された旅行の仕組みや構造が，新たな目的のために応用されるケースは他にもみられる．

主に途上国などにおいて，現地の人々やそこで活躍するNGO・NPOのスタッフと交流したり，貧困や飢餓，水不足などの社会問題に関する視察や見学をしたり，ボランティア活動を行ったりするツアーがある．それはスタディツアーと呼ばれ始めていて，旅行業者はテーマに合わせて現地や関係団体とのコーディネートを行い，必要な交通や宿泊，現地交通，ガイドなど提供している．こうしたツアーはまさに旅行業が蓄積してきたノウハウを活用しているといえる．先に触れたボランティアツアーもあわせて，「観光の大衆化」に続く旅行業による新たな社会貢献や社会的責任といえるかもしれない．

[野口洋平]

●イノベーション

技術進歩が製品ライフサイクルによって変化し，導入当初は「製品イノベーション」が進むが，支配的デザインが確立すると「工程イノベーション」が主となる．しかし，工程イノベーションによって競争優位を獲得すると，新たな製品イノベーションが難しくなる（生産性のジレンマ）．

このようにしてイノベーションの余地が限界に近づくことを製品のコモディティ化という．さらに新たなイノベーションの重要性が指摘され，その1つがChristensen(1997)のいう「持続的イノベーションと破壊的イノベーション」および「漸進的イノベーションと急進的（抜本的）イノベーション」である．

また製品全体のイノベーションは，構成要素自体のイノベーションからだけでなく，構成要素間のつなぎ方のイノベーションによっても発生する．このアーキテクチュラルイノベーションでは，アーキテクチャを変化させることで，構成要素に対する強力な開発能力を有する支配的な企業への挑戦が可能になるとされる．

文 献

岡本義温 (2009)：旅行サービスと旅行商品の変化．新版 変化する旅行ビジネス（岡本義温・小林弘二・廣岡裕一 編），文理閣．
柏木千春 (2010)：旅行業──新しい価値を創るクラブツーリズム・モデル．1からの観光（高橋一夫・大津正和・吉田順一 編著），碩学舎．
観光庁ウェブサイト「旅行業法」(http://www.mlit.go.jp/kankocho/shisaku/sangyou/ryoko-gyoho.html) 2013年7月9日アクセス．
小林弘二 (2007)：旅行ビジネスの本質──観光・旅行・航空の日英比較，晃洋書房．
小林弘二 (2009)：海外旅行ビジネスの発展過程と産業構造の醸成．新版 変化する旅行ビジネス

（岡本義温・小林弘二・廣岡裕一 編），文理閣．
小林裕和（2010）：旅行業における商品イノベーションを引き起こす旅行商品の特性について．国際広報メディア・観光学ジャーナル，**10**：61-72．
佐伯靖雄（2008）：イノベーション研究における製品アーキテクチャ論の系譜と課題．立命館経営学，**47**(1)：133-162．
佐藤喜子光（1997）：旅行ビジネスの未来 旅行産業経営論，東洋経済新報社．
津山雄一・太田久雄（2000）：海外旅行マーケティング，同友館．
日本国際観光学会 編（2005）：旅行業入門（新訂二版），同友館．
廣岡裕一（2007）：旅行取引論，晃洋書房．
藤本幸男・森下晶美（2011）：旅行商品企画の理論と実際，同友館．
Christensen, C.M.（1997）：The Innovator's Dilenma：When New Technology cause Firm to Fail, Harvard Business School Press［玉田俊平太 監修（2001）：イノベーションのジレンマ（増補改訂版），翔泳社］．

8 宿泊産業経営

8.1 宿泊産業の概要

8.1.1 宿泊産業の略史

　宿泊産業の歴史は，人間の移動の歴史でもある．定住地点から人間が移動する際に，時間の経過に伴って休憩し，睡眠と食事の欲求が生まれ，その欲求を充足させる場として宿泊施設が生まれたものと考えられる．宿泊施設には，外敵や気象条件から身を守るための安全性を確保する役割もある．つまり宿泊施設は，人々に「睡眠」，「食事」，「安全性」を提供する施設として誕生し，人々の移動，すなわち「旅」の歴史とともに始まったといえる．

　宿泊施設の歴史は古く，都市間を結ぶ交通の要路に，交易のために旅をする人々を対象とした「キャラバンサライ（隊商宿）」や，ローマ帝国時代の駅伝制度によって設けられた「ムタチオネス（乗換所）」，「マンシオネス，スタチオネス（ともに宿駅の宿泊施設）」などが，古代宿泊施設の起源といわれている．

　一方，日本においては，平安時代末期に旅人のための「旅宿」が発達し，鎌倉末期には屋号を持ったものも登場している．室町時代以降，伊勢神宮（三重県）などの神社にも「御師」が発達し，高野山（和歌山県）の「宿坊」もこの前後に出現したといわれる．通常「宿坊」は，寺院が経営する宿を意味しており，出羽三山（山形県），身延山（山梨県）などにも発達した．また江戸時代の宿駅制の拡充政策により，東海道五十三次，中山道六十七次などの宿が整備された．宿駅は宿場とも呼ばれ，利用者の身分に応じて宿場での対応が異なっており，勅使や大名が休憩・宿泊する「本陣」，「脇本陣」，「茶屋本陣」などと，一般庶民が利用する「木賃宿」，「旅籠屋」に分けられた．

　産業化の進展により人やモノの移動が活発となるのに伴い，米国やヨーロッパにおいて宿泊体制が整備された．1829年にはボストンに「トレモントハウス」，1850年にはパリに「グランドホテル」などの商業化されたホテルが生まれてきた．特に近代ホテルの祖ともいわれている「トレモントハウス」は，米国最大数の客室（170室）を保有し，他のホテルとは異なる最高級のサービス（① private single room と double room，②飲料水の配置と浴槽の設置，③石鹸の無償提供，④フランス料理レストラン，⑤ベルボーイ，⑥客室ごとの電話の設置と電話交換手，⑦従業員の雇用とトレーニング）を提供した．

日本においても，この時期に「ホテル」と称する施設が各地に建てられた．1868年に東京府築地の外国人居留地に「ホテル館（築地ホテル館）」の建設が始まり，「精養軒ホテル（1871年，築地）」，「東京ホテル（1873年，東京府日比谷）」，「金谷ホテル（1873年，栃木県日光）」，「富士屋ホテル（1878年，神奈川県箱根）」と建設が相次いだ．本格的な都市ホテルの先駆けである「帝国ホテル（東京府内山下町）」は1890年に建てられた．

8.1.2 日本の宿泊産業の分類

現代における宿泊施設は，その機能や性格によって分類方法が様々である．旅館業法（1948年制定）では，宿泊業を「ホテル業」，「旅館業」，「簡易宿所営業」，「下宿営業」の4つに区分している．同法では，ホテルは洋式の構造設備を持つ客室10室以上の宿泊施設，旅館は和式の構造設備を持つ客室数5室以上の宿泊施設とされている．簡易宿所とは，それらの水準に達していない宿泊施設である．

もう1つ，宿泊業に関する法律として，国際観光ホテル整備法（1949年制定）がある．主として在来のホテル・旅館の構造設備水準の向上および高水準施設の新設を促進するために制定された．同法の条件を満たしたホテル・旅館を「登録ホテル・登録旅館」と呼んでいる．上記の2つの法律はともに1940年代に制定されたものであり，現在のホテル・旅館は実際には法水準以上の構造設備を整えているケースが多い．

一方，上述したように，旅館業法による宿泊業の分類のうち，日本の代表的な宿泊施設はホテルと旅館であるともいえる．この2つの宿泊施設は，施設名から明確に区分できる場合もあれば，施設名は「○○ホテル」となっているが，実は旅館に分類される場合もある．すなわち，営業免許と商号・商標は直接関係がなく，そのため旅館営業の免許でも「○○ホテル」の看板を掲げることができる．2つの施設の法的基準は，表8.1のとおりである．

また，ホテルと旅館では提供するサービスや経営方式が異なっており，利用する側の視点からみると法的基準だけではわかりにくい部分が多い．建築様式や料金制度，食事提供などの基準に基づいて顧客の視点から比較すると表8.2のとおりである．

表 8.1 ホテル・旅館の法的基準

施設許可の法律		旅館業法（1948年）	国際観光ホテル整備法（1949年）
ホテル	施設構造設置基準	洋式の構造および設備を主とする施設を設け営業	環境，建築が良好であること．洋式の構造および設備をもってつくられていること
	客室数	10室以上	ホテル基準客室の数が15室以上で（ただし東京・大阪・京都・名古屋・横浜・神戸は30室以上），かつ，客室総数の1/2以上であること
	客室床面積	和室7m^{2}以上 洋室9m^{2}以上	客室とそれに付属する浴室，便所などを含む床面積はシングルーム9m^{2}以上，その他は13m^{2}以上（客室内パイプシャフト・ダクトスペースは床面積から除外，床面積の測定は，壁心にて，壁厚20cm以上，および柱型の場合は，内側面から10cmの線を測定線とする．洋室の定員は2名以内）
旅館	施設構造設置基準	和式の構造および設備を主とする施設を設け営業	環境・建築・外観および庭園が優秀で，外国人旅行客を喜ばせるに足りるもの
	客室数	5室以上	旅館基準客室の数は10室以上で，かつ，客室総数は1/3以上であること
	客室床面積	和室7m^{2}以上 洋室9m^{2}以上	畳敷きの室があり，当該室の床面積は1人部屋6.5m^{2}以上，その他10m^{2}以上（床の間や押入れなどの部分は面積に含まれない）

出典：作古（2002）．

表 8.2 顧客の視点からみたホテルと旅館の比較

区分	ホテル（洋風）	旅館（和風）
建築様式/外観	欧米式	伝統的な日本の建築様式
宿泊料金基準	客室料金（宿泊と食事の分離）	1泊2食付き（宿泊と食事が一体）
客室形態	ベッド中心	畳部屋が中心
接客	洋服を着用した男性従業員中心のサービス	着物（伝統日本衣装）を着用した女将と女性従業員（仲居）中心のサービス
浴室形態	客室内の浴室	大衆（共用）風呂，露天風呂
食事提供	レストラン	客室，またはプライバシーレストラン
受容人数	1室あたり1〜2人が基本	1室あたり2人が基本で，4〜5人も受容可能
サービス責任者	総支配人	女将

出典：Kang and Okamoto（2004）．

8.1.3 宿泊産業の規模と推移

『レジャー白書（2011年）』によると，宿泊産業全体の市場規模は2兆7790億円であり，そのうち旅館は1兆4570億円，ホテルは9760億円となっている．旅館業法の分類による，4つの宿泊施設数の年度別推移をみると，2000年以降，ホ

テル軒数は若干増加しているものの，旅館は毎年減少している（図 8.1 参照）．特に,宿泊市場全体の 2/3 を占める旅館の数が減少していることが際立っている．

また客室数の推移においても，軒数の推移と同様に，ホテルは増加しているが旅館は減少しており，2009 年からはホテルの総客室数が旅館の総客室数を上回っている（図 8.2）．

このように，日本の宿泊産業の全体では，旅館からホテルへの業態変更が進んでいるようにみえるが，旅行形態が団体旅行から個人旅行へシフトする中で，従来の業態区分に当てはまらない新たな宿泊施設の出現も予想されており，宿泊産業全体の流動化が進んでいくと考えられる．

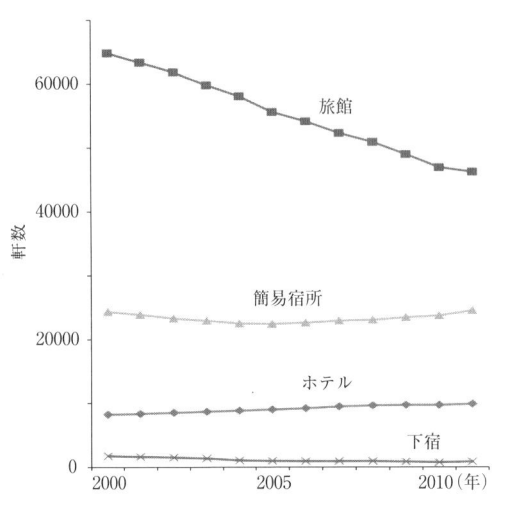

図 8.1 宿泊施設軒数の推移
出典：厚生労働省（2012）．

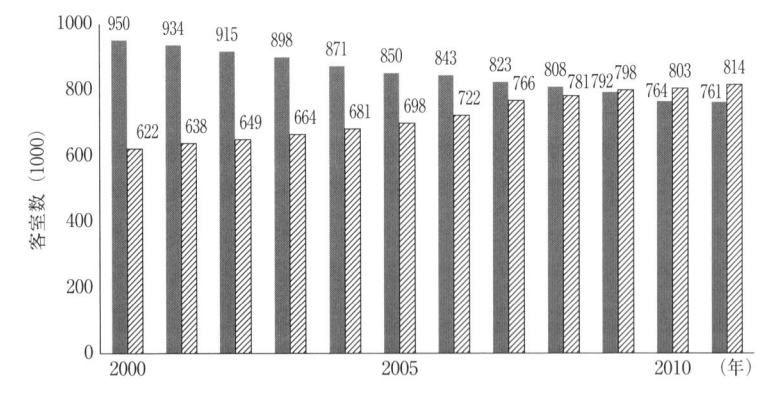

図 8.2 ホテル・旅館の客室数の推移
■ 旅館，▨ ホテル．
出典：厚生労働省（2012）．

8.2 ホテル業の経営特性

8.2.1 ホテル商品の特性

ホテル商品は製造業の一般商品とは違い，商品を移動させて顧客を探すことができないため，顧客の訪問を待たなければならない．また，サービスに依存しており，生産と同時に消費される特性を持っている．これは，サービス商品の特性である無形性に起因するものである．さらに，ホテル商品は限られた固定資産が大部分であるため，需要の変化に対して弾力的に供給を調節することができず，立地への依存度が高い特性を持っている．

一方，経営的視点からみると，ホテル商品はサービス商品であるため，人的資源への依存度が高く，固定資産の割合が高いため，資本回転率が低い．またホテル業は総合的なエンターテイメントを提供するサービス業であり，顧客に365日24時間奉仕する年中無休の特性を持っている．

8.2.2 ホテル業の分類

ホテル業の分類方法は研究者により異なり，明確な分類方法はないが，大きく「立地，クラス，機能による分類」と「経営形態による分類」の2つに分けることができる．

まず前者は，利用者がホテルを選択する際に役に立つ分類方法である．例えば，目的地や予算に基づいて自分が泊まるホテルを選ぶため，このような分類の仕方はホテルを選択する際の大きな目安になる．

一方，後者は，経営者の視点から「所有（土地・建物）」，「経営」，「運営」の仕方によって分類する方法である．ホテル業界は，スケールメリットを得るために施設の大型化とチェーン化を図る傾向にある．製造業の大量生産・大量販売方式によるスケールメリットの追求と同様の考え方である．宿泊産業の場合は，一定の場所に位置し，限られた量の旅行需要と地域需要を対象として，宿泊・飲食・宴会などの施設・サービスを提供するビジネスであるため，一施設が一定の規模に達すれば別の場所（別の都市や観光地）で新しく同一名称，施設・サービス水準のホテルを次々に開設し需要を開拓することが多い．これをチェーン方式と呼ぶ．チェーン展開方式としては，所有直営方式をはじめ，フランチャイズ方式，マネジメントコントラクト方式，リファーラル方式，リース方式などがある．

8.2.3 主なチェーン展開方式

a. 所有直営方式
　土地，建物などを自社が所有し，直接経営する方式である．最近はホテルの所有と運営の分離が進み，所有直営方式のホテルは減少傾向にあるが，依然として老舗の名門ホテルや，地方の独立系ホテルが多い．

b. フランチャイズ方式
　すべての資産，収入，支出が所有者に帰属し，所有者が自ら運営する点においては，所有直営方式と変わらないが，外部のホテル運営会社から，ホテル開発・運営のノウハウ，ブランドの商標使用権，送客ネットワークの提供を受け，対価としてロイヤルティ（フランチャイズフィー）を支払う方式である．

c. マネジメントコントラクト方式
　ホテル所有者が外部の運営会社とホテル運営における業務委託契約を締結し，ホテル運営を委託する方式である．所有と運営の分化したこの形態は欧米ではよくみられ，日本でもいわゆる外資系ブランドの多くがこの形態をとっている．

d. リース方式
　土地や建物を他の所有者から賃貸し，ホテル会社が直営する方式である．所有者がホテルの運営や経営に直接携わることはなく，ホテル経営から生じるキャッシュフローについてもテナント運営会社に帰属することから，所有者におけるホテル運営や経営のリスクは限定的である．

8.3　旅館業の経営特性

8.3.1　旅館に対するニーズの変化

　日本の宿泊施設の分布は，都心部のホテル，地方の旅館と大別されるように，旅館は地方の温泉観光地に多く立地している．また旅館業は，個人経営の小型施設が多いものの，売上げにおいては大型旅館が業界の大半を占めている．その大型旅館は，都市型観光地との競合や少子高齢化，法人・団体需要の減少を受けて経営に苦しんでおり，新しい需要創出が迫られている．

　旅館の魅力としては，「客室（滞在中の居住性）」，「食事（料理とサービス，食事場所の環境）」，「温泉とリラックス（大浴場と露天風呂，貸切風呂）」，「サービス（従業員のホスピタリティやエンタテインメント）」，「立地環境（周辺の自然環境や街並み環境）」が挙げられる．日本交通公社の『2007年度旅行者動向調査』によると，旅館宿泊における「こだわり」について，人的サービスやレジャー機

能よりも，温泉の開放感やリラックス志向，地域の食文化体験への志向が高まっている．上記のような環境の変化の中，旅館に対するニーズの変化がみられる．

まず，旅行行動の個人客化に伴う変化である．団体旅行の盛んだった頃には，1室あたりの滞在人数は4〜5人が主流であったが，2人での滞在性の向上や，プライベート空間でのリラックスに対するニーズが高まっている．

2番目に，食事に対するニーズの変化である．料理や食事時間の選択の自由や，食材，料理についての情報提供など，料理から食事の状況，付加価値の多様化が求められる．

3番目に，温泉入浴やリラックスに対するニーズの変化である．大人数が同時に，一緒に入浴するのではなく，家族や夫婦，親しい友人などの同行者単位でプライベートに入浴するニーズが高まっている．また，個性豊かな複数の浴場や，自然環境との一体感がある露天風呂が支持され，地域の温泉文化・湯治文化など地域固有の温泉の価値を見直すことが求められている．

8.3.2　流通構造と料金体系の変化

2000年代に入り，高速インターネットの普及により，旅館の情報発信と予約チャネルは大きく変化した．旅行会社経由のパッケージツアー利用の減少に対し，自由に行動できるフリープラン型が中心となっている．フリープラン型の旅行では，宿泊施設への直接予約（電話やウェブサイト）や，インターネット予約サイト（楽天トラベル，じゃらんnet，一休.comなど）の利用が多い．

インターネットの普及は，旅館が消費者に情報を直接発信することを可能としたものの，販路の実態は，かつての旅行会社への高い依存率から一部がインターネット予約サイトに代替されつつある状況といえる．この要因には，インターネット予約サイトのポイント制による囲い込みに加えて，価格と評価（点数や口コミ）の比較ができるポータルサイトの特徴が消費者に支持されていることが挙げられる（5.3.1項参照）．

しかし，これら予約サイトのシェアが高くなっても，情報収集にあたって宿泊施設のウェブサイトをみる比率も高まっており，インターネット予約サイトを利用しながらも宿泊施設をチェックしていることがわかる．今後もインターネット利用者の増加が見込まれており，自社ウェブサイトでの情報発信の重要性はますます高まっている．

一方，旅館の料金体系にも変化がみられる．上記のインターネット販売の増加

を受けて，旅館の料金体系は「季節別，曜日別，人数別の変動」に「予約日別の価格変動」が加わり複雑になりつつある．従来の基本料金であった1泊2食料金を崩し，泊食分離料金，1泊朝食付き料金を導入する旅館も増加している．

この背景には，食事を自由化して滞在需要を誘発することで，減少する国内旅行需要を獲得しようとする立場もあるが，同時に過当競争の中で宿泊予約単価を下げながらも誘客しようとする，安価設定のための手段としての導入も多い．旅館の泊食分離や1泊朝食付き料金が地域単位で増加すれば，A旅館で泊まってB旅館で食事したり，C旅館で2泊するが2泊目の夕食は温泉街の飲食店で食べたりするなど，温泉地での食事の自由度が高まることになる．旅館同士での客室と食事の相互乗り入れや，旅館と温泉街の飲食店での役割分担が進めば，「客室に特化した旅館」，「多機能で外来食事客を受け入れる旅館」など，地域活性化や潜在需要の開拓への寄与が期待できる．

8.3.3 旅館経営の課題

かつての団体客中心で，部屋さえあれば顧客が集まった旅館全盛時代に比較して，個人やグループ旅行が中心となった現代において，旅館は将来の方向性を見出せず経営に苦しんでいる．ここでは旅館再生に向けての課題について概説する．

1番目に，施設維持コストの問題である．旅館は典型的な装置産業であり，施設・設備がなければ営業ができないため，なによりも施設の維持にコストをかけている．たいていの旅館は初期設備投資に過大な建築費用をかけており，減価償却負担が非常に大きい．過大投資に伴う建物の修繕・管理費がかかり，キャッシュフローが悪くなると同時に新規設備投資が困難となり，場合によっては競争相手に顧客をとられ衰弱していくことになる．

2番目に，財務内容の問題であり，過剰負債や資金繰りの悪さが挙げられる．上述したように，設備投資を銀行融資による資金調達に依存してきた旅館は，とにかく過剰負債を解決しない限り新たな融資を得られないため，新規設備投資などのキャッシュが回せなくなる．また，売上げは銀行返済を優先させてしまって取引き先への支払いや従業員給与を遅配してしまうケースもあるが，送客の減少や人材流出につながるため，キャッシュを支払う順序を間違ってはならない．

3番目に，経営組織の問題である．旅館はもともと家内工業であり，経営上のルールはワンマンオーナーの意思決定で定められてきた．戦後一貫して経済成長を遂げた時期には，よほどひどい経営を行わない限り旅館を継続することが可能

であったが，現在の情況ではワンマンオーナーの勝手な経営は許されない．また大きな問題として，後継者の問題がある．先述のとおり旅館は家内工業であり，親から子へ代々受け継がれてきたが，現状の旅館は過剰債務となっているため，子息たちはそのまま引き継ぎたくないと思っていることも多いと考えられる．

8.4 宿泊産業の展望と課題

8.4.1 宿泊産業の展望

　従来の宿泊産業の経営における成功を左右する決定要因としては，「立地（location）」が最も重要視されてきたが，今後は「効率的経営管理」が成功のキー要因となると考えられる．その理由として，IT技術の発達に伴う情報量の増加や短期かつ複雑な消費者ニーズの変化が挙げられる．多岐にわたる消費者のウォンツと現代人のニーズを的確に把握し満足させる創意的なマーケティング戦略の開発や，効率的な経営手法の工夫などに，より時間を費やすことが求められる．

　現在，日本の宿泊産業は大きな転換期にさしかかっている．団体客から個人客への旅行行動の変化により，宿泊設備には受容能力よりも部屋の快適性が求められている．顧客層の変化もみられ，2～3人の女性同士の旅行が増えるなど女子市場の拡大が際立っている．また，ビジット・ジャパン・キャンペーンと代弁される訪日外国人の増加による多言語対応など，受入れ体制の整備も必要とされる．

　一方，ここ10年の宿泊産業を語るうえで外資の参入は欠かせないトピックである．ホテル業を中心に，旅館の再生においても外資ファンドの投資が増加している．最近は客室や飲食店舗，婚礼施設へも投資が拡大され，初期のホテル運営だけという進出方法から変わりつつある．先に進出している国・地域で取り込んできた顧客を訪日旅行の際にも取り込むと同時に，日本進出により認知度を向上させ，1800万人もいる日本人海外旅行者の獲得も狙っているのである．

　最近は，異業種の宿泊産業への参入も活発である．その中でもウィークリーマンションなど不動産業界の進出が目立ち，従来のビジネス需要以外に旅行需要を獲得しようと働きかけている．また，IT技術の発展を背景にAirbnbのようなコミュニティ宿泊ビジネスも広がっている．以上のように，新たなマーケットの拡大や外資の参入，異業種の参入などにより，宿泊産業はますます成長することが期待される．

8.4.2 宿泊産業の課題

宿泊産業における最も大きな課題として,人材の育成および確保が挙げられる.人的資源への依存度が高い宿泊産業において,優秀な人材の確保は必須不可欠な先決課題ともいえる.宿泊産業は"ヒト"に対する利益分配が比較的に大きい産業であるといわれるわりには,他の産業と比べて待遇が低いのが現状であり,それが高い離職率に現れている.

組織内で優秀な人材を確保する方法としては,次の2点が議論されている.まず,従業員における動機付け要因を見つけることである.多くの有名ホテルについて等しく語れるのは,例えばリッツカールトン社の「クレド[*1]」のように,まず組織としての高い理念が掲げられていることである.この理念が単に掲げられているだけではなく,様々な施策を通じて従業員個々人に落とし込まれ,理念を裏付けるような様々なエピソードが組織の至るところで作り出され,理念はより具体的なイメージを伴って深く浸透していく.活気ある組織では総じて,このような理念と実際の行動がうまく噛み合った好循環が回転しているものである.

次に,人材ポートフォリオという発想である.宿泊業界では,いまだに全社員一律の方針・人事制度の下で処遇されているのが一般的である.しかし宿泊業ほど多様な職種が一堂に集う業界も少なく,人材ポートフォリオという思考が適合しやすい業界のはずである.むしろ一律の処遇にこそ無理があるともいえる.人材のセグメンテーションと処遇方針を連動させるこの議論とつながるのが,「人時生産性」の考え方である.もちろん単なるコスト削減策として捉えるべきではなく,長期勤続へのこだわりが薄れている近年の就業観や,異動せずに勤務したいという要望など,従業員側のニーズともマッチしていることが重要である.

[金　振晩]

● **ホテルの経営指標**

ホテルの経営指標としては,次の3つの用語がよく使われている.
・客室稼働率:利用可能な部屋数に対し,利用されている部屋数の割合を指す.
・ADR (average daily rate):客室1室あたりの販売単価であり,客室売上げを販売客数で除した値である.例えば全客室の売上げが150万円で,利

[*1]: クレド (credo) とは,ラテン語で「志」,「信条」,「約束」の意味であり,昨今の経営学においては,「経営理念」を表すことばとして定着している.

用された客室数が75室であれば，ADR（平均客室単価）は2万円となる．
・RevPAR（revenue per available room）：1日あたりに販売可能な客室数あたりの客室売上げをいう．販売可能客室1室あたりの売上げを表す値であり，客室売上げを販売可能客室数で除した値で，客室稼働率をADRで乗じた値と等しくなる．

● **Airbnb**

Airbnbは，自宅の空き部屋と，宿泊したい旅行者を結びつけるマッチングサービスとして2008年からサービスを開始し，現時点（2013年8月）の登録は192カ国，9062都市に及ぶ．「インターネットと自宅の空き部屋さえあれば，誰でも旅館の経営者になれる」という意味を込めて，このサイト名が付けられた．使い方は簡単で，まず旅行したい都市の空き部屋の一覧から部屋を選択する．すると詳細が表示され，料金はもちろん，部屋やキッチンなどの画像，過去に宿泊した旅行者のレビューがあり，家の雰囲気や家主の人柄などを知ることができる．宿泊したい部屋が決まれば予約を申し込むことになるが，この段階ではまだ契約成立とならない．家主が申込者のプロフィールやこれまでの利用評価をみて，受け入れるか否かを判断するという仕組みになっている．

● **人時生産性**

人時生産性とは，総労働時間1時間あたりの粗利益高のことで，粗利益高を総労働時間で割って求めることができる．人時とは，1日，1週間，1カ月などの，ある特定の期間における総労働時間，延べ労働時間のことである．あるコンビニエンスストアで50人時というと，1日で50時間の総労働時間という意味になる．1日の粗利益高が20万円であれば，人時生産性は4000円ということになる．一般に，適正労働分配率は50以下といわれていることを考えると，この場合の時間あたり人件費は2000円以下にする必要がある．このように，人時生産性とは，1時間あたりいくらの粗利益を稼ぐかという指標であり，適正利益を確保するための人件費の支払い能力を表すものである．

文 献

厚生労働省（2012）：平成23年度 保健・衛生行政業務報告．
作古貞義（2002）：新版ホテル事業論—事業化計画・固定投資戦略論，柴田書店．
日本交通公社（2007）：旅行者動向2007，日本交通公社．
日本生産性本部（2011）：レジャー白書2011．
Kang, S.S. and Okamoto, N. (2004)：Service quality and its effect on customer satisfaction and customer behavioral intentions. *Asia Pacific Journal of Tourism Research*, **19**(2)：189-202.

9 外食産業経営

9.1 外食産業の市場構成

9.1.1 外食産業の市場規模の推移

外食の起源をたどると，紀元前の古代中国や古代ローマにまで遡ることができる（茂木，1996）．以後，貨幣経済の発達と都市の発展がみられる場所の多くに，外食の痕跡や記録が残されている．今日，人々は日常生活や観光など様々なシーンで外食しており，外食産業はホスピタリティ産業の重要な一分野となっている．

日本における外食産業の市場規模の推移をみてみよう（図9.1）．この統計は1975年からのものであるが，戦後，1970年頃までは，外食産業の市場は緩やかに拡大を続けてきた（導入期）．

1970年頃から米国の外食チェーンが次々と日本進出を果たし，同時に米国のチェーンシステムを模倣した国内資本のチェーンが数多く誕生したことにより，1980年代にかけて市場規模が飛躍的に拡大してきた．この成長期は1970年代の

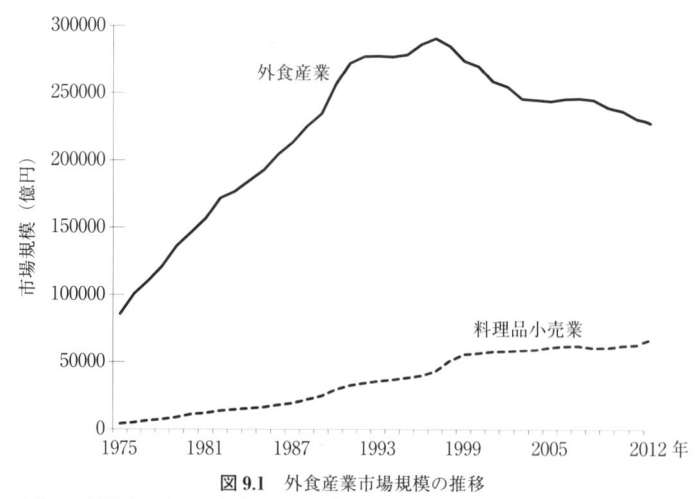

図9.1 外食産業市場規模の推移
出典：（公財）食の安全・安心財団 附属機関外食産業総合調査研究センターの推計．

二度の石油危機と重なるが，国内の多くの産業が打撃を受ける中，外食産業はほとんど影響を受けることなく拡大を続けていった．

1980年代末から1990年代初頭にかけてゼロ成長の時代（成熟期）が訪れ，その後のバブル経済の崩壊をきっかけに始まった低価格戦略により少し拡大したが，以後は長く停滞，縮小傾向がみられる．とはいえ，2012年度の外食産業の市場規模は23兆2386億円であり，持ち帰り弁当や惣菜などの中食に相当する料理品小売業の市場規模を含めると約30兆円に上る．日本における屈指の巨大産業なのである．

外食および中食が拡大してきた要因には，1世帯あたりの人数の減少，家族内での生活時間のずれ，女性の社会進出，マスメディアの発達や情報化の進展といった社会の変化もあれば，業種・業態の拡充，店舗数や営業時間の拡大，経営システム改善による品質の追求と低価格の実現といった事業者サイドの変化もある．

現在の市場規模縮小の理由には，景気低迷による法人需要や個人消費の冷え込み，より安価で食べることができ場所や時間を選ばない中食や，簡便化が進んだ冷凍食品など内食商品との競合などが挙げられる．また，1990年代後半から外食産業が仕掛けた価格競争の激化も関係している．つまり外食の回数が大きく減ったのではなく，1回あたりの消費単価が下がったという見方である．ハンバーガーチェーン，ファミリーレストランチェーン，牛丼チェーンなどを筆頭に熾烈な価格競争が始まり，業界全体が疲弊する原因となった．その一方で，全体の割合は大きくないものの，ミシュランガイドにみられるような高級店の人気も依然として高い．

9.1.2 外食産業の業種・業態

外食産業の業種および業態は常に開発され，変化を続けている．業種の1つ，すし店を例に挙げると，古くからある「カウンターで客の注文に応じて職人がすしを握る」高級店もあれば，回転ずしや持ち帰り専門店，ファミリーレストランタイプの店や，食べ放題，立ち食いというように，様々な業態がある．

外食産業の市場構成（表9.1）をみると，主な業種・業態ごとの市場規模を確認できる．まず食事を主体とした給食主体部門と，食事以外を主体とした料飲主体部門に分かれる．給食部門は不特定多数を対象とする営業給食と，いわゆる給食（学校給食など）にあたる特定多数を対象とした集団給食に分かれる．ハンバ

ーガーチェーンは「その他の飲食店」に含まれる.

この表からわかるとおり，日本の外食産業を捉える区分は，業種と業態が混在した状態で行われることが多い．これに対し，米国には比較的明確な業態分類がある．食事主体のレストランの場合，高級な業態から順に，高級レストラン（fine dining），カジュアルダイニング（casual dining），ファミリーダイニング（family dining），ファストフード（fast food）といった分け方がなされる．最近ではファストカジュアル（fast casual）をファミリーダイニングの後に付け加えることもある．

ファミリーダイニングは日本のファミリーレストランと同等の業態であり，カジュアルレストランはファミリーレストランと高級レストランの中間に位置付けられる．ファストフードは，ハンバーガーチェーンなどにみられるように，注文から提供までの所要時間が短く，セルフサービスを導入して安価な商品提供を実現する業態である．ファストカジュアルは，セルフサービスの形態をとりながらも，店内調理工程を増やしファストフ

表9.1　外食産業の市場の構成（2012年）

区分	金額
外食産業計	232386
給食主体部門	185865
営業給食	152274
飲食店	124686
食堂・レストラン	88160
そば・うどん店	10718
すし店	12753
その他飲食店	13055
国内線機内食など	2457
宿泊施設	25131
集団給食	33591
学校	4930
事業所	17179
社員食堂など給食	11992
弁当給食	5187
病院	8609
保育所給食	2873
料飲主体部門	46521
喫茶，酒場など	19977
喫茶店	10197
居酒屋，ビヤホールなど	9780
料亭，バーなど	26544
料亭	3173
バー，キャバレー，ナイトクラブ	23371
料理品小売業	64648
弁当給食を除く	59461
弁当給食（再掲）	5187
外食産業（料理品小売業を含む）	291847

出典：（公財）食の安全・安心財団　附属機関外食産業総合調査研究センターの推計による．
・数値は市場規模を示す（単位：億円）．
・売上げ高のうち，持ち帰り比率が過半の店は，「料理品小売業」に格付けされる．
・産業分類の関係から，料理品小売業の中には，スーパー，百貨店などの売上げ高のうちテナントとして入店している場合の売上げ高は含まれるが，スーパー，百貨店が直接販売している売上げ高は含まれない．
・外食産業の分類は，基本的には日本標準産業分類に準じている．一部，最近の業態の変化を考慮してわかりやすく表現したものがある．
・病院給食は，入院時食事療養費，標準負担額，入院時生活療養費および生活療養費標準負担額の合計額となっている．

ードよりも提供に時間がかかるが，手作り感あふれるできたての商品を提供する業態をいう．

　日本でも，例えば客単価などを手がかりに業態分類の試みがなされてきたが，業種および業態が多すぎる，業態間の線引きが不明瞭であるなど課題が多く，現時点でも業界全体の業態区分についての共通認識を得るまでには至っていない．

9.1.3 外食産業の経営特性

　外食産業が提供するものは皿の上の料理だけではない．料理に付随するサービス，空間演出なども重要な商品の一部である．利用客は，個人の嗜好や状況に応じて多様な業種・業態から店舗を選択している．誰と，どのような目的で，どのくらいの予算でという条件に応じて，同じ人であってもその時々で選択する店舗は異なってくる．

　外食産業の根源的な発生要因であった「空腹を満たし，栄養補給をする」という観点でみると，需要発生頻度はきわめて高い．しかし顧客の胃袋は1つで容量が限られているため，一般的な消費財に比べると極端な大量販売がしにくく，他の外食店舗や，中食，内食との間で常に激しい競争にさらされている．

　利用動機についても，飲食そのものの役割が付随的なものとなり，商談，交流，気晴らし，休憩，時間つぶしなどを主な目的として飲食店を利用するケースも少なくない（図9.2）．外食と代替関係にあるものとしては，中食や内食だけでなく，ド

図9.2 旅行者の休息の場としても利用されるカフェ（イタリア）

表9.2 外食産業の経営特性

①需要の発生頻度が高い
②利用動機が多岐にわたる
③1つの胃袋をめぐって中食，内食，他産業と競合関係にある
④他のサービス産業と同様の特性を持つ（無形性，不可分性，変動性，消滅性）
⑤人件費の比率がコストの約3割を占める労働集約的産業
⑥食材調達において自然環境の影響を受けやすく，仕入れ価格が変動しやすい
⑦ビジネスモデルが模倣されやすい
⑧小型店舗であれば小資本で参入可能なため，新規参入しやすい半面，廃業率も高い
⑨食中毒など顧客の生命に直接関わる商品を扱う

ライブや映画鑑賞など幅広い行動が考えられる．

　また，外食は他のサービス産業と同様，無形性，不可分性，変動性，消滅性という特徴を持つ．特に，同じ空間を共有する利用客がともに店の雰囲気を作り出し，商品の一部となる点は，不可分性の1つの要素である．この点を重視する高級店ではドレスコードを設けるなどしているが，実際にはコントロールが難しく，マネージャーの力量が問われるところである．

　以上の議論も含め，外食産業の経営的特性を整理すると表9.2のとおりとなる．

9.2　チェーンレストラン経営

9.2.1　チェーンレストランとは

　チェーンレストランは，前述した無形性や不可分性を克服しようとして誕生したものと考えられる．まず無形性についてみてみると，利用経験のない店舗の料理やサービスについてあらかじめ知ることは難しい．いくら言葉などで説明しようとしても限界がある．そこで19世紀末の米国では，旅行者が初めて訪問した土地でも安心して食事ができるようにと，同じメニュー，価格，サービスを提供する店舗がみられるようになった．その立地は鉄道の駅や幹線道路沿いであり，これが現代のチェーンレストランの先駆けとなった．

　また不可分性にみられるように，レストランで食事をするためには，利用客は店舗に出向かなければならない．事業規模を拡大するにあたって，1つの店舗の座席数を増やしたり，営業時間を拡大することも考えられるが，それには限界がある．このような観点から，外食産業では多店舗化，すなわちチェーン化が志向されるようになった．

　チェーンレストランとは，「同一または類似の店名および店装，メニューおよび価格で，同一水準のサービスを提供する店舗を多数束ねて同時に運営する」経営手法だと定義される（茂木，1996）．どの店で食べても同じ味，同じサービスを実現するためには，商品・店舗・食材・厨房機器開発，教育システムやオペレーションマニュアルの作成，プロモーションなど，平準化された商品やサービスを提供できる仕組みを本部が一括して準備し，店舗に供給する仕組みが必要である．店舗には，顧客に飲食を提供するための最終調理工程や接客といった，現場で必要な最小限の工程を任せることによって効率的な経営が可能となる．

　チェーンの主な形態には，直営チェーンとフランチャイズチェーンがある．前者は所有と運営を自社ですべてまかない，後者は本部（フランチャイザー）が仕

組みを作り，加盟店（フランチャイジー）がチェーンに参加してノウハウ一式を提供してもらう代わりに，加盟料（フランチャイズフィー）などを納めるというものである．現在は，直営とフランチャイズを組み合わせた店舗展開を行うチェーン本部が多い．また，1社で複数のブランドに加盟するマルチフランチャイジーや，1つあるいは複数のブランドをフランチャイジーとして多店舗展開するメガフランチャイジーなどがみられる．

　現代に通じるチェーンレストランの仕組みは第2次世界大戦後に米国で誕生し，全世界に拡大していった．米国のチェーンシステムが日本に紹介されたのは，1969年の第2次資本の自由化をきっかけとしたものであった．これを受けて，ケンタッキーフライドチキン（1970年），マクドナルド，ミスタードーナツ（ともに1971年）といった米国のチェーンが次々と日本に進出を果たした．この米国のチェーンの仕組みが，それまで飲食業と呼ばれて零細なイメージの強かった業界に多くの技術革新をもたらし，「外食産業」という言葉を後に生み出すことになった．そして，前述のとおり外食の市場規模拡大に大きく貢献した．

　2013年に発表された「日本の飲食業調査」の上位10社の売上げ高および店舗数は表9.3のとおりである．ファストフードなど，比較的に多店舗展開に向く企業が上位を占める．

9.2.2　チェーンレストランの経営特性

　ここで，チェーンレストランの経営特性を整理してみよう．最大の特徴は，多店舗展開によるスケールメリットにある．スケールメリットというと，まず，食材や消耗品を本部が一括大量購入することにより，仕入れ値が安くなることが思い浮かぶだろう．他にも，同時多重利用が可能な施設や情報を効率的に整備し，チェーン全体で共有できるというメリットもある．

　例えば食材を一括で加工するセントラルキッチンを作ったり，食品メーカーが操業している工場に自社向けの加工食品の製造ラインを設けたり，厨房機器メーカーと共同で自社の特注機器を開発したり，効率的な物流システムや情報システムの構築，メニュー開発，宣伝といったことが，1店舗だけを運営している場合に比べて，店舗数で割ると驚くほど低コストで実行可能なのである．

　全世界でアルバイトを数多く採用し育成するマクドナルド社の事例を紹介しよう．アルバイトを短期間で一人前のスタッフに養成する教育システムを構築しており，マニュアルは2万5000項目にも及ぶ．主に正社員向けの教育機関である，

表 9.3 外食チェーンランキング (2012年度)

順位	社名(主な店名)	業態	2012年度売上げ高 (100万円)			2012年度店舗数 (店)		
			計	直営	FC	計	直営	FC
1	日本マクドナルド	ファストフード(洋風)	529821	214968	314853	3280	1105	2175
2	ゼンショー(すき家,なか卯,ココス,ビッグボーイほか)	ファストフード(和風)	388223	—	—	4667	—	—
3	すかいらーく(ガスト,バーミヤン,夢庵,ジョナサン)	多業態	291602	287069	4533	2636	2598	38
4	日清医療食品	集団給食	185000	185000	0	4925	4925	0
5	プレナス(ほっともっと,やよい軒)	持ち帰り・料理品小売	174454	—	—	2881	1938	943
6	モンテローザ(白木屋,魚民,笑笑,月の宴,千年の宴ほか)	パブ・居酒屋・バー・料亭	145098	145098	0	1954	1954	0
7	日本ケンタッキー・フライド・チキン(ケンタッキー・フライド・チキン,ピザハット)	ファストフード(洋風)	136268	44596	91671	1550	489	1061
8	ダスキン(ミスタードーナツ)	ファストフード(洋風)	111313	—	—	1381	43	1338
9	あきんどスシロー(スシロー)	回転ずし	111304	111304	0	336	336	0
10	レインズインターナショナル(牛角,土間土間,しゃぶしゃぶ温野菜,かまどか)	多業態	105351	17468	87883	1217	208	1009
11	エームサービス	集団給食	104141	104141	0	1367	1367	0
12	サイゼリヤ	ファミレス(洋風・総合)	98426	98426	0	929	929	0
13	王将フードサービス(餃子の王将)	レストラン(中華)	96412	67872	28540	661	438	223
14	モスフードサービス(モスバーガー)	ファストフード(洋風)	95343	—	—	1431	87	1344
15	ドトールコーヒー(ドトールコーヒーショップ)	喫茶	88794	25250	63544	1384	318	1066
16	本家かまどや	持ち帰り・料理品小売	88500	12310	76190	1810	220	1590
17	吉野家	ファストフード(和風)	88464	76679	11785	1193	1079	114
18	グリーンハウス	集団給食	87200	87200	0	1775	1775	0
19	カッパ・クリエイト(かっぱ寿司)	回転ずし	81754	81754	0	391	391	0
20	松屋フーズ(松屋)	ファストフード(和風)	79000	78500	500	1043	1037	6

『日経MJ』 2013年5月22日より作成.
—は無回答.

ハンバーガー大学というトレーニング機関も配置している．ハンバーガー大学ではリーダーシップやチームワーク作りについても学び，パート・アルバイトのモチベーションを向上させるための基本を身につける．これらは，世界100カ国以上に約3万店を展開し，ほぼ同じ状態で運営するために必要不可欠な装備であり，チェーンの思想と仕組みを現場に浸透させるためにも必要である．

ブランドの差別化に成功し，消費者に浸透させたならば，より強力なチェーンとなるだろう．消費者に安心感をもたらし，強い誘客力を持つブランドのパワーを全店で共有できるのである．

一方で，ブランド力は1店の失敗が全店に波及するという危険性も併せ持っている．食中毒や異物混入，その他の問題や，その対応の失策により，全店のイメージダウンにつながりかねない．インターネットが普及している昨今では情報伝播スピードが格段に増しているため，未然の防止策や対応策に気をつけたい．

また，スケールメリットの裏返しといえる課題も存在する．①希少価値の高い食材など，量を確保できない食材を使用しにくい．②大規模チェーンには学生アルバイトなど高度な調理技術や接客技術を持たないスタッフが多いため，難しい調理工程や繊細な接客態度が必要な業態には参入しにくい．③ターゲットを絞り込みすぎた料理やサービスを提供する業態も展開しにくい．

こうしたチェーンレストランの強み・弱みは，裏返せば，多店舗経営をしていない個人経営レストランの弱みと強みと読み替えることができる．従来は，店舗の情報を広く浸透させられない点が個人経営のレストランに共通する大きな悩みであったが，近年はインターネット上の口コミサイトで手軽に情報を発信・共有できるようになったため，一部では解消されつつある．しっかりとした経営方針，調理および接客技術がそろっていれば，チェーンよりも自由度の高い，小回りのきく店舗運営が可能であり，そこが顧客にとっても経営者にとっても魅力といえる．

9.3 外食産業の現代的課題

9.3.1 環境問題への対応

1992年にブラジルのリオデジャネイロで開催された「環境と開発に関する国際連合会議（地球サミット）」などを契機に，日本では本格的に環境問題に取り組む企業が急速に増加した．

外食産業は，使用する食材や資材，運営時に使用するエネルギーなどが，地球

温暖化（熱帯雨林の減少，砂漠化とも関連），エネルギー問題，オゾン層の破壊，水質汚濁・土壌汚染などに直接，あるいは間接的に関与する可能性を持つ．それぞれの問題に対する外食産業の責任は決して大きいとはいえないが，少しの影響が積み重なって発生したのが地球環境問題である以上，多少なりとも関与する主体は取組みを行わなければならない．

また，近年では生物多様性の保全についても議論が始まっている．水産物の中には乱獲により絶滅が危惧されるものがあるため，該当種の使用取扱いをやめたり制限したりする取組みが始まっている．例えば，香港を拠点とする世界的な高級ホテルグループのザ・ペニンシュラでは，2012年より，全レストランおよび宴会場でフカヒレの提供を取り止めている．

他方で世界の人口推移をみると，近い将来，世界規模の食糧難が予測され，一部の食材については早くも入手困難になり，価格が高騰しているものがある．国際規模での食糧の争奪戦はすでに始まっており，今後激化することが懸念される．こうしたことも視野に入れた取組みが必要となろう．

環境問題に取り組む際には，生産–使用–廃棄の各段階，場合によっては，再生–使用–廃棄の段階までを視野に入れてトータルでの環境負荷を考えなければならない．環境問題への対応の一部分を切り出すだけでは駄目である．例えば生ゴミをリサイクルする場合に，そのリサイクル自体が目的となり，リサイクル工程での環境負荷やリサイクルされた再生品の需要，廃棄後の環境負荷などが無視されたのでは本末転倒である．

実行計画の策定にあたっては，環境問題に関する情報収集を行い，自社のあらゆる事業活動との関わりを考え，取組み策を検討し，取組み後に効果測定を行い，改善策を検討するという繰返しが一連の流れとなる．数値で管理できると達成の度合いがわかりやすく，継続しやすい．また，場合によってはコストがかかったりオペレーションを変更したりする必要があるため，取組みにあたっては経営トップの積極的な関与が必要であり，スタッフ全員が取組みの意義と手順，効果を共有する仕組みづくりも忘れてはならない．効率を考えるならば，地域での連携なども必要となってくる．

ただし完璧な取組みを模索し続けるといつまでも着手できないため，次善策でもよいので，できることからスタートすることが望ましい．コスト削減につながる取組みからであれば，着手しやすいだろう．

このような環境問題対応をはじめとして，高齢社会への対応，安全・安心に対

する意識の高まりなどを受け，外食産業においても企業の社会的責任（corporate social responsibility, CSR）が問われるようになってきている．

9.3.2 観光における食の可能性

今日，観光における食の可能性が話題となっている．世界的にフードツーリズム（food tourism）と呼ばれる旅行形態が誕生し，定着してきている．

食は地域の歴史や文化，風土と密接な関わりを持つため，ストーリー性のある，地域の魅力的な観光資源として期待されているのである．例えばニューヨークでは，1999年より民間団体のフーズオブニューヨークツアーズ（Foods of New York Tours）が主催する，レストランやデリなどでの試食と歴史散歩を組み合わせたガイド付きウォーキングツアーが人気を博している．このツアーでは，小さいけれどおいしいレストランの情報をたくさん得られるため，観光客だけでなく，近隣からの参加者も多い．

ところで，観光者にとって飲食は，栄養補給，たまの贅沢，土地の食材や調理法を楽しむ，空間を楽しむ，休息をとる，景色を楽しむ，同行者や土地の人々との交流を楽しむなど様々な目的で行われる．

これまで多くの地域では，飲食事業者などの個別の創意工夫のもとに食を提供してきたが，近年では地域の活性化を目指すイベントとして「ご当地グルメ」の祭典が各地で開催されるなど，地域性の豊かな郷土料理を発掘したり，地域の産品を使った新たなメニューが開発されたりと地域が一丸となった盛り上がりをみせている．

また，地域の農産物を加工し，それを地域の店舗で販売したりレストランなどで提供したりすることにより，農産物に付加価値をつけて地域の経済活性化や雇用創出を目指す取組みも目立つようになってきた．このような，1次，2次，3次産業を融合させた「6次産業化」が農業振興や観光振興の新たなキーワードとなっている．ただし，商品の差別化やブランドの確立，採算性を考えた効率的な経営が不可欠であり，ポテンシャルは高いものの，成功までの道のりは遠い．すべてを自前で行うのではなく，農家とレストランなどとの提携も視野に入れた取組みが必要であろう．

こうした課題はあるものの，食を地域の文化や観光資源・施設とうまく組み合わせることによって地域を見直し，観光客を引きつける素材として様々な活用策を考えることができる．

［丹治朋子］

●レストランの格付け

フランスのタイヤメーカーであるミシュラン社は,「自動車の整備や修理を受けられる場所,上質な宿泊施設,おいしいレストランなど,車での旅に役立つ実用的な情報を提供する」ことを目的に,1900年より『ミシュランガイド』を発行し,1926年からは調査員による独自の調査を実施して,最高ランクを三ツ星とする「星」による格付けを開始した.

2007年には東京版のガイドブックを刊行し,2012年時点では東京・横浜・湘南,京都・大阪・神戸・奈良,北海道の3冊が出版されている.

このようなレストランの格付けは他にもある.1979年にニューヨークで誕生したザガット（ZAGAT）は,レストランの料理,内装,サービスを調査対象とし,それぞれ30点満点で評価している.ミシュランガイドと異なるのは,一般の利用客などからのアンケートをもとに集計している点であり,1999年から刊行されている東京版では6000を超える人がアンケートに参加している.また,一般の消費者がインターネット上で点数をつけ,批評する「食べログ」なども注目されている.

これらの格付けについては,批判もあるものの,参考とする人は多く,国内だけでなく海外からの観光客にも広く活用されている.特にミシュランガイドは日本の食が世界的な観光資源として注目される大きなきっかけともなっている.

●地産地消と農家レストラン

地域で生産された農作物や漁獲された魚などをその地域で食べる地産地消は,環境問題の観点からも好ましいこととされる.食材の生産地から消費地までの移動距離はフードマイレージと呼ばれ,これが少ないほど輸送や貯蔵に要するエネルギーは少なく,鮮度は高く保たれ,「この地域のものを食べたい」という観光者のニーズにも応えることができる.

地産地消という言葉は,1987年に元 農林水産政策研究所所長の篠原孝が提唱したもので,古くからある「身土不二」（身体と土は密接不可分）と同じ意味である.地産地消というキーワードは,2000年頃から急速に広まった（二木,2004）.

こうした地産地消を実現するために誕生した農家レストランには,様々なスタイルのものがある.例えば1991年に大分県大山町にオープンした,大分大山町農業協同組合が運営する農産物直売所「木の花ガルテン」に併設されたレストランは,日本で最初のブッフェスタイルの農家レストランといわれる.食の安全に対する消費者の関心が高まった1990年代後半以降,生産者の顔がみえ,生産の状況がわかる農家レストランが注目され,急速に数を増やした.グリーンツーリズムの中で重要な役割を果たしている.

● B級グルメと地域振興

　B級グルメは,「いわゆる高級グルメ（A級グルメ）に比べて値段が安く,庶民的でおいしいもの」という意味で1980年代中頃に普及し始めた言葉である. 21世紀に入ってから,地域振興策の一環として取り組む地域が増加してきた.

　静岡県富士宮市の富士宮やきそばは,その先駆的事例といえる. 2000年,同市の中心市街地活性化のワークショップに参加した有志が富士宮やきそばの独自性に着目し,「富士宮やきそば学会」を設立した.

　典型的な富士宮やきそばは,水分が少なくコシのある麺,ラードや肉かす,イワシの削り粉（だし粉）,辛口ソースを使用する点などに特徴がある.この地域では当たり前のように食べられてきた調理方法だ.前述のやきそば学会の会員は「やきそばG麺」を名乗り,店舗調査を重ねてマップや幟旗（のぼりばた）を作成し,イベントを実施するなど,富士宮やきそばを内外にアピールするための様々な取組みを行った.やがて知名度は全国区となり,富士宮やきそばを目当てに来訪する観光客が増加していったのである.

　地域で当然だと思っているものが,実は全国的にみると珍しく,観光客に喜ばれるという事例は少なくない.地域固有の食文化を見直し,発掘し,地域活性化の仕掛けとして活用するのがB級グルメ活用の基本スタイルとなっている.そして,現地に食べに来てもらうところにもポイントがある.

　しかしブームが加熱しすぎた近年の状況をみていると,地域に根付いているとはいいがたい創作料理が散見され,このような急ごしらえのメニューはほとんど定着せずに消えていく運命にある.地域との関連性を見失ってはならない.

文　献

(公財)食の安全・安心財団　附属機関外食産業総合調査研究センター：(http://www.anan-zaidan.or.jp) 2013年7月3日アクセス.
田村　秀 (2008)：B級グルメが地方を救う,集英社.
日経MJ「第39回 日本の飲食業調査」, 2013年5月22日付.
二木季男 (2004)：地産地消マーケティング,家の光協会.
茂木信太郎 (1996)：外食産業テキストブック,日経BP出版センター.

10 博物館と美術館

　博物館・美術館は，自治体が運営する公共施設として設置されることが多く，原則として公益性の観点から文化・教養的施設としての役割が重視されている．その中で一部の大規模博物館・美術館が展示物の希少性から集客力の高い施設として機能している状況にある．しかし 2003 年に起こった芦屋市立美術博物館（兵庫県）の存廃問題，およびその後の指定管理者制度導入に伴う学芸員の退職といった混乱にみられるように，近年では「収益性」と「公益性」の両立が無視できなくなっている．その一方で，主に地方の観光地にその 2 次市場で成立するアミューズメント性に特化した博物館・美術館が多く存在し，集客面で成果を上げているものの，展示内容の質的な向上が課題として指摘されている．

　そのような流れの中にあって，近年になって収益性と文化・教養施設としての役割の両立を特徴的な運用で達成している施設や，都市から離れた場所にありながら優れた展示物が魅力となって多くの観光者を集めている施設，単体の施設という枠を取り外して地域全体に面的な展示を展開するイベントなど，多くの新たな動きが生まれている．

　そこでここでは，日本においてはどのような地域にも必ず存在しているといえる博物館・美術館の現状と課題，新たな展開について，特徴的な事例を紹介しつつまとめる．

10.1　博物館・美術館の概要

　博物館法（1951 年制定）の定義では，博物館とは，「歴史，芸術，民俗，産業，自然科学等に関する資料を収集し，保管（育成を含む）し，展示して教育的配慮の下に一般公衆の利用に供し，その教養，調査研究，リクリエーション等に資するために必要な事業を行い，あわせてこれらの資料に関する調査研究をすることを目的とする機関」とされている．つまり，博物館は「各種の資料を収集・保存・展示・研究をするため施設もしくは機関」（石森，2003）であり，公益性が求められる施設ともいえる．

　したがって法律上，博物館・美術館はすべて「博物館」となる．しかし日本で

は一般的に，科学や民俗といったものに関わりのある展示品を主体とする総合博物館や科学博物館などを「博物館」，美術品のみを展示しているものを「美術館」（美術博物館），保存・展示しているものが生物である場合にはその種類に応じて「動物園・植物園・水族館」と呼び，区別して用いられている．本章ではこの区別にならって，博物館と美術館を分けて捉えることとする．また法律上の分類としては，「登録博物館」，「博物館相当施設」，「博物館類似施設」の3種に区分されている．

「登録博物館」（2011年：全国913施設）は博物館法で最も厳密に条件付けられているものであり，設立主体が地方公共団体・一般社団法人・宗教法人などに限定され，かつ資料の整備，学芸員・館長および職員の確保，建物および土地の確保，開館日数（年間150日以上）の充足などが求められている．それらの条件を整えたうえで税制上の優遇が認められる．

「博物館相当施設」（2011年：全国349施設）は博物館の事業に類する事業を行う施設であり，設立主体については制限がなく，条件も登録博物館よりは低く設定されている．登録博物館とともに教育委員会の管轄にある．

「博物館類似施設」は博物館法第3条1項に定める事業と同様の事業を行う施設であるが，明確には規定されておらず，事実上，博物館法適用外の施設となる．上記2種と異なり教育委員会の管轄にないため，観光事業と強い関わりを持つ施設の多くが博物館類似施設に登録されている．2011年段階では4485施設あり，1987年度段階の1574施設から大幅に増加している．

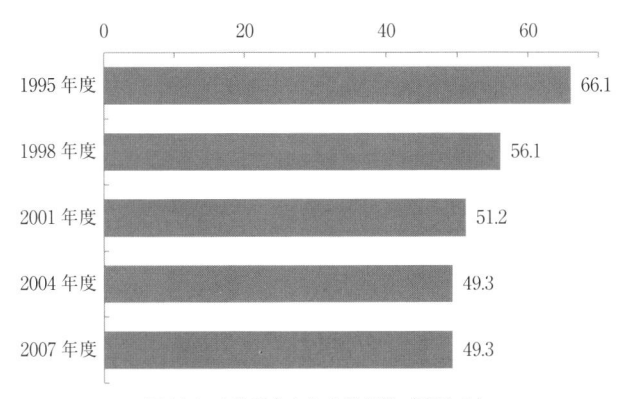

年度	1施設あたり入館者数（1000人）
1995年度	66.1
1998年度	56.1
2001年度	51.2
2004年度	49.3
2007年度	49.3

図 10.1 1施設あたり入館者数（1000人）
出典：文部科学省ウェブサイト「博物館の振興」．

博物館への入館者総数はここ数年間横ばいとなっているが，施設数の増加に伴い1施設あたりの入館者数は減少しており，経営上の課題となっている．

10.1.1　博物館

主に，「総合博物館」，「自然系博物館」，「科学博物館」，「民俗博物館」に大別される．その一方で「野外博物館」といった，設置場所による分類もある．元来はヨーロッパ王侯貴族たちのコレクション蓄積の場として成長してきた施設で，その一部は現在も有力な観光施設となっている．日本では1870年代に東京博物館，内務省博物館などが設置されたことを皮切りに，第2次世界大戦後も経済成長に伴い順調に新設が進み，バブル経済崩壊の影響を受けつつも設立は続いている．

10.1.2　美術館

1793年に設立された共和国美術館（フランス）が起源とされている．その後，ルーブル美術館（フランス），プラド美術館（イギリス），ウフィーツィー美術館（イタリア），エルミタージュ美術館（ロシア）など，著名な美術館が政府・民間主導によって建設され，世界中から観光者を集める施設にもなっている．

日本最初の美術館は，1926年に設立された東京府美術館である．その後，公立を中心にその数を増やしていった[*1]．第2次世界大戦後には，1952年の国立近代美術館（東京都）など，公立・私立ともに多くの美術館が設立された．特に1980年代に入ると増加をみせ，現在ある美術館のうち約70％は1980年代以降に設立されたものである．

一方で利用者総数は増加しておらず，主に公立博物館・美術館においてその経営面を批判する声は少なくない．また，特に観光地においては，博物館類似施設における展示物の質的な向上が求められている．

10.2　博物館・美術館を取り巻く状況

10.2.1　文化振興としての役割と収益性の両立

博物館・美術館の運営母体は，大きく「公立」と「私立」に分けることができる．私立の施設の場合は，その達成されるべき目標がシンプルかつ明確であることが多い．特に観光地における私立の博物館・美術館では，当該地域の観光地と

[*1]：1930年設立の大原美術館（岡山県）など私立の施設もある．

しての特性を考慮しつつ遠方からの観光者を1人でも多く集客する，そのうえで収支のバランスを考慮したスタッフ数を配置するなど，「収益性」が主目的となりやすい．逆に，個人の趣味で収集した展示物を同好の士にみせるといった施設の場合，規模や収益性は問題ではなく，展示の場の快適性が重要視される．

ただ，博物館・美術館は公立のものが多い．これまでこれらの施設は自治体の直接運営がなされており，研究・教育の場としての役割が特に重視されてきた．博物館・美術館のみならず，収益の観点から一定量の集客が継続的に求められる施設においては，得られた収益を元に施設内容を常に更新させることで集客力を維持するというサイクルが原則であるが，元来，公立博物館・美術館は「保存・研究・教育」を主たる使命とする公益施設であることから「集客」の観点が抜け落ちがちであった．ところが近年は自治体の財政難から，これらの収益面での健全性に関する視線が厳しいものになっている．また，バブル経済期に建設された施設は収益性の想定が適切ではないものもあり，その維持が困難な状況に直面している．その一方で，収益性を追求した結果，本来の目的である「保存・研究・教育」の質・量（学芸員や所蔵物など）を削ることは本末転倒といえる．したがって公立施設はその目的が多様といえ，「公益性」と「収益性」の両立を目的としなければならない状況にある．

10.2.2 公的施設運営の「民間事業化」——指定管理者制度の導入

上述のような状況の中で，公立博物館・美術館において，2003年の「地方自治法」の一部改正により，体育施設や文化施設などの公的施設を対象に「指定管理者制度」が導入された．この制度は「多様化する住民ニーズにより効果的，効率的に対応するため，公の施設の管理に民間の能力を活用しつつ，住民サービスの向上を図るとともに，経費の節減を図ること」を目的に，これまで公共的団体などに限られてきた上述のような公的施設の管理を，民間事業者やNPOに委託することを可能にするものである．

各地の公的施設で活用されており，2009年の段階で指定管理者制度を導入している施設は7万22施設で，さらに増えてきている．特に競技場・体育館・プールなどの「レクリエーション・スポーツ」関連施設への導入が進んでいる．また，既存施設の運営のみならず建造物（施設整備）や土地の所有，雇用も含めて民間事業者に委託するPFI（private finance initiative）制度が導入されているケースもある．この制度の場合，指定管理者制度よりもさらに一体化した形で施設

運営に民間のノウハウを取り入れることができるとともに，長期間の委託運営が前提となっているため，より安定した運営をもたらす可能性が高まる．

これらの制度の導入が積極的に行われているということは，私立博物館・美術館と比較して「保存・研究・教育」の役割がより重視されてきた公立博物館・美術館においても，経営の健全性が重要視されてきていることを意味する．

ところが総務省による都道府県を対象とした2009年の調査結果では，博物館・美術館を含む「文教施設」での指定管理者の導入率は50.93%と他の施設と比較しても中位程度で，2007年時よりは10%弱増加したものの，「レクリエーション・スポーツ施設」における89.83%という導入率の高さには及ばない．

指定管理者制度の一般的課題として，施設所有者の施設運営の目的と指定管理者側の目的とが合致しているかや，指定管理者側に当該施設を運営するだけの十分な能力（資金・管理・事業運営など）があるかといった点が挙げられる．また，指定管理者の活動がマンネリ化しないためにも一定期間での再選定が必要となるが，上述の総務省の調査では47.33%の施設が5年を指定期間としており，短い期間で成果を上げなければ指定が継続されない可能性があることから，長期的なビジョンでの運営が展開しにくいという問題もある．

このような状況から博物館・美術館においては，後述の懸念もあって博物館・美術館運営と指定管理者制度との親和性についての議論が盛んに行われ，指定管理者制度を導入した博物館でも「揺り戻し」（綿江，2012）が起こり，指定管理者から直営に戻すようなケースもみられる．綿江（2012）は，博物館への指定管理者制度導入における「問題点」として，以下の3点を指摘している．

①短期の取組みに偏重しがち

　上述のとおり指定管理者制度は期間を区切ったものであり，その多くが5年程度となっている．そのため，管理者側はその間での成果（特に収益面）を追求することになり，中長期的なビジョンを持った取組みが現れにくい．

②専門性の高い人材育成がされづらい

　施設の質的側面を維持するためには，施設の目的や内容を理解した良質な学芸員を継続的に育成・確保していくことが特に重要となる．しかし委託期間終了後に契約更新がなされないことが想定される中では，管理者側としてはコスト面からも長期雇用は難しく，短期間の契約職員が中心になりがちで，専門性の担保が困難になる．結果として常設・企画展示の質が低下するなど内容面で，委託元の自治体の企図する目的が達成されない可能性がある．

③収益につながりにくい業務が削減される

　管理者側としては，制度の趣旨からも収益性を強く意識せざるをえない．その結果，ミュージアムショップやレストランなどの物販部門や，衆目を集めるような企画展などを強化する一方で，経費は削減するという方策を採ることが多い．そのため，直接的な収益につながらないものの「保存・研究・教育」の観点からは不可欠の業務が削減される危険性がある．

以上のような懸念が指摘される状況下では，指定管理者を公募しても外部からなかなか集まらず，結果として発注元の自治体に近い地域内団体が管理者となることも少なくない．

10.2.3　解決方策としての業務分割方式

指定管理者制度の導入が博物館・美術館にもたらす負の側面を解決する1つの方策として注目されたのが，島根県立美術館で最初に導入された「業務分割方式」(別名「島根方式」)である．これは博物館・美術館の業務を分類したうえで，指定管理者制度に適合する業務を指定管理者に，それ以外の業務は自治体が直営で運用するというものである．

島根県立美術館は2005年に民間企業であるSPSしまね社を指定管理者に選定し，現在3期目（2010年度から5年間）になる．そこでは直営部分（資料の収集保管・調査研究など）を担当する学芸員と，広報や施設管理を担当する民間との継続した意見交換や有機的な連携体制がとられており，結果として委託後に入館者数の大幅増につながった．この方式は山梨県立美術館（2008年から）など複数の施設で導入されている．

なお長期的視点が必要な業務を直営に限定するのではなく，新しくその業務に適当な指定管理者を選定し，複数の指定管理者が1つの施設を運営していくことも可能である．

業務分割方式以外にも，自治体側が指定管理者側に対して，収益性に限定しない多様な視点から施設運用の仕様を提示し，それに基づいた適切なモニタリング・評価を行うといった手法も取り入れられている．

10.2.4　様々な集客活動

ところで運営主体の有り様とは別に，博物館・美術館の来訪者数の減少には展示内容が「面白くない・飽きる」といった背景が考えられる．そのため，各施設

とも来訪者を獲得するために，多様な企画展や展示物に直接触れられる形でのディスプレイなど，様々な話題づくりの取組みを行っている．「展示に対する飽き」を回避するためには，大規模な企画展を続けて行うことも1つの手段といえるが，中小規模の施設で企画展を続けて行うことは困難である．新しい作品や，これまで取り上げられなかった文化の発掘に積極的に取り組むことも必要である．

また，これまでは来訪者が施設全体に対してどのような印象を持ったか，満足したかといった視点は比較的軽視されてきたが，来訪者数の減少が大きな課題となる中で，「来館者動向調査」，「満足度調査」といった定量的に来訪者の満足度を把握する手法も積極的に用いられている．

加えてリピーターの確保が喫緊の課題となる中で，一過性となりがちな来訪者を再訪させるためには，ファンクラブ的な組織を創出することが有効といえる．複数回の来訪者に対する特典や，施設運営への意見受付けなどを通じて，「自分の意見が反映された」，「サービスが向上した」などを継続して実感させることがポイントとなる．また，施設が都市などの市場より遠い場合は，インターネットを利用した運営も重要となってくる．

10.3　観光地における博物館・美術館の役割

博物館・美術館はテーマパークとは異なり，もともと観光関連産業として設立されているものではない．したがって，都市部・農山村地域など立地の違いや，公設・私設など運営母体の属性による違いはあるものの，地域外からの来訪者＝観光者が主たる入館者となる博物館・美術館であっても，優れた展示品の鑑賞を通じて感動を来館者に与えることがその基本的な役割である．

そのうえで，特に観光地において博物館・美術館との関わりから生み出される効果として以下のようなものがある．

10.3.1　集客効果

観光と博物館・美術館との関係において，最も期待されるのが集客効果である．日本で「世界四大美術館」と呼ばれるような先述の施設は，当該国・都市を目的地とするパッケージツアーの多くに訪問先として指定されている．多くの観光者が博物館・美術館を訪れていることにより2つの効果が生まれる．

1つは直接的な効果として，施設の入館者増に観光者が貢献するというものである．地域によっては遠方からの観光者が主たる客層となっている施設がある．

逆に，特に都市においては，著名な施設の存在が観光者をその地域に引きつけているケースもある．

もう1つは，施設が立地している地域全体への経済効果である．観光者が施設を訪れる際に施設に訪問するだけということは少なく，必ずその地元で宿泊・食事などの消費行動をする．そのような直接消費に加え，そこから派生する消費による間接的な経済効果によって，地域全体の経済が潤うことが期待できる．

10.3.2 文化発信効果

また，文化の発信が観光地の博物館・美術館を舞台になされるという点も挙げられる．多くの研究者が指摘するように，芸術家など優れた感性の持ち主は，いままで知られていなかった地域の魅力をいち早く見つけ出すことができる．芸術家が自ら見出した地域で創作活動を始め，その作品が地域の魅力を高めれば多くの観光者を集める要因となる．観光地に行くと特定の人物の名前を冠した美術館を目にすることが多いが，それらは彼らの芸術活動の産物といえ，その地域に「文化的なイメージを植え付ける装置」になっているといえる．例えばパリ南東にあるフォンテンヌブローの森付近のバルビゾン地域では，かつてその美しい田園風景に魅せられた多くの芸術家が創作活動の拠点とした．その作品や活動の歴史を展示する施設を通じてバルビゾン地域の芸術的な雰囲気が形成され，現代の観光者を引きつけている．

10.3.3 観光地における補助的役割

観光施設として博物館・美術館を捉えると，その役割には「目的的役割」と「補助的役割」の2つがあるといえる．目的的役割とは「施設自体が観光客を引きつける要因となること」であり，補助的役割とは「他の観光資源をより生かす機能を果たす役割のこと」である．博物館・美術館の観点から考えると，基本的には優れた観光地の「2次市場」において成立する補助的役割から目的的役割の施設への転換を目指すことになる．一方で，観光者の行動が一過性のものであるとするならば，観光地において観光者が快適に過ごすための機能を提供するという，補助的役割も大きな意味を持つといえる．

そのような状況では，施設が立地している地域自体の雰囲気をより高めるような，美しい周辺環境を生かしたミュージアムショップやカフェなどの付帯施設の充実が重要である．そこでは展示の質はさることながら，「観光地の雰囲気を破

壊しない」形での魅力ある施設の運営が求められる．これらの付帯設備を直営ではなく「場所貸し」(運営委託)している施設も多い．

また，補助的役割に特化して観光者を一時的に楽しませるための「アミューズメント性」を高めた施設も観光地には少なくない．例えばガラス工芸やオルゴールといった展示物を有する施設は一定の集客力を持つことから，全国各地の観光地に類似した施設が現れるようになった．これらの展示内容は同様のものが多く地域性や独自性がみられないことから，長期的な視点でみると，個々の施設の誘引力に加え，観光地自体の個性を低下させる危険性がある．

10.4　特色ある事例

これまで論じてきた内容を前提に，博物館・美術館の運用を考えるうえで先進的な取組みを行っている事例を紹介する．

10.4.1　金沢 21 世紀美術館

金沢 21 世紀美術館は，石川県金沢市の中心部からほど近いところに，現代美術を中心的な収蔵物として 2004 年に開館した市営の美術館[*2]である．新しい文化の創造・アートを利用したにぎわい創出の拠点となることを目的としている．

特徴の 1 つは，美術愛好家に限定されない幅広い市民を美術館に積極的に呼び込む取組みを行っている点にある．建物の壁を全面ガラス張りにしたり，ギャラリー・物品販売などのテナントの貸出しを積極的に行ったりして，人々が立ち寄りやすい施設とした．また施設の企画段階からシンポジウムやワークショップを通じて市民や NPO 団体との交流を進めるとともに，市内の小中学生を対象とした教育活動に積極的に取り組むなどしている．

多様な主体との連携活動が実を結び，開館後 1 年間で 157 万人の来訪者を獲得し，2011 年には入館者数が 1000 万人を突破している．

10.4.2　ベネッセアートサイト直島

大都市から距離的に離れた香川県直島町にあるベネッセアートサイト直島は，1992 年に開館したベネッセハウスを中心とした美術施設群である．島内でユニークな展示やアート活動を展開し，現代アートの活動拠点となっている．福武書

[*2]: 指定管理者は金沢市が出資した金沢芸術創造財団．

店（現 ベネッセ社）創業者の福武哲彦および福武總一郎が安藤忠雄のマスタープランによる「直島文化村構想」を掲げてから，周辺の自然を生かした形での芸術活動が盛んに行われており，カフェなどの付帯施設もサイト全体の雰囲気を壊さないようなデザインとなっている．

また直島全体を使って作品を展示するとともに，芸術家たちを直島に招き，気に入った場所を選ばせ，その場所のために作品を制作してもらうという形でコンテンツを充実させてきた．また1998年には，島の古い民家にそこで制作された芸術作品を置き，永久保存しようとする『家プロジェクト』をスタートさせた．

その取組みは様々なメディアを通じて紹介され，現在では外国人観光客も多く受け入れるようになっている．

10.4.3 大地の芸術祭——越後妻有アートトリエンナーレ

近年では，博物館・美術館の概念を拡張解釈することで，特定の施設にとどまるのではなく地域全体に面的に展示物を展開する活動がみられるようになっている．

「交流人口の増加」，「地域の情報発信」，「地域の活性化」を目的として新潟県十日町市・津南町の妻有地域（約 $762\,\mathrm{km}^2$）で3年に1度開催される芸術祭「越後妻有アートトリエンナーレ」はその先進事例といえる．そこでは，（創作環境の提供を目的として）芸術家を地域で受け入れ創作活動を行ってもらう，アーティストインレジデンス（artist in residence）という制度の導入を通じて地域文化の新たな発信が行われており，展示物を探し求める観光客の回遊行動も盛んである．

妻有地域ではこのトリエンナーレとは別に様々な催しが行われており，それらの活動は施設単体の運営から，地域全体の振興＝まちづくりへと広がりを見せ始めている．

図 10.2 越後妻有アートトリエンナーレ出展作品

10.5　今後の課題

これまで論じてきたように博物館・美術館は，特に公立施設において経営の健全性を求められることが多くなってきた．そのような状況の下で，指定管理者制度など公立施設における民間活用という視点が取り入れられてきた．その一方で，経営の健全性を追求するだけでは，施設が本来持つ魅力の源泉である展示物の「質」に課題が生じる可能性がある．また観光地における博物館・美術館を想定すると，それは単なる集客施設ではなく，地域文化を育て上げる拠点としての役割を果たす可能性があるといえる．

したがって非常に単純化すれば，博物館・美術館は過剰投資を回避しつつ，収益性と公益性とのバランスをとりながら，来訪者（＝観光者）の満足度を高めてリピーターにつなげていくことが求められている．その中で，金沢21世紀美術館の事例にみられるように地域住民やNPO団体を運営の要素として新たに取り込むなど，施設運用に行政と民間だけではなく地元住民，外部の専門家（芸術家や学術研究者など）など多様な主体の視点を取り入れつつ，施設の「目標」を明確化していくことが重要といえる．

［古本泰之］

●エコミュージアム

博物館の新しい取組みとして全国で注目されているのが，エコミュージアムという形態である．これは地域住民参加の下，地域社会の生活・自然・文化および社会環境の発達過程をまとめ，地域全体の様々な遺産を広域的（複数の博物館・民俗資料館をつなぐ形で）に保存・育成・展示する場のことで，単体の施設にとどまらず地域全体を博物館として捉えている点に特徴がある．

エコミュージアムは，国際博物館会議（International Council of Museums, ICOM）の初代会長であるRivire, G. H. が1960年代に提案した．この博物館はコア（拠点施設），サテライト（現地保存された遺産を展示したもの），ディスカバリートレイル（それらをつなぐ小道）から構成される．日本では「地域まるごと博物館」と呼ばれ，山形県朝日町での取組みが先進事例として紹介されることが多い．

文　献

石森秀三（2003）：博物館概論（改訂版），放送大学教育振興会．
上山信一・稲葉郁子（2003）：ミュージアムが都市を再生する，日本経済新聞社．
岡本伸之　編（2001）：観光学入門，有斐閣．
川﨑依子ほか（2005）：地域の中で行われるアートイベントに関する研究．平成17年度日本建築学会近畿支部研究報告集：633-636．
季刊　観光とまちづくり編集部（2013）：いま，注目される島根県立美術館の業務分割方式．季刊　観光とまちづくり，**510**：24-25．
総務省（2009）：公の施設の指定管理者制度の導入状況に関する調査結果．
塚原正彦（1999）：ミュージアム集客・経営戦略，日本地域社会研究所．
中島　恵（2010）：金沢21世紀美術館のマネジメント．観光研究論集，**9**：59-63．
長畑　実・枝廣可奈子（2010）：現代アートを活用した地域の再生・創造に関する研究―直島アートプロジェクトを事例として．大学教育，**7**：131-143．
並木誠士・中川　理（2006）：美術館の可能性，学芸出版社．
西川龍也・渋谷　清・大畑幸恵（2012）：ジェームズ・タレルの2つの部屋：金沢21世紀美術館にみる公立美術館の新しい試み．福山市立女子短期大学研究教育公開センター年報，**9**：11-18．
文部科学省：〈http://www.mext.go.jp/a_menu/01_l/08052911/1313126.htm〉2013年7月5日アクセス．
綿江彰禅（2012）：博物館における指定管理者制度の活用方法：業務分割方式とBSCを活用したモニタリング．NRIパブリックマネジメントレビュー，**102**：1-7．
Kotler, N. and Kotler, P. (1998)：Museum Strategy and Marketing：Designing Missions, Building Audiences, Generating Revenue and Resources, John Wiley & Sons［井関利明・石田和晴　訳（2006）：ミュージアム・マーケティング，第一法規］．

11 ホテルアセットマネジメント

11.1 ホテルアセットマネジメントの歴史

11.1.1 米国におけるホテル不動産投資

「ホテルアセットマネジメントとは何か,そしてその目的とは？」.この疑問に答えるには,ホテル投資家とホテルオペレーターの確執や利益相反の芽を内在させることになる,1980年代の米国での不動産投資に大きな影響を与えた経済的背景を知る必要がある.

1980年代初頭,米国経済は1974年と1979年の石油危機により,低経済成長とインフレが居座るスタグフレーション状態に陥り,企業活動における生産性も投資も低迷していた.1981年,強い米国の復活を訴えて第40代大統領の座についたReagan, R. W.(在任期間1981～1989年)は,「富裕層の減税による貯蓄増加と労働意欲の向上,企業減税と規制緩和により投資が促され供給力が向上する」という政策展開を理想に,供給側を刺激するレーガノミックスを強力に推進した.設備投資の活発化を期した減税策は,不動産の減価償却の加速化・簡素化(ACRS),そして投資税額控除(ITC)の適用拡大などにも及び,その結果,機関投資家やREIT(real estate investment trust,不動産投資信託),私募投資ファンドなどによる不動産投資を大いに刺激したのである.

この投資熱は多額の初期投資を必要とするホテルにも波及し,1986年以降は大量ホテル供給時代に突入した.しかし,ホテル事業は不動産投資だけでは完結しない.当然,運営(オペレーション)を担う機能が必要であり,ホテル供給が増えるに従い,運営委託先としてヒルトン社,マリオット社,ハイアット社などのホテル運営会社の争奪戦が激しさを増す状況を呈した.

投資家がホテル不動産の所有者(オーナー)としてホテル運営会社(オペレーター)に運営を委託する際に締結する契約が,ホテルマネジメント契約(マネジメント契約)である.1980年代のマネジメント契約は,前述したオペレーターの獲得競争を反映して,極めてオペレーターに有利な条件で彩られたものが主流であった.オーナーはこのマネジメント契約のために,以降20年以上の長期間

にわたり，ホテル資産の維持および運営に必要なすべての資金を負担してオペレーターへの高額な報酬支払いを義務付けられる一方，運営のみならず，売却などの資産処分も自由にできない契約条件に縛られることになる．

一方，レーガノミックスは早くも1984年後半以降には景気拡大の鈍化に見舞われ，米国の双子の赤字問題が次第に表面化して，政府は一転して課税ベースを広げる目的で1986年税制改革法を施行，それまで不動産投資を促進した節税メリットが大幅に縮減されてしまった．節税目的の投資家が逃避し，当時の不動産投資・建設ブームは，生命保険・年金資金の流入や，日本を中心とする海外投資家の買い攻勢によって1990年頃まで続いた後，供給過剰を理由に一挙に萎んだ．加えて貯蓄貸付組合（savings and loan association）や商業銀行による不動産プロジェクトへのずさん，かつ行き過ぎた貸付けの不良債権化問題も相まって，不動産市場への投融資は急激に縮小する事態となった．ホテルについても同様に投資インセンティブが大きく後退し，景気後退に1991年の湾岸戦争も重なって宿泊需給環境が急激に悪化した．数多くのホテルが業績を悪化させ，資金繰りに窮して破綻し銀行管理となるケースも多発する状況に至って，資金負担を義務付けられたホテルオーナーと，運営に関わるほとんどすべての裁量権を独占するオペレーターとの関係を規定するマネジメント契約の問題点が表面化してきた．①マネジメントフィー（オペレーターが受け取る運営受託報酬）が売上げ歩合に比重を置いている点，②オーナーの利益に対するオペレーターの関心が乏しい点，③オペレーターのみに認められた承認権や拒否権が，オーナーのホテル資産処分権をも過度に制限している点などが特に問題視され，双方の対立は抜き差しならない状況にまで進行していくのである．

ホテルアセットマネジメントは，ホテルオーナーと，ブランド力のあるチェーンホテルを中心とするオペレーターが，上述の経済的背景とマネジメント契約の片務性を原因に対立関係を先鋭化していく過程で，オペレーターへの対抗上，オーナーが必要とした機能である．オーナーがホテルマネジメントの専門家を雇用してオペレーターの運営を管理監督させ，運営面から業績改善してキャッシュフローの最大化を図る，あるいは売却可能な状況まで業績をターンアラウンドするなどのトラブルシューターとしての役割が，その原型と言われている．今日では，ホテルアセットマネジメントは，①ホテル資産と運営を日々管理監督する，②投資家の資産価値を短期的もしくは長期的かつ戦略的な視点で最大化するという2つの経営機能を持つと理解されている．

11.1.2 オーナーとオペレーター

ホテル不動産の所有と運営を1つの経済主体が行ってきた時代から，複数の経済主体が関わり，それぞれの特性や専門性を生かしてホテル事業を進める時代へと変遷していった事実は，オーナーとオペレーターの属性の多様化にも大きく影響している．ここで，ホテル所有とホテル運営の分化が一般的となった現代におけるオーナーとオペレーターの特性をみてみよう．

a. オーナー

①機関投資家および企業グループ

機関投資家としては，生命保険会社，年金基金，リース会社，政府系投資ファンド，REITなどの多額の資金を預かり，その運用のため専門的に投資を行う主体が挙げられよう．企業グループにはホテル事業会社のみならず，事業の多角化や本業とのシナジー効果を求める電鉄，不動産会社，かつての航空会社などが含まれる．長期的に安定したリターン目標を持ち，複数ホテルへのポートフォリオ投資によってリスク分散を図る傾向が強い．制度的かつ戦略的なホテルアセットマネジメントサービスを必要とするオーナー属性といえる．

②短期転売目的の投資家

私募不動産ファンドなどが代表的である．少額の投資額にレバレッジを効かせ，業績や経営状態が悪化したリスクの高いホテル資産に積極投資し，短期間に資産価値を最大化して売り抜け，高い投資リターンの獲得を主眼に置く．したがって，エクイティの期待利回りは15～20％以上と極めて高い．ホテルアセットマネジメントの多くも急激な費用削減を通じてキャッシュフローを最大化しようとする手法に傾きがちである．

③金融機関

様々な理由により破綻したホテルに対する貸付け債権を守るため，担保のホテル不動産を差し押えた銀行がオーナーとなるケースで，ホテル不動産を保有する目的は唯一資産価値の維持である．ホテルアセットマネジメントへのニーズも，短期間に債権回収額を最大化させ不良債権の損失を極小化することにある．

④個人投資家

富裕な個人資産家やオーナー企業などが中心となる．既存ホテルへの選別投資に関心が高く，転売目的のオポチュニスティックな投資家とは違う意味で，オーナー主導の下，短期での利益改善と資産価値向上を求める傾向が強く，一貫したアセットマネジメント業務を提供することが難しい．

b. オペレーター

一方，ホテルオペレーターを大別するとチェーンホテル会社と独立系ホテル会社の2つが挙げられる．それぞれの特性について簡単に説明しよう．

①チェーンホテル会社

自社で所有，賃借する，あるいは運営受託するホテルに対して，自社のブランドを冠し，共同広告・営業，共同購買，横断的トレーニング，集中予約など独自の運営システムを活用し，派遣した総支配人など運営幹部人材を通じてホテルマネジメントやオペレーションに関わる専門的知識や技術を提供するホテル会社である．インターコンチネンタル社，ヒルトン社，マリオット社，スターウッド社，ハイアット社などが外資系チェーンホテルとして代表的な存在である．日本ではプリンスホテル社，JALホテルズ社などのホテルチェーン，そしてワシントンホテル社，サンルートホテル社，アールエヌティーホテルズ社などのビジネスホテルチェーンが挙げられよう．

②独立系ホテル会社

自社で所有，賃借する，あるいは運営受託するホテルに対して，派遣した総支配人など運営幹部人材を通じてホテルマネジメントやオペレーションに関わるサービスを提供するホテル会社．ブランドや集中予約機能などは必要に応じてチェーンホテル会社とのフランチャイズ契約を通じて確保することが多い．

11.1.3　ホテルマネジメント契約

次にホテルマネジメント契約（運営受委託契約）についてもう少し詳しくみてみよう．この契約形態の最初の導入事例は，1949年，プエルトリコに海外第1号店を開業したヒルトン社といわれている．海外でのホテル事業化に伴う投資・財務リスクを回避する一方，ヒルトンブランドの使用権やホテル運営ノウハウを提供して報酬を得るビジネスモデルであり，日本でも東京ヒルトンホテル[*1]において初めて採用されている．米国内でマネジメント契約を最初に導入したのはハイアット社で，1970年代初頭といわれる．その後，他のホテル会社も追随し，それまでのホテル会社自身による所有直営，賃借，フランチャイズなどを補完する事業形態として採用するようになった．1970年以降にマネジメント契約の採用事例が急激に増えた要因として，当時の米国のホテル事業を取り巻く以下のよ

＊1： 1963年に東急電鉄社が開発した日本で初めての外資系ホテル．

うな環境変化が指摘できよう.
- チェーンホテル会社の市場シェア拡大志向
- 借り手優位な資金調達環境を背景に増大した, 異業種からのホテル参入
- ホテル投資額の高騰がホテル会社自身に迫った, 所有から運営専門会社へのビジネスモデルの転換
- 運営ノウハウの獲得や運営実績を融資条件とした金融機関の貸付け姿勢
- 有能なホテル人材のホテル会社への集中

次にホテルマネジメント契約の基本的な定義だが, 要約すれば, オーナーが, 運営の全責任を課して専門的な方法でホテルを運営管理させるために, オーナーの代理人もしくは受託者としてオペレーターを雇用する関係について規定した契約ということができる. 両者の権限と義務を簡潔に整理してみよう.
- オーナーは土地, 建物, FF&E を含むすべてのホテル資産を用意し, かつ運転資金を常に確保してホテル事業主体となる一方で, オペレーターにホテルの運営管理権限を付与する
- オペレーターはオーナーの代理人として, その経験やノウハウを駆使して運営管理サービスをオーナーに提供し, その対価を得る
- オペレーターは, オーナーに対して自社のホテルブランドの使用を許諾する

前述のとおり初期のマネジメント契約はオペレーターに極めて有利であったことから, 両当事者の対立の原因となっていったわけだが, 数々の係争で裁判所が下した判断は, 「ホテルマネジメント契約におけるオーナーとオペレーターの関係は, いかなる定めであっても, つまるところエージェンシー (代理人) 関係であり, オペレーターは受託者義務に則ってオーナーのために誠実に行動しなければならない」というもので, ほとんどがオーナーの勝訴で結審するという経緯をたどっている. その結果, 契約年数の短縮化, マネジメントフィーの利益歩合化, 資本的支出の裁量権制限, オーナーの中途解約権の確保などの改訂など, オーナーの利益にも配慮した, バランスのとれた内容へと変化してきている.

11.2 ホテルアセットマネジメントの組織と機能

11.2.1 業務使命と業務範囲

ここからは, ホテルアセットマネジメントの具体的業務内容についてみてみよう. 最初に, 米国 HVS 社の創業者 Rushmore, S. によるホテルアセットマネジメントの定義を紹介しよう. 「ホテルアセットマネジメントとはオーナーの投資目

的の実現を支援する業務機能．ホテルを適正な価格で取得し，保有中，適正に運営せしめ，最終的に適切なタイミングに適正な価格で売却が実現するよう支援する役割である」．つまり，アセットマネジャーは単に運営を監督するだけでなく，ホテル資産のライフサイクルを通じて戦略的な投資決定に関与する業務使命を持つプロフェッショナルということができる．オーナーのホテル事業に対する戦略志向や対象ホテルの状況に応じて，当然アセットマネジャーに求められる業務使命も異なってくる．詳しくみてみよう．

a. 代表的なアセットマネジャーのタイプ

①インベストメントマネジャー

　前述の Rushmore の定義に最も通じるタイプといえよう．日常の運営状況や業績を監視する役割にとどまらず，長期的な計画に基づいて，投資時期あるいは売却時期を含む投資判断，業績予想，そして最適かつ実行性のある資本ストラクチャーなどについて戦略的なアドバイスと実行支援を期待されている．金融や投資業界での業務経験が優先され，必ずしもホテル運営経験を持たない者も多い．

②トラブルシューター

　1990年代，業績不振ホテルのオーナーや破綻ホテルを差し押さえた金融機関が，短期での業績立て直しを目指して雇用した，いわゆるホテルアセットマネジメントニーズ勃興期のタイプといえよう．業績不振ホテルのターンアラウンドを通じて運営キャッシュフローの増大を図って早期売却を目指し，売却実行後に業務終了となる．豊富な実務経験を持つホテルマネジメント専門家が個人的に活動するケースが多い．

③オーナーオペレーター

　自社直営ホテルを持ちながら，同時に第三者所有ホテルの運営も受託しているようなホテル会社に身を置くタイプが該当する．直営ホテル部門は当然投資リターンを追求する一方，運営受託部門は自社直営ホテルおよび第三者所有ホテル双方の運営受託業務を適切に履行できるよう運営組織と運営システムの構築に励む．このように異なる目的を持つことから，アセットマネジャーはこれら相反する目的を調整して，全体としての利益最大化を実現する役割を担うこととなる．

b. ホテルアセットマネジメントのプロセス

　ホテルアセットマネジメント業務の多くは，程度の差はあるものの，主に4つの業務プロセスで構成されている．それぞれについて解説を試みよう．

①投資目的と戦略目標の明確化

　オーナー（投資家）の期待投資利回りと，許容しうるリスク水準，そして投資期間を最優先に決めるに際して必要な業務支援を提供する．ローリスク・ローリターンながら長期の安定的なキャッシュフロー獲得志向の強い機関投資家がいる一方で，ハイリスク・ハイリターンの投資性向を持つ私募不動産ファンドなどの投資家も存在する．それぞれの投資目的と戦略目標を明確に設定し，オーナー，アセットマネジャー，オペレーターの間で十分共有すること，併せてコミュニケーション方法あるいはレポーティング内容や体制を確立することも重要である．

②資産取得と事業スキームの最適化

　期待投資利回りや許容リスク水準，投資期間などが決まり，そのうえで取得希望ホテルが特定されている場合，取得に向けて対象ホテルの現状を多面的かつ詳細に精査し（デューデリジェンス），投資目的の達成に必要な事業スキームの最適化を計画する．取得後は，そのスキームを実行に移すプロセスに入る．

　デューデリジェンス業務は，取得する対象がホテル不動産か，それを所有・経営する会社かに応じて，財務，税務，法務など，および不動産の物的・法的な観点から，そして対象ホテルに影響を及ぼす市場や対象ホテルに固有の運営特性の観点から，その現状を精査して問題点や課題を見出すことを目的としている．アセットマネジャーは，そのうえで必要な是正措置をとり，対象ホテルが目指すべき市場ポジショニングや再投資，そして運営委託や賃借など最適な事業スキームを企画して，将来の業績水準を戦略的に予測することが求められるのである．以上の業務プロセスから得た情報や計画案を踏まえて，取得価格を算定し，売買契約の内容について交渉支援する．取得後は計画に沿って対象ホテルの事業再構築を図ることとなる．

③業績管理

　最も時間を要する業務プロセスが業績管理である．対象ホテルをマネジメント契約によって運営委託している場合には，オーナーの投資目的に適うようオペレーターの運営に常に目を光らせると同時に，オーナーとオペレーターの間で建設的なコミュニケーションを維持させることがアセットマネジャーの重要な役割となる．外部市場や競合ホテル市場動向に注意を払い，常に資本支出，リファイナンス，増資あるいは売却などのタイミングを測りながら業務を遂行するのである．表11.1に本プロセスにおけるアセットマネジャーの業務内容をまとめている．

④投資回収

ホテルアセットマネジメント業務を完了させる最終プロセスでは，設定した期待投資利回り，リスク水準，そして投資期間に照らし，さらに業績水準とホテル投資市場環境などを勘案して，対象ホテルを引き続き保有するか，あるいは売却を含めてエグジットすべきかについて，投資リターン最大化の観点から，オーナーの意思決定を支援することが最大の眼目となる．ここでの業務を要約すると，

- 買い手の査定価格を高めるべく改修工事を行うなど必要な施策を実行して将来の資産処分に備える
- 一方で，対象ホテルの価値毀損につながるようなリスク要因を事前に発見するためにベンダーデューデリジェンスを行う
- 売却などの資産処分に対するオペレーターや従業員の反感を回避すべく，オーナーの意図を限定的なオペレーターのメンバーに適時に理解させる
- 一連の売却業務プロセスをオーナーの利益保護のために主導する
- 買い手のデューデリジェンスプロセスをコーディネートする
- 売買条件および契約内容について買い手との交渉を支援する

表11.1 アセットマネジャーの業務内容

オーナー目的・目標のレビュー	市場環境の分析評価	業績ベンチマーク分析	予算レビューと承認	業績モニタリングと運営管理	その他の分析評価
・対象ホテルは投資目的に適っているか？ ・市場環境，代替投資機会，資金調達環境，個人的理由，その他から近い将来，目的が変わることはないか？ ・収支予測はオーナーの投資目的を満たすか？ ・財務および運営リスクは許容範囲にあるか？ ・目的・目標に適う代替投資機会はあるか？ ・今は売り時か？	・競合ホテルの業績推移はどうか？ ・需要（宿泊，婚礼，一般宴会など）の変化はあるか？ ・ホテル供給に変化はないか？ ・施設改修やアップグレードは必要ないか？ ・対象ホテルは市場でどのような価格訴求力を持っているか？	・対象ホテルと類似するホテルの業績はどうか？ ・競合ホテルとの比較で対象ホテルが達成すべき業績水準は現状で良いか？ ・ホテル業界や競合ホテル市場で起こりつつある変化は何か？そしてそれらは対象ホテルの将来業績にどのようなインパクトを与えるのか？	・市場環境などの結果を報告し，予算提出時期を決める． ・期待業績目標をオペレーターに理解させ，予算策定スケジュールを合意する． ・オペレーターの予算の妥当性を検討する． ・問題点を指摘し，修正を要請する． ・予算をオーナーに説明し承認を得る． ・オーナー承認，もしくは予算執行上の修正を伝える．	・報告タイミングの決定 ・部門別売上の日次モニタリング ・予約状況，競合ホテルとの業績比較分析 ・月次決算書レビューとオーナーへの報告 ・資本支出状況，予実分析，キャッシュフロー分析 ・業績予測更新 ・資金管理状況分析 ・CSなど定性的情報の分析 ・マネジメント契約，借入契約などの順守状況	・固定資産税評価額の妥当性 ・固定資産保険に関する妥当性 ・予算外資本支出要求への対応，投資分析 ・ブランド変更の妥当性 ・最新テクノロジーの調査 ・チェーンマーケティングの効果分析 ・ゲストサービスの問題点分析 ・マネジメント契約などの交渉

出典：Beals and Denton (2004) を参考に翻訳．

・クロージング（引渡し）業務を支援する

のようになる．最終処分後は投資分析を行って当初の投資目的や目標に対する達成度を分析し，オーナーに報告することをもって一連のホテルアセットマネジメントプロセスが完了することとなる．

11.2.2 投資戦略

ホテルの投資戦略の最初の一歩は投資目的や目標を明確化することと指摘したが，ホテルのライフサイクルに応じたリスク要因の評価を踏まえて戦略を立てることも重要である．以下，リスク要因について考えてみよう．

a. 開発リスク

立地や市場ポジショニング，オペレーターおよび建築・デザイン設計者，そして開業時期や資金調達などの選定と目標化など，ライフサイクルの最初の開発段階に横たわるリスク要因である．この段階での意思決定のミスは，過剰投資や工期遅れを誘発するのみならず商品競争力の弱体化を招いて開業後長期間にわたって業績に悪影響を及ぼすケースが少なくない．一般的に施設商品や機能が多様化・複雑化しがちなフルサービスホテルや高級ホテルは，宿泊主体のビジネスホテルよりも開発リスクが高いと評されている．

b. オペレーティングリスク

開業後の営業期間中に手当てすべきリスク要因である．保有期間における，運営キャッシュフローのボラティリティ（ばらつきの程度）と極言することもできよう．競合市場の需給環境，市場参入障壁の有無や程度，オペレーターのブランド力や商品イノベーション能力，費用構造，優秀な人材の確保と育成能力などが密接に関係する．開発リスク同様にフルサービスホテルや高級ホテルは一般的に高リスクと評価されている．

c. 陳腐化リスク

営業年数を経たホテルの資産価値に関係するリスク要因ということができよう．建物の構造や設備機能，あるいは施設商品としてのレイアウトやデザインに機能劣化や陳腐化が進行し，是正不能もしくは是正再投資が経済合理性を持ちえない経済的減価要因（ホテル固有の陳腐化）と，ホテルの収入獲得能力を著しく弱める経済動向あるいは人口動態の変化，厳しい環境規制や安全規制，建築基準の導入などの外部環境要因（市場環境の変化）が，保有期間中の投資リターンや，ひいては売却などの資産処分に重大な悪影響を及ぼしうるリスク要因を指す．

以上のリスク要因を検討したうえで，新規ホテル開発か既存ホテルの取得か，その他にも立地，ホテル業態，規模，投資額などについてもある程度明確な基準を立てる．併せて，長期保有もしくは短期保有に応じたエグジットの基準や方法論についても事前に想定し，これらを総合的に判断して要求投資利回りと許容リスク，そして保有期間を設定することが戦略的なホテル投資を意味する．

11.3 日本のホテルアセットマネジメント形成の背景

11.3.1 不良債権処理とグローバル投資ファンドの興隆

日本でホテルアセットマネジメントが1つの業務領域として生まれてからの歴史は浅いが，ホテルアセットマネジメントが導入される遠因となった2002年から本格化する不良債権処理と，それを契機とする投資ファンドの動きについて簡単に触れてみよう．

不良債権問題は，バブル経済崩壊後の日本経済の重石であり，1990年代半ばから様々な施策や取組みを通じて，1992〜2002年度に約88兆円の不良債権が処理された．その後も，2002年10月に金融システム安定化と不良債権問題の解決を主眼とした「金融再生プログラム」が打ち出されて，不良債権処理は加速した．

当時の小泉純一郎首相と竹中平蔵金融相は，マーケットの圧力と責任追及を求める世論を用いて金融機関経営者を追い詰め，不良債権処理を格段に促進させた．この動きは，それまで投資を手控えていた海外投資家の姿勢をポジティブに転じさせ，国内外の投資ファンドによる不良債権や，さらに実物不動産への活発な投資活動につながっていった．特にプライベートエクイティファンドの参入が勢いを増し，その投資額は，2005年末時点で推定4兆4000億円規模（民間シンクタンク調べ）にまで拡大し，同時期のJ-REIT（不動産投資信託）の時価総額3兆4000億円を凌駕するまでとなった．この当時，ホテル不動産投資を選別的に行うプライベートファンドも買い手として多く出現し，彼ら投資家のホテルアセットマネジメントを担う機能としてパノラマホスピタリティ社，イシン社，アーコン・ホスピタリティ社（現アビリタス・ホスピタリティ社），ハドソン社あるいはソラーレ社などが活躍していたことは記憶に新しい．

11.3.2 不動産流動化と証券化

不動産流動化とその目的としての証券化が日本においても必要とされたのは，バブル経済崩壊以降の不動産市場構造の変化と無縁ではない．1990年代の土地

神話崩壊以前は,「地価は下がらない」と信じられていた時代が続いた.「地価は下がりうる」ことが常識となった現在,不動産市場は不確実性を高め,流動化と証券化を通じて,不動産は他の金融商品と同じ投資対象の扱いとなったのである.

不動産の所有者（オリジネーター）が,特別目的会社などの便宜上の器であるSPV (special purpose vehicle) を組成し,不動産をこのSPVに譲渡してオリジネーターのバランスシートから切り離し資金調達することを,広く不動産の流動化といい,この不動産の流動化において,当該不動産からの収益を裏付けとした有価証券をSPVが発行してオリジネーターが資金調達する一連の行為が不動産の証券化である.なお,このようなオリジネーターの資金調達を目的に行われる不動産証券化を「資産流動化型」といい,投資資金の運用を目的とする「資産運用型」の証券化と区別している.不動産証券化を目的とする不動産流動化は,賃貸オフィスや賃貸マンションのみならず,ホテルなど,キャッシュフローを生む,もしくは期待できる収益不動産を対象に広がり,一方で投資家である不動産投資ファンドの出現によって活発な投資活動につながっていくことになる.

その後,1998年のSPC法施行からわずか3年でJ-REIT市場が開設され不動産証券化市場は一気に拡大したが,それに伴い投資対象としての不動産や不動産事業のあり方も大きく変化した.まず不動産証券化時代に向けた投資家保護を目的に,証券取引法に代わる金融商品取引法の成立（2006年）などにより,投資対象としての不動産および不動産事業の情報開示が進み,取引き市場の透明性と信頼が高まって内外の投資家が参入した.また不動産証券化に伴い投資家と便宜的な所有者であるSPV,および不動産の管理運営者が独立するなど,不動産の所有と経営や運営の分化が進んだ結果,経営・運営業務の領域を担当するアセットマネジメント会社やプロパティーマネジメント会社に加え,格付機関,信用保証会社などを生み出し不動産投資関連業務のアウトソーシングが容易になったことが指摘できよう.

日本におけるホテルアセットマネジメントは不動産流動化の大きな潮流を起源とし,不動産投資の活性化に向けた新たな制度設計や法的手当てなどを背景に登場したものである.したがってホテルアセットマネジメントの技術的蓄積や人材基盤においては,1980年代のマネジメント契約に起因し,30年以上にわたるオーナーとオペレーターの確執とその調整の長い歴史を有する米国に,いまだに一日の長があるといっても過言でなかろう.

11.3.3 REIT

REIT (real estate investment trust) のことを日本では不動産投資信託と呼ぶ．REIT は，個人投資家にも大規模な収益不動産への投資機会を提供する目的で 1960 年に米国で生まれた．当初，REIT には不動産「所有」を認めたものの，「経営」や「運営」は認めなかったことから，収益の外部流出を嫌って，投資家の関心は低かった．また，当時の不動産ブームを招来した税制と投資面でのインセンティブが適用されなかったことも REIT が投資手段として敬遠された要因であった．

しかし 1986 年に施行された税制改革法によって，不動産投資は収益志向へ大きく変化し，相対的に REIT の魅力を上昇させる結果となった．加えて REIT の機能強化策として自身による経営・運営権を認めたことも，REIT の発展を後押しした要因として大きい．2013 年 6 月末現在，米国上場 REIT 市場は 136 銘柄，時価総額 5983 億ドルに達し，そのうちホテル REIT（ロッジングおよびリゾート）は 15 銘柄，時価総額 354 億ドルで，REIT 市場全体の 5.3％を占めるに至っている．

日本では 2000 年 5 月の「投資信託及び投資法人に関する法律」改正で，投資信託の運用対象が不動産にも拡大して J-REIT の組成が可能となった．2001 年 9 月に東京証券取引所に 2 銘柄が初上場して以来，J-REIT の銘柄数は 2007 年に 42 銘柄，時価総額 7 兆円にまで順調に拡大して，資本市場の参加者が無視できない市場規模を形成した．

しかし 2007 年秋に米国のサブプライム住宅ローン問題が表面化し，2008 年終盤にはリーマンブラザーズの破綻（リーマンショック）を契機に世界的な金融危機が発生した．

J-REIT 市場も大幅な価格調整を余儀なくされ，時価総額は一時 2 兆円割れ寸前まで下落し，銘柄数も 33 まで一気に縮小した．

リーマンショックによる世界的な金融危機以降も，2011 年には東日本大震災と原発問題が発生し，2012 年の欧州債務危機の影響も重なって J-REIT 市場はその後も低迷を続けた．しかし，2012 年後半からは日銀による J-REIT 投資口の購入に加え，不動産賃貸市場の底打ち感も広まって J-REIT の投資口価格は持ち直しに転じている．2013 年 6 月末現在，40 銘柄，時価総額は約 6.47 兆円（前年同月比 180％増）まで回復している．

なお J-REIT においては，SPV である投資法人自身による不動産事業の経営や運営は認められておらず，外部の専門資産運用（アセットマネジメント）会社

に委託することになる．このような J-REIT の制度的要請により，アセットマネジメント機能が必要とされるのである．

11.4 ホテルアセットマネジメント発展への課題とチャレンジ

11.4.1 次のサイクルに向けて考えるべきホテルアセットマネジメントの課題

戦略的なホテル不動産投資を進めるうえで克服すべきホテルアセットマネジメントの今日的課題について，「Evolution of hotel asset management」と題する研究論文（Singh, et al., 2012）を参考に述べてみたい．同研究では，現在のホテルアセットマネジャーに望まれる人物像や，求められている役割と今後の課題などを明らかにするために，アンケート調査を実施している．表11.2 は各質問に対するアセットマネジャー自身の見解をまとめたものだが，オーナーとオペレーター間の利害調整役でもあるアセットマネジャーの存在が効果的であることをうかがわせる結果となっている．一方で，引き続きオペレーターに管理者責任をまっとうさせることが，オーナーを支援するアセットマネジャーの最大の課題である

表 11.2 ホテルアセットマネジメントに関する特定の課題についてホテルアセットマネジャーの見解分布

質問	大いに賛成	賛成	どちらかと言えば賛成	どちらかと言えば反対	大いに反対	わからない
・今日，力のバランスはマネジメントよりオーナーに傾いている	3(4)	14(18)	23(29)	35(44)	4(5)	1(1)
・オーナーとオペレーターのゴールは一致している	1(1)	9(11)	35(44)	27(34)	7(9)	0(0)
・オーナーの，アセットマネジャーに対する業績要求は強くなっている	24(30)	41(52)	11(14)	3(4)	0(0)	0(0)
・アセットマネジメント報酬の多くは資産価値の上昇と連動している	9(12)	23(30)	21(27)	15(19)	5(6)	4(5)
・アセットマネジャーの役割は日々のモニタリングから戦略的投資アドバイザーにシフトしている	6(8)	22(28)	22(28)	23(29)	5(6)	0(0)
・将来的に優れたホテルアセットマネジャーとは十分な不動産の知識を持つ人である	18(23)	30(38)	19(24)	10(13)	2(3)	1(1)
・将来的に優れたホテルアセットマネジャーとは十分なホテルオペレーションの知識を持つ人である	18(23)	30(38)	22(28)	8(10)	2(3)	0(0)
・大学での教科はホテルアセットマネジャーの職業訓練として十分	0(0)	6(8)	10(13)	29(37)	11(14)	22(28)

（ ）内の数値は%．
出典：Singh., et al. (2012).

ことを伝えている．アセットマネジャーの業績評価については，回答者の80%がオーナーの業績改善要求が近年非常に強いとする一方，アセットマネジメント報酬が資産価値の上昇と連動していないとする回答が約25%あった．両者の連動性を今後高められるかどうかも課題の1つとして指摘している．ホテルアセットマネジャーの今日的役割についての質問には，過半数がより投資アドバイザーの役割にシフトしていると答えており，ホテル投資戦略の立案やその実行に関する知識やスキルが，今後ホテルアセットマネジャーに求められることを示唆している．他方で，自由回答欄で「ホテル資産の不断のモニタリングが引き続き重要な役割」とするコメントも多かったようである．ホテルアセットマネジメントの役割を効果的に果たしていくためには，引き続きオペレーションの知識や経験が重要視されていると同時に，不動産投資に関する知識や経験も求められている実態が浮彫りになっている．

日本においても，ホテル事業における不動産所有と運営の分化が今後も進展することが十分に予想されるわけで，米国同様にホテル投資家の利益を代表して，ホテルオペレーターとの協調関係を築きながら，対象ホテル不動産の資産価値を効果的に高めるホテルアセットマネジメントへのニーズは確実に高まることであろう．

[後藤克洋]

● ポートフォリオ投資
　資産運用の効率性・合理性を高め，リスク分散するために，リターンやリスクの異なる複数の投資対象の組合せで投資すること．

● 私募不動産ファンド
　特定の投資家の資金を元に収益不動産に投資するファンド．日本では1998年頃から米国系運用会社が海外資金を使う形で拡大した．

● レバレッジ
　不動産投資資金の一部として借入金などを調達すること．借入金利が事業の期待収益率より低いと，レバレッジ（てこ）効果による大きなリターンが期待できる．

- **FF&E**
  furniture, fixture, and equipment の略で，日本では家具・什器備品・機器などと訳す．比較的短期の償却資産を指す．

- **ベンダーデューデリジェンス**
  デューデリジェンスは通常買い手が行うのに対して，あらかじめ売り手サイドが外部アドバイザーなどに依頼し，売却対象に予期せぬ瑕疵やリスクがないか事前に調査すること．

- **オペレーティングアセット**
  運営の優劣が資産価値に直接影響を及ぼすような属性の不動産．

- **エグジット**
  不動産投資や企業再生などにおいて，ファンドが株式あるいは不動産そのものを売却して，投資資金を回収し利益を手にすること．

- **プライベートエクィティファンド**
  未公開株式を対象に投資するファンドで，資金源の大半は，事業会社の自己資金や機関投資家，企業年金．

- **オリジネーター**
  資産（不動産）の当初所有者（原所有者）．

- **サブプライム住宅ローン**
  主に米国において貸し付けられるローンのうち，サブプライム層（通常の住宅ローン審査には通らない信用度の低い層）向けとして位置付けられるローン商品．

文 献

関 雄太（1999）：米国 REIT 市場の発展と不動産ファイナンス．資本市場クォータリー．
田尾桂子（2011）：ホテル産業のグローバル戦略．立教 SFR 大学院生研究成果報告書．
西村吉正（2011）：不良債権処理政策の経緯と論点．不良債権と金融危機（第 4 巻），内閣府経済社会総合研究所．
松村 徹（2009）：第 II 部不動産証券化の概要．不動産証券化とファイナンスの基礎，不動産証券化協会．
Beals, P. and Denton, G.（2004）：Hotel Asset Management Principles & Practice, Educational Institute American Hotel & Lodging Association.
Eyster, J.（1980）：The Negotiation and Administration of Hotel Management Contract, Cornell University.
Singh, A.J., et al.（2012）：Evolution of hotel asset management：the historical context and current profile of the profession. *Cornell Hospitality Quarterly*.
Younes, E. and Kett, R.（2006）：Hotel investment risk：What are the chances? *Journal of Retail & Leisure Property*, **6**：70-75.

12 集客戦略

観光経営において顧客を集めること，すなわち「集客」を戦略的に実行することは不可欠といえる．ここでは集客の基本的な捉え方を整理したうえで，集客方法の具体的な考え方や，集客戦略の重要なポイントを例示する．

12.1 集客の捉え方

最初に，集客を捉える対象とその整理方法，そして集客の効用を示す．

12.1.1 集客の対象
a. 集客ターゲットの属性分類
集める顧客の対象「人」は，私人としての「個人客」と，何らかの組織体に所属する「法人客」に区分できる．この法人客の所属する組織体は，民間企業，行政，公益団体，NPOなどがある．経済成長期は，特定観光分野において法人客需要が旺盛であったが，その後は個人客に比重が大きく移行した．

顧客の人数や関係により属性を分類することもできる．例えば，「1人客」，「カップル客」，「グループ客」，「家族客」，「団体客」である．以前は「団体客」を大量に集めることにより経営効率を高めようとするところが多くみられたが，団体観光は大きく減少し，人数も小規模になっている．家族客は，末子が幼児期～小学生以下の場合に観光行動が盛んになりやすい．近年は，おひとり様，1人市場などと呼ばれ，1人客を取り込もうとするビジネスが増えている．

性別や年齢により，「女性客」，「男性客」，「若年客」，「中年客」，「高齢客」と分けることもできる．また，サラリーマン，医者，学生，主婦といった特定の職業や立場，所得，消費性向などを含めた分類もできる．

b. 居住地と来客頻度による分類
顧客の居住地により，近隣地域からの「地元客」，比較的広い範囲からの「広域客」，遠くからの「遠方客」という見方もある．以前は広域客あるいは遠方客に注視する傾向が強かったが，近年は地元客も重視するようになっている．さらに，集客範囲がグローバル化し，観光立国を目指す日本では，「日本人客」だけ

でなく，国内居住の「外国人客」，そして「訪日外国人客（インバウンド）」が重要な集客対象としてクローズアップされている．

来客頻度や，その重要度による分類もできる．初めて訪れる「一見客」に対し，何度も来てくれる大切な「得意客」，「上客」，繰返し来訪する「リピーター」，「リピート客」，その頻度が著しく多い「ハードリピーター」，特にその重要度が高い「ロイヤルカスタマー」といった呼び方もある．来訪の蓄積に加え，特定の知識や技能の高低により，アマチュア的な「素人客」とプロ級の「玄人客（マニアやオタク的な顧客を含む）」といった見方もできる．

また，いわゆる「健常者」だけでなく，「障がい者」や「要介護者」も集客対象として捉えるべきである．障がい者対応は観光事業経営者の社会的責務であり，要介護者の旅行は新たな観光需要として注目されている．

こうした集客対象となる顧客ターゲット設定は，観光マーケティングの基本といえる．

12.1.2　集客の 6W2H
a. 6W2H の捉え方

集客を戦略的に実行する際には，表 12.1 に示すように，「Why（なぜ）」，「When（いつ）」，「Where（どこで）」，「Who（だれが）」，「Whom（だれに）」，「What（なにをして）」，「How To（どのように）」，「How Much（いくらで）」行うかを明確

表 12.1　集客の基本的な捉え方「6W2H」

Why	目的，ねらい，目標
When	時期（春夏秋冬，特定時期など），時間（朝昼夜，時間帯，特定時刻など），期間（特定時間，1日，複数日，一定期間など）
Where	地域（駅前，繁華街，特定エリアなど），交通アクセス，会場（屋外・屋内，特定施設など），収容人数
Who	主催者，共催，後援，組織体制，作業分担，リーダー，メンバー構成，支援組織，サポート体制
Whom	ターゲット設定（属性，人数，関係，性別，年齢，居住地，来客頻度，重要度，障がい，介護など）
What	テーマ，アイデアプラン，プログラム，ストーリー
How To	飲食，買い物，鑑賞，交流，参加，情報，知識，出店，出展，演目，会場演出，人的演出
How Much	予算，コスト，収支，利益額，利益率，採算性

にする必要がある．これは，英語の頭文字をとり「6W2H」と呼ばれている．この 6W2H に基づいて集客戦略を計画することで，漏れのない綿密な集客が可能になる．

12.1.3 集客の効用
a. 集客人数と顧客満足度
　集客の度合いを測る指標として，集客人数（来店客数，入場者数，利用者数など）が挙げられる．集客人数は顧客人口と来訪頻度の積で成り立っており，正確にカウントできる場合と，アンケートやサンプリング調査に基づき推計する場合がある．推計には曖昧な要素が含まれ，ときには恣意的作為が入り込む可能性に注意しなければならない．
　集客人数が増えれば，観光事業経営者にとって売上げや収益の増加につながるが，集客人数が限界を超えると混雑が顧客満足度を押し下げ，結果的に収益を低下させることもある．大規模集客は安全管理が難しくなり，事故のリスクが増大する．逆に，集客人数が少なすぎても顧客満足度は下がるといわれており，適度な混雑状態を維持することが理想とされる．

b. 集客人数と滞在時間・利用回数の関係
　集客人数の規模は，観光事業の規模により異なる．表12.2 上段に示すように，滞在時間が長く利用回数も多い，すなわちトータルの利用時間が長い顧客を集客することが最も効用の大きい理想型といえる．短時間利用の顧客をねらって集客

表12.2　集客人数と滞在時間・利用回数の関係と理想型

集客人数＼時間・回数	短・少	長・多
少	小規模（少人数）短時間集客 □小規模事業のすきま戦略	小規模（少人数）長時間集客 ■小規模事業の理想型
多	大規模（多人数）短時間集客 □大規模事業のすきま戦略	大規模（多人数）長時間集客 ■大規模事業の理想型

利用回数＼滞在時間	短	長
少	短時間・回数少 □通過型観光地の典型	長時間・回数少 □遠方の観光地の典型
多	短時間・回数多 ■コンビニエンスストア型	長時間・回数多 ■理想型

する，利用時間の「すきま戦略」も一定の効用は得られる．

また表12.2下段に示すように，滞在時間が長く利用回数も多い理想型として，東京ディズニーリゾートのテーマパークが挙げられる．長時間滞在だが利用回数の少ないケースは遠方の観光地の典型であり，短時間滞在で利用回数が少ないのは通過型観光地の典型といえる．これらは，滞在時間をより長くしながら，いかに利用回数を増やすかが課題となる．短時間滞在でも利用回数の多いコンビニエンスストア型の集客も，効用は小さくない．

12.2 集客方法の考え方

次に集客方法の考え方として，利用満足度増大モデル，魅力の擬人化，そして経営戦略からみた集客方法を例示する．

12.2.1 利用満足度増大モデル
a. 時間量・楽しさの心理量・コミュニケーション

集客方法の1つの考え方として「利用満足度増大モデル」が挙げられる．これは図12.1に示すとおり，時間軸と楽しさの心理量の2軸から，ある観光行動による楽しさ（心理量）の時間的累積値（総面積）を増大させることを目指すものである．時間量を増やす，心理量を増やす，コミュニケーションを増やすことで時間量と心理量の両方を増やす，という3つの方向性がある．

時間量の増大は複合化，休憩空間，空間配置，心理量の増大はリニューアル，参加性，開放，空間単位，コミュニケーションの増大はイベント，携帯電話・インターネット・SNS（ソーシャルネットワーキングサービス）活用，顧客の組織化（クラブ化），接客サービス向上といった視点が例示できる．また，これらのベースとなり，いかなる場合にも欠かせない視点として安全対策（大量集客と群衆化），環境・ごみ対策，レジャー能力向上（観光客が観光をより高度に楽しむために必要な能力を育てる）が

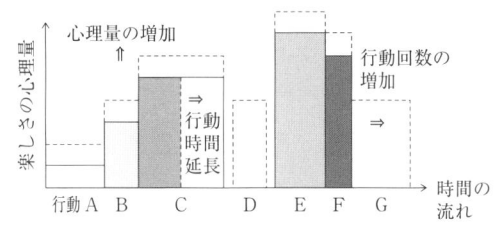

図12.1 利用満足度増大モデル

利用満足度＝∫（行動時間×楽しさ（心理量））
時間量：行動回数の増加，行動時間の延長
心理量：各行動の楽しさの増加
コミュニケーション：行動の組合せや関連性による時間量と心理量の増加

挙げられる．

この利用満足度増大モデルを用いて，顧客満足度を増大させ集客力を最大限に発揮できる方策を検討し，実行することが望まれる．

12.2.2 魅力の擬人化
a. 魅力的な人の要素と観光集客の関連性

集客に寄与する観光事業の魅力を，魅力的な「人」の要素から発想することができる．表12.3に示すように，魅力的な人の要素を挙げると，それぞれに対応する観光事業の要素を発想することができる．人の魅力に多様性，強弱，変化があるように，それぞれの要素の比重を考慮しながら，魅力を高める具体的な戦略を立案することで，個性的な集客戦略を実行できる．

表12.3 魅力的な「人」の要素から発想する魅力的な観光事業の要素

魅力的な「人」の要素（例）	魅力的な観光事業の要素（例）
顔・スタイルがよい	美しい施設・インテリアデザイン
頭脳明晰	優れた情報システム
やさしい，思いやりがある	ホスピタリティ溢れる接客，豊富な休憩場所
包容力がある	誰もが使いやすいデザイン，万全な安全対策
ユーモアがある	楽しいユーモア空間
刺激的である	絶え間ないリニューアル，多彩なイベント

b. 宗教的な集客要素

人間の要素の1つとして「信仰心」が挙げられる．神聖なものに対する畏敬，幸福・幸運の渇望，向上欲，親和の情など，内面意識は様々であろう．信仰心に基づく宗教は「教祖」，「経典」，「教義」，「典礼」を持つことが多く，宗教行事は信者を集めるという意味で非常に強い集客力を発揮する．宗教行事に端を発する「祭り」も同様であろう．

例えばディズニーランドには，教祖となるミッキーマウスなどのキャラクターが存在し，経典としてのテレビ番組，映画，DVD，本，雑誌などが多様に存在する．キャラクターグッズも偶像崇拝に一役買っている．その教義は，夢と魔法の国で幸福（ハピネス）を享受することであり，典礼となる多様なイベントが定常的に行われている．観光事業においても，教祖となるシンボル，経典と教義としての教え，典礼のイベント要素が備われば，それを崇拝する人々が憧れ向かう

「メッカ」として強力な集客力を発揮できるのではないだろうか．

12.2.3　経営戦略からみた集客方法
a．空間構成要素とプラス・ゼロ・マイナスの考え方

観光事業における集客では，空間構成要素である「人」，「もの」，「情報」，「建物」，「運営」を有機的に組み合わせる必要がある．特に建物などの「ハード面」が先行しやすいため，意識的に「ソフト面」に比重を置くことが望ましい．

また，「プラス」，「ゼロ」，「マイナス」という3方向の考え方を踏まえるべきである．顧客におけるプラスは満足の付加，事業者においては何らかの積極的な施策の実行である．ゼロは，楽しい状態・望ましい環境の維持・保存である．マイナスは，ストレスや疲労の回避，マイナス要因の除去である．

b．AIDA と AISAS

マーケティング用語として，日本では「AIDMA（アイドマ）」が知られている．広告宣伝で商品を知ってから購入に至るまでの消費者心理を，認知段階の「attention（注意）」，感情段階の「interest（関心）」，「desire（欲求）」，「memory（記憶）」，行動段階の「action（行動）」の優先順位で示した略語である．世界的には「AIDA（アイーダ）」が一般的に用いられている．これを応用し，「conviction or confidence（確信）」を加えた「AIDCA（アイドカ）」，「satisfaction（満足）」を加えた「AIDAS（アイダス）」，「AIDCAS（アイドカス）」もある．

近年ではインターネットの普及を背景に，eコマースのマーケティングモデルとして電通社が「AISAS（アイサス）」を提唱している．消費者自らが情報を収集，発信，他者と共有する行動を「attention（気づく）」，「interest（興味を持つ）」，「search（情報収集する）」，「action（購入する）」，「share（情報共有する）」と捉えている．ソーシャルメディアの普及により，「sympathize（共感する）」，「identify（確認する）」，「participate（参加する）」，「share & spread（共有・拡散する）」による「SIPS（シップス）」も提案されている．こうした消費者行動モデルに基づいて集客戦略を考えることもできる．

12.3　集客戦略の重要ポイント

最後に，集客戦略を考える際の重要なポイントとして，価格戦略と価値戦略，経営資源の最大限活用，メディア戦略の3つを示す．

12.3.1 価格戦略と価値戦略——値下げの罠と価値創造

一般的には，商業施設の安売りにみられるように，同一商品あるいは類似するサービスであれば，商品・サービスの価格が安いほうが集客力は強くなる．

『レジャー白書』によると，観光事業の一分野でもある外食産業は，長らく景気に左右されることなく拡大を続けてきたが，市場成熟と競争激化の影響で1997年をピークに縮小を始めた（日本生産性本部，1990～2013）．このピークの前，ファミリーレストラン業界で最大手（1993年当時）だった「すかいらーく」が新業態「ガスト」を新設したことが口火となり，破格な値段設定（価格破壊）の動きが外食産業からレジャー産業界全体に広がった．値下げで客単価は下がっても，客数増加で売上げを向上させる戦略である．しかも，値段を下げるため既存ビジネスを大幅に見直す「構造改革」の動きとなったが，この効果は長続きしなかった．

売上げが落ち込んだとき，商品・サービスの価格を下げて販売量を増やし，売上げをカバーしようとする傾向は強い．同じ価値の商品・サービスなら結局は価格で勝負するしかない．だが消費者が低価格に慣れてしまうと，多少値段を下げても反応しなくなる．やがて価格を下げても売上げの落ち込みをカバーできなくなり，さらに収益が圧迫される．それでも価格設定を元に戻すことはできない．これが「値下げの罠」である．すなわち価格に焦点を当てた「価格戦略」ではなく，価値に焦点を当てた「価値戦略」を検討すべきである．個々の顧客の細かいニーズに丁寧に応え，価格から想定されるよりも高い価値をいかに提供するか．簡単なことではないが，観光事業経営においても大変重要な視点といえる．

12.3.2 経営資源の最大限活用

a. 機会損失の回避と営業ポテンシャル最大化

観光事業における重要な経営資源として，社内外の人材や顧客を含めた「人」，商品・設備・施設・土地などの「もの」，資本としての「金」，ノウハウとして役立つ「情報」が挙げられる．これらの経営資源を最大限活用することが第一に必要である．

次に，営む観光事業の持つポテンシャルを最大限に広げることが肝要である．まず「営業日数・営業時間の最大化」が挙げられる．例えば定休日を定めたり，メンテナンスや工事のために閉鎖する観光施設もある．収支バランスを加味しなければならないが，ある面でこれは利益を得る機会を逃す「機会損失」ともいえ

る．実際，機会を最大限に活用するために観光施設を年中無休で営業しながら，夜間や営業時間内にメンテナンスや工事を行う体制を確立しているところもある．夜間や早朝営業の強化，24時間営業，あるいは通常営業時間前・営業時間後の一定時間を特定利用者に開放するケースもある．

b. お天気商売からの脱却

観光事業経営には「季節変動・曜日変動・天候変動の平準化」が宿命的に義務付けられる．例えばレジャープールは7月〜8月，スキー場は12月〜3月に需要が集中する．一般的な観光施設でも，冬季の1月〜2月は利用者が減少しやすい．近年は休日の分散取得が進み，土・日・祝祭日の需要集中は若干緩和されているが，まだ曜日変動は大きい．観光事業は「お天気商売」ともいわれる．集客人数は天候の影響を受けやすい．夏場に好天が続けば大きく伸び，週末に台風が多ければ落ちる．雨や雪でも減少し，暑すぎても寒すぎてもいけない．季節変動・曜日変動・天候変動を外部要因として諦めてしまうことなく，丁寧に対策を施すことが期待される．

観光施設経営においては，既存事業を軸に「施設外への進出」も検討したい．例えばサテライト施設の設置や複数店舗展開，一部事業の出前実施，出張イベント開催など，ビジネス展開方法はいろいろと発想できるだろう．

12.3.3 メディア戦略

a. インターネット活用

観光事業において効果的な広報・宣伝は欠かせない．しかしメディアの多様化と競争激化により効果は小さくなり，持続時間も短くなっており，平凡なものは埋没しやすい．

昨今ではインターネットが普及し，観光事業に関するウェブサイトも定着しているが，まだ十分とはいえない．いまだウェブサイトを設置していない事業者が存在する．情報を豊富かつ敏速に発信できていないところもある．今後は，顧客が観光行動を楽しむリアル空間と，ウェブサイトというバーチャルな空間が相互に関連しながら利用できるような工夫に期待したい．

b. 携帯電話活用とメディアミックス

顧客の携帯電話利用に対応することも重要である．携帯電話の電波は，該当区域の全域で受信できるようにしたい．特に若年層の顧客は，携帯電話の電波が届かない場所には立ち寄りたくないという意識が強いため，対策が不十分だと集客

力は確実に落ちる．携帯電話のバッテリー充電器設置や電源コンセント提供も集客に寄与する．メール会員制度も一定の効果を発揮している．近年利用が急速に広がる SNS 対応も重要性が高まっている．即座に対応した観光施設ではすでに大きな効果を発揮している．

スマートフォンの独自アプリ作成，AR（augmented reality，拡張現実）による映像特典をはじめ，今後も登場する新メディアに敏速に対応することを期待したい．テレビ番組，CM，ラジオ，映画，CD，DVD，本，雑誌，ゲームなどのメディアも有機的に組み合わせた「メディアミックス」または「クロスメディア」戦略も検討したい．1つのコンテンツをあらゆるメディアに発信して収益を図る「360度戦略」もメディア戦略の重要な視点である．

観光事業においては，絶え間ない魅力のリニューアルがキーとなるが，様々なメディアを駆使してそれを効果的にアピールすることの重要性も最後に強調しておきたい．
[山口有次]

● マズローの欲求段階説

　マズローの欲求段階説は，人間の欲求を「physlological needs（生理的欲求）」，「safety needs（安全の欲求）」，「social needs / love and belonging（所属と愛の欲求）」，「esteem（承認・尊重の欲求）」，「self-actualization（自己実現の欲求）」の5段階で理論化したものである．欲求には優先順位があり，快適に眠る，美味しい食事，健康づくりなどの低次から，親密な人間関係を築く，愛情を深める，集団の一体感を感じる，そして，誉め称えられる，尊敬される，さらには，何かをやり遂げる，好奇心を満たす，目標を達成する，成長する，誰かの役に立つといった高次へ移行するとされる．この欲求段階に基づいて集客方法を検討することもできる．顧客となる人間の五感（視覚，聴覚，嗅覚，味覚，触覚）から集客戦略を発想することも一案である．

● ハフモデル

　ハフモデルは，商業施設の集客予測・売上げ予測モデルとして知られている．消費者がある店舗で買い物をする確率は，売場面積に比例し，そこまでの時間距離に反比例する．すなわち，近くにある大きな店舗を利用しやすいという一般的傾向を前提にしている．最寄り品はできるだけ近くで買いたがり，買回り品はある程度遠くても品揃えのよいところで買いたがる特性も踏まえている．近年は商品の価格，営業時間，駐車場の広さ，複合設備の状況，場所の利便性，

交通ネットワーク，ブランド力，地域特性などのデータを含め，魅力度を総合的に算出することで，高精度な集客予測を可能にしている．観光分野においてもハフモデルの応用研究は進められており，参考になる．

●パレートの法則，80：20の法則

経済・社会現象，自然現象などにおいて，ある全体数値の大部分はそれを構成する一部の要素が生み出しているとする説を「パレートの法則」という．同様の現象で，全体数値の80％が，それに寄与する20％に大きく依存していることを「80：20の法則」などと呼ぶ．売上げの80％は20％の商品が生み出す，利益の80％は顧客の20％がもたらす，販売の80％はスタッフの20％で作られる，不良品の80％は20％の原因によるなど，様々な形で使われる．いずれも的を絞った効率的な経営を進めるうえで参考になる．また，問題の原因となる構成要素を影響の大きい順に並べ，その累積百分率を示した折れ線グラフを「パレート図」という．問題の80％は20％の原因によるとする現象から，問題解決の優先順位を判断する際に使われる．商品の在庫・発注・販売管理などで，パレート図をもとに重要度や優先度をA・B・Cの3ランクに分けることを「ABC分析」という．

文　献

川口和英（2011）：集客の科学，技報堂出版．
電通 S.P.A.T. チーム（2007）：買いたい空気のつくり方— AISAS 型購買行動に対応する広告・販促・陳列・接客等のアイデアを電通が提案，ダイヤモンド社．
電通集客装置研究会（1988）：集客力—なぜ人は集まるのか何が人を集めるのか，PHP研究所．
電通集客装置研究会・電通スペースメディア研究会（1993）：新集客力—なぜ人が集まるのか どうしたら人を集められるのか，PHP研究所．
日本生産性本部（1990〜2013）：余暇関連市場の動向，レジャー白書．
波田浩之（2007）：この1冊ですべてわかる 広告の基本，日本実業出版社．
山口有次（2008）：観光・レジャー施設の集客戦略—利用者行動からみた人を呼ぶ魅力的な空間づくり，日本地域社会研究所．
Goble, F. (1970)：The Third Force：The psychology of Abraham Maslow, Grossman．［小口忠彦 監訳（1972）：マズローの心理学，産業能率大学出版部］．

13 観光産業の人的資源管理

13.1 人的資源管理とは

13.1.1 人的資源管理の定義

　経営資源は一般にヒト・モノ・カネ・情報の4つの要素からなるといわれるが，人的資源管理とは，このうちの「ヒト」に関する企業の管理活動を指している．人的資源管理という用語は，1980年代の初頭から，それまでの「人事・労務管理」という用語に代わって頻繁に使用されるようになった．従業員を単なる労働力としてではなく資産として捉え，長期的な観点から競争力強化の要因に組み込んでいく必要性が認識されるようになったのである．このような考え方をもとにしたのが，「人的資源管理（human resource management）」である．しかしながら多くの論者が指摘しているように，「人的資源管理」の用語について，研究者や実務家の間で広く共有されているような明確な定義が存在するわけではない．人事・労務管理の単なる名称変更にすぎないとするものから，まったく異なる概念・アプローチとするものまで幅広く存在し，論者によって様々である（章末のキーワード紹介参照）．

　様々な先行研究がある中で，ここでは，人的資源管理を「経営環境のニーズに応じて，人的資源を有効に活用するための効果的な枠組みを構築し，それを適切に運用していく過程」と捉える．

13.1.2 人的資源管理の研究アプローチ

　人的資源管理の対象としては，実際の生産・サービスの源泉となる「労働力」，機械と違って欲求・感情を持つ人間であるといった「労働者人格」，できるだけ高い賃金を得ようとし，そのために労働組合を構成する「賃金労働者」という3つの側面を持つ統合体としてみることができる．このように企業の人的資源管理に関する研究は，他の管理領域と異なり，人間を管理対象とするため非常に複雑な構造であり，学際的な研究が必要とされる代表的な分野になっている．主な研究のアプローチをみると次のようである．

① 労働経済学的アプローチ：労働問題の経済的側面を研究する．雇用の諸側面や賃金などが経済的な側面でどのように決定されるのかを体系的に研究する学問である．
② 労働法的アプローチ：労使間の関係を規定する多様な法規を研究する．
③ 経営学的アプローチ：人事管理という経営活動を行う企業の構造とその行動原理を探求する．人事管理は経営管理の下位領域で行われることで，人的資源に対して組織次元で計画，組織化，統制などの管理活動を扱う．
④ 産業・組織心理学的アプローチ：従業員の作業現場および組織内の行動を科学的・学際的に考察する．組織行動論の研究領域で，組織内の人間の行動特徴を研究し，能力および意欲を向上させることによって，組織全体の効率を高めるための方法を研究する．観光分野のように，雇用関係において制度的管理慣行が弱く，外部労働市場の特性を持つ組織においては，特に従業員の行動特性の考察とともに，その特性が組織の効率性に及ぼす影響を体系的に把握する必要がある．このため欧米を中心に，従業員の行動に関する組織心理学的アプローチによる多様な研究結果が報告されている．
⑤ 教育学的アプローチ：従業員の勤労活動の主要動機は自己開発および能力向上であるとし，その特性を把握しようとする．

以上のようなアプローチ方法は，職務環境の変化や労働力特性の変化，特に従業員をどの観点からみるかによって，研究上の主要な視点が異なってきた．

13.2　観光産業の人的資源管理の特徴

観光産業は，いうまでもなく人的サービスを中心とした労働によって支えられている労働集約型産業であり，観光の発展はサービス労働を担う人材に大きく依存している．また，観光産業には営利事業から公益事業まで，多岐にわたる業種・業態が含まれているし，時間あるいは季節などによる労働需要の差が激しいといった特徴を有している．そのため，人材に対する積極的な管理と活用，すなわち人的資源管理が特に重要な課題となる．ここでは，観光産業における人的資源管理の特徴についてまとめる．

a. 人的資源への依存度が他産業に比べ高い

購買意欲のある消費者に自社商品を選んでもらうには，商品力だけでは限界があり，人の「心や気持ち」を考えたもてなしの基本，ホスピタリティが重要な要素となる．たとえ優れた商品であっても，それだけでは市場で優位に立つことは

できず，人の「心や気持ち」を動かすホスピタリティが必要不可欠な要素となってくる．このホスピタリティを発揮するのは「人」である．特に観光産業においては，ハードウェア（施設，設備）やソフトウェア（サービス内容）が立派でも，そこで働く人々の接客態度やマナーがひどければ顧客は簡単に利用先を変えてしまうため，ホスピタリティを体現するヒューマンウェアの部分が最も大切である．つまり顧客満足度の決め手となるのはヒューマンウェアであり，ヒューマンウェアこそが，差別化，差異化を図る基盤である．したがって，観光産業は他産業に比べ人的資源への依存度が高いといえる．

b. 従業員間のチームワークと動機付けが重要

職場の人間関係が仕事の質に影響を与えるという研究結果が多く報告されている．従業員間で互いに補い合い，サービスを提供し合うという，責任感とチームで働く能力のある人材で構成されている企業では，誰かがミスを犯しても，顧客に気付かれる前に他の従業員がそのミスを修復しようとする．そうした企業では，客が何かを求めていると気づいたら，たとえ自分の担当ではなくても，気づいた従業員がサービスを提供するのである．

従業員は，満足した顧客のために働くことに喜びを見出す．従業員満足と顧客満足には密接な相関関係が存在することが様々な調査で明らかになっている．高い顧客満足度を達成できる企業では従業員の意欲も高く，結局，従業員の質の維持は顧客の維持につながるのである．

つまり観光産業においては，従業員の個人とチーム全体をいかに教育し，動機付けするのかが重要である．従業員1人1人に対して，例えば教育や表彰制度，あるいは昇進・昇格の制度などによるインセンティブを高め，職場のよりよい人間関係を作り出すことが強く求められているのである．

c. 柔軟な人的資源管理が求められる

経済の国際化が進展する中で，国際的な競争力を維持するとともに産業構造や人口構造の変化に対応するため，労働市場の流動化が注目されるようになった．また，終身雇用制，年功序列型昇進システムなどを特徴とする日本の雇用慣行においても様々な見直しが行われている．労働力供給の面からみても，労働市場環境に変化が生じたことにより雇用システムにも変化が生じている．

観光産業は，時間あるいは季節などによる労働需要の差が激しい．そのため慢性的な労働力の過剰・不足の状態にあるが，終身雇用や年功序列，正規社員を中心とした日本的雇用システムでは，人件費の増大や労働力の過剰・不足の問題に

対応できなくなった．人的資源が非常に重要な観光産業においては，労働力需要の繁閑の厳しさに応じた柔軟な人的資源管理が必要になり，人件費の削減や労働生産性を向上させるため，非正規社員の効率的活用が重要とされる．

13.3　柔軟性理論（人件費の変動費化）

　観光産業では固定費として扱われてきた人件費を変動費化し，景気変動・業績変動などに即応するための手段として，数量的柔軟化戦略としての非正規雇用を積極的に活用してきた．ここでは柔軟性理論についてまとめる．

　労働の柔軟性とは，変動する経済状況に対して労働力，労働時間，賃金などを調節できる可能性および能力である．労働の柔軟性に関しての概念や類型は学者により少しずつ異なっている．また，経営環境の変化に適応する各企業の態度や経営理念により，労働の柔軟性を取り入れる方式はそれぞれ違ってくる．柔軟性に関する概念や分類には多少の違いはあるが，内容的には大幅な差はない．以上の議論をもとに労働の柔軟性を以下のように要約できる．

　外的・量的柔軟性：　労働市場の変化，企業と労働市場間の関係で柔軟性を追求する．例えば経済の状況や市場需要の変化に対し，企業が雇用量と賃金水準の量的調整や請負・派遣などを通じ外部化する戦略を持っている．

　内的・質的柔軟性：　企業内部の生産技術と作業組織の質的再編成などを通じ生産方式を柔軟化する．例えば労働者を配置転換などにより多能工として育成する戦略を取り入れる．

　上述のように観光産業では，数量的柔軟化戦略としての非正規雇用を積極的に活用してきた．非正規雇用のメリットとしては，「人件費の削減」，「雇用の柔軟性の確保」，また，正規雇用者をコア業務に集中させ，反復的で単純な業務に非正規雇用を使用することによる，「人力活用の効率性」などを挙げることができる．一方，デメリットとしては，「組織へのコミットメントの欠如」，「熟練維持の困難」，「教育・訓練費用の発生」などが挙げられる．非正規雇用の賃金は安くてよいという考え方は捨て，能力と勤勉さに比例した十分な待遇をし，それに見合う高い成果を期待すべきである．

　1人あたりの賃金単価を削減せずに，スキルの向上を大きく必要としない職種に限って，非正規雇用を積極的に活用できる労働市場の条件が整えば，固定費の変動費化につながることになる．

〔金　蘭　正〕

13.4 感情労働とは

13.4.1 サービス産業の特徴と感情労働

　観光産業の発展は，前述したとおりサービス労働を担う人材に大きく依存している．そのため，ホスピタリティ産業において組織の効率性を高めるための従業員の行動特性に関する研究は，数多く行われてきた．その1つとして注目を集めているのが「感情労働」である．

　感情を1つの労働要素として把握しようとする研究は，社会学者 Hochschild によって初めてその概念が提示され，それ以降，急速に進展した．

　サービス業の従業員は，接客の現場でサービスが顧客の意に沿わなかったために顧客からクレームを受けるなど，様々な耐え難い状況に追い込まれる場合がある．しかしそのような状況の中でも，顧客が望んでいる反応を作り出すために，自分の感情をコントロールしようと努力する．このような努力を Hochschild は「感情労働」として概念化した．つまり感情労働とは，職務を効果的に遂行するため，「公的に観察可能な表情と身体的表現を作るために行う感情の管理であり，賃金と引き換えに売られ，交換価値を有するものである」(Hochschild, 1983)．

　人的サービスの役割が重要であるホスピタリティ産業では，サービス提供者と顧客との間の相互作用が，顧客が認識するサービスクオリティの体験のポイントになる．そのため，従業員の行動や感情表現を適切にコントロールすることが課題とされるようになった．多くの雇用主は，従業員の笑顔と収益の増加には高い相関関係があると認識している．親しみと熱意の表現は顧客満足を増加させ，直ちに販売を伸ばし，反復的な取引を増加させ，結局は財務的成果を上げることになる．そのため，顧客が接客従業員を困らせることがあっても，ネガティブな感情表現は禁止され，従業員にはその状況をポジティブな経験に変えることが職務として要求される．その結果，従業員は喜び，驚き，恐怖，上機嫌などの感情表現を戦略的に操作し，顧客が望んでいる特定の心理的状態を作ることによって，顧客との感情交換を行うようになる．

　例えばホテル従業員は，顧客のわがままな態度や，人格を無視するような言動に対しても怒ることはできず，組織から要求される笑顔で対応しなければならない場合が多い．

13.4.2　観光産業における感情労働

どの企業にとっても，エンカウンターの社員が常に顧客のニーズや期待に十分に配慮するよう努力することは重要である．

サービスは，サービス提供者と顧客との相互プロセスそのもので，サービス提供者と顧客は不可分の関係にあり，サービス提供者は顧客サービス評価にとって重要な要素である．さらに，サービスの核心が目にみえないこと，サービス結果がときに識別できないことにより，顧客は品質を判断する際の手がかりをサービス従事者に求めている（Raymond et al., 2005）．

このような特質のため，サービス品質の評価は難しいといわれる．そこでサービス提供者のサービス態度，つまり表面的な行為が，商品やサービスに対する顧客の認識に強く影響を与える可能性を示唆する（Bowen et al., 1989）．

したがってサービス提供者は，顧客との相互作用の過程で，組織が決めた特定の感情を顧客に表現するように要請される．たとえそれが自分の本当の感情ではないとしても，感情管理を通じて組織の目標に応じるように要請される．

航空会社の客室乗務員，ホテル従業員，ツアーコンダクター，ウェイター，遊園地の従業員など，観光産業の接客担当の従業員は顧客へのサービスそのものであり，顧客に対して組織を代表する存在である．

13.5　感情労働と組織管理

13.5.1　組織の表現規則

人は必ずしも感じたままを表情などで表出するわけではない．特に社会的状況では我々は表示規則（display rules）と呼ばれる文脈情報，すなわち男であるとか女であるとか，人前であるとか，置かれた状況の違いとか，文化的もしくは個人的に定められた感情表出の管理の下で表出を行っている（Saarni, 1982）．表示規則には3つの種類があるとされている．第1は向社会的表示規則で，他者の感情を思いやる規則である．他人の気分を悪くさせないよう，その人の欠点を見つめたり，あげつらったりしないようにすることである．第2は自己保護的表示規則で，自我水準を守る規則のことである．第3は自己中心的表示規則で，状況によって他者の感情を判断する規則を指す（濱ほか，2003）．

Hochschild（1983）は，伝統的な労働階級や技術職労働者の場合は行動や労働の結果によって管理されるが，サービス業の場合は個人の感情が管理の対象になると主張した．また顧客との相互作用が多いサービス業における，従業員たちの

あるべき感情反応については，顧客と従業員の両側に普遍的な期待が存在すると主張している．このような期待は，社会的規範，職業的規範，組織的規範の作用である（Rafaeli and Sutton, 1989）．

組織における感情表現の規範は，管理者により採択され，管理手段として働く（Rafaeli and Sutton, 1987）．つまり顧客との相互作用の際，顧客に伝えられる感情表現は顧客の購買行動に影響を与え，その結果，組織の目標達成に影響するという期待から組織の感情規則（felling rules）が現われるようになる．

サービス組織は多様な方法を用いて，従業員が自分の感情を組織の要請どおりに表現するよう誘導する．組織側が感情労働のコントロールに使う代表的な手段の1つが感情規則である．感情規則は表示規則と違い，そもそもその場にふさわしい感情を表出するだけではなく，実際にそう感じるべきだと指示するガイドラインである．

感情規則はポジティブ，ネガティブ，中立の3つに分類される．ほとんどすべてのサービス組織はポジティブな規則を持っており，従業員は楽しさ，嬉しさ，丁寧さなどの表現を要請される．例えばデルタ航空社のアシスタントは，乗客の要請に対しいつでも対応する準備ができているという感じを伝えるように努力し，また航空旅行に不安感を持っている乗客に対しては終始一貫，安定感のある笑顔をみせなければならない．

一般的にホスピタリティ産業においては，特に従業員の行動を抑制するための感情規則が備えてある．感情規則に基づき，サービス提供者たちは顧客から不愉快な言葉を言われても，怒りを隠して明るく親切な態度をみせることが期待されている．感情規則は，従業員に企業が要請している公的イメージを作らせるために使用されており，このイメージは顧客から企業に対する満足や愛顧（patronage）などの反応を引き出すことを保証してくれる．

13.5.2　感情労働と感情消耗

感情労働は，前述のとおり本当の感情とは異なる感情を偽って表現することであり，本当の感情を意図的に抑えるなどの行為によって遂行される．そのため感情労働者は，仕事を通じて感情消耗を経験するようになる．感情消耗（emotional exhaustion）は，他人との接触が多い組織の構成員の間で発生する，過度な精神的・感情的要求により，エネルギーを使い果たした状態の反応と関連する特定のストレスである（Jackson, et al., 1986）．これは，感情的に使い果てた状態と，

そのために枯渇した感情のことをいう．

　感情的に枯渇している人は，ただマニュアルどおりに人に接するようになる．一般的にサービス提供者は顧客の福利に対する責任を持っている．この責任感はサービス提供者に相当な苦しみを経験させるようになるとされる．つまり，顧客との頻繁で持続的な相互作用をする従業員は，高いレベルの感情消耗を経験するようになる（Maslach, 1982）．さらに Maslach は，援助役割（helping roles）をしている人の場合，自分の役を演じるために感情的努力を注いだときに最も感情消耗になりやすいことも確認した．

　「感情労働により，感情消耗が増えるのか？」という問いに対する解答を求めるために，研究者たちは役割葛藤理論（role conflict theory）の観点からこの問題を調査してきた．役割葛藤は，個人のニーズと価値，それに役割として定められている他人の要求との間の葛藤を意味する（Morris and Feldman, 1997）．例えば従業員に笑顔を要求する組織の表現規則は，2つの反応を起こす可能性がある．自然に笑顔になりたい気持ちの場合には，このような企業の要求は簡単に相反した結果をみせたりはしないだろうが，経験感情が笑顔を表現できない場合であれば，企業側や顧客側から期待された感情と経験感情の間の葛藤は，結果として生じる可能性があると主張した（Abraham, 1998）．

　つまり感情消耗の重要原因は上述の役割葛藤であり，感情労働と感情消耗は正の相関関係があることがわかった（Jackson, et al., 1986）．以上の内容から感情消耗は，感情労働の結果要因になりうることがわかる．

13.5.3　感情労働と職務態度
a．職務満足
　職務満足は，感情労働の結果としてしばしば言及されてきた．これは仕事の評価に関する，愉快でポジティブな感情状態と定義される概念である．研究者たちは，感情労働をどのように遂行すれば，職務満足が増加または低減するかを研究してきた．

　Hochschild は，感情労働の遂行方法について，"演技"に基づいて「表層演技（surface acting）」と「深層演技（deep acting）」の2つを提示した．表層演技とは，実際に感じる感情とは違う，組織から要請される感情を表すときに，表面上の顔つきや声，身振りだけを変えようとする努力のことをいう．深層演技とは，従業員の感情が企業から要求される表現規則と合わない場合に，組織から要請さ

れる適切な感情を自分自身のものとして体現するため，企業によって行われた訓練や自分の経験を用いる努力のことをいう．

　Grandey（1999）は，表層演技と深層演技は両方とも職務満足とは負の関係にあるだろうとの仮説を立てて検証した．結果，職務満足は表層演技（－0.50），深層演技（－0.23）の双方ともに負の相関関係があることが明らかになった．関係の方向は同じではあるが，その大きさは異なる．

　以上のように感情労働と職務満足に関する研究では，感情労働は職務不満足を誘発させると結論を出しているほか，感情労働の辛抱に対する差異は従業員によって異なる可能性がある．つまり生得的に異なる特性を持っている個人は，感情労働を遂行する際に異なるタイプの演技（acting）を選ぶ可能性がある．演技におけるこのような差異は，感情労働においても異なる結果を導くようになる（Chu, 2002）とし，個別的な要因の重要性を強調した結果もある．今後さらなる研究を進めていかなければならないだろう．

b．従業員のサービス態度

　感情労働という概念が提示されて以来，特にサービス産業を対象とした研究が盛んに行われているのは，従業員の感情管理は顧客に提供されるサービスクオリティに直接的に影響を与えるからである．

　顧客へのサービス遂行は，技術的クオリティ（technical quality）と機能的クオリティ（functional quality）で構成される（Raymond, et al., 2005）．技術的クオリティとは，例えば素晴らしい食事や予定時刻どおりの飛行機の運行のような，有形的な結果を意味する．機能的クオリティとは，従業員の友好的で誠実な態度などのようなサービスデリバリのスタイルを意味する．この場合のクオリティは，従業員が顧客との相互作用の際に作り出す対人スキルに左右される．

　実際，従業員のポジティブな感情表現が組織の業績を上げるということは常識的な経営の信念である．笑顔のようなポジティブな感情表現は，テーブルサービスの際，多くのチップを保証してくれるなど，望ましい顧客サービス遂行を示すものになる（Adelmann, 1995）．したがってポジティブな感情表現を得るための感情管理は，当然必要なことであると認識されている．最近の研究においても，顧客サービス遂行は従業員により行われるサービスクオリティといわれており，重要性が確認されている．

　Ashforth and Humphrey（1993）は，感情労働とサービス遂行がポジティブな関係にあるためには，感情表現は本心であるように知覚されたに違いないと主

張した．したがって表層演技を行うほど顧客サービス遂行態度は悪くなりやすく，深層演技を行うほど顧客サービス遂行態度はよくなる傾向があると結論づけることができる．つまり，接客従業員の感情管理はサービス遂行態度に影響を与え，さらには顧客満足にも影響を与えるのである．　　　　　　　　　　［崔　錦珍］

●人的資源管理の定義に関する先行研究

DuBrin（1981）は，人的資源管理を，人的資源の効果的にして効率的な利用に向けて，特定化された概念，方法，技術，専門的判断を提供する組織の機能として定義づけた．

Beer, et al.（1984）は，組織と従業員の関係の特性に影響を与えるすべての管理上の決定と行為を含む概念と規定した．さらに，究極的には組織のコンテクストのすべての面の開発を意味するものであるとも言明した．

Cascio（1986）によれば人的資源管理は，概括的に，企業運営の有効性と労働生活の質の両者を改善しようとする広範な行動科学と経営技術を代表する用語として規定される．また，組織構成員の募集，選抜，定着，育成，活用に関わるものであると規定した．

Armstrong（1992）は，組織で働いている人々をその組織の価値ある資産として捉え，人的資源管理は，こうした価値ある人的資産を管理する戦略的で一貫したアプローチであるとする広い定義を与えた．

中井（1992）は，人的資源管理は既存の人事関連領域としての人事計画，組織開発などの知見をベースとして，変化する条件下で組織の戦略的対応の中で生起したものであり，組織の人的資源の確保と有効活用をとおして，組織の有効性と従業員の労働生活の質を改善しようとする統合的なマネジメントプロセスとして理解されると述べた．

三戸（2004）は，人的資源管理とは，人間を物的資源とならぶ人的資源として捉え，人間の持つ諸特性を可能な限り科学的・数値的に把握し，組織目的に向かって可能な限り機能的に資源として処理しようとするものであると定義した．

●感情規則

感情規則とは，他人の目にふれる感情の表出だけではなく，そもそもその場にふさわしい感情を実際に感じるべきだと指示する規則を指す．例えば「葬式では悲しむべきだ」という感情規則を身につけていれば，喪服を着て通夜や葬式に列席していることを自覚したときに，悲しくなり涙が出る．人は自分の内的・外的反応をモニターし，感情規則を踏み外さないよう自己統制を行う．そ

れが感情規則の働きなのである（金井・高橋，2008）．ホスピタリティ企業では接客の際，顧客にみせるべき微笑みを本当にそう感じるように，規則として指示している．

●エンカウンター
　エンカウンターの事典的な意味は「遭遇すること，接触，出会い」である．サービス現場では，サービスを購買する顧客が従業員と接触する時点をいう．この接点で顧客の行動を理解し，満足させることによって，そのサービス企業に対する顧客の第一印象が決まるようになる．

文　献

海老原靖也（2005）：ホスピタリティー入門，大正大学出版会．
金井壽宏・高橋　潔（2008）：組織理論における感情の意義．組織科学，**41**(4)：4-15.
中井節雄（1992）：人的資源管理の生成と発展．大阪商業大学論集，**92**：1-16.
濱　治世・濱　保久・鈴木直人（2003）：感情心理学への招待―感情・情緒へのアプローチ，サイエンス社．
三戸　公（2004）：人的資源管理論の位相．立教経済学研究，**58**(1)：19-34.
Abraham, R. (1998)：Emotional dissonance in organizations：Antecedents, consequences, and moderators. *Genetic, Social, and General Psychology Monographs*, **124**(2)：229-247.
Adelmann, P.K. (1995)：Emotional labor as a potential source of job stress. Organizational Risk Factors for Job Stress（Sauter, S.L. and Murphy, L.R. eds.）, American Psychology Association.
Armstrong, M. (1992)：Human Resource Management：Strategy & Action, Kogan Page.
Ashforth, B.E. and Humphrey, R.H. (1993)：Emotional labor in service roles：The influence of identity. *Academy of Management Review*, **18**(1)：88-115.
Beer, M., et al. (1984)：Human Assets, Free Press.
Bowen, D.E., Siehl, C. and Schneider, B (1989)：A Framework for analyzing customer service orientations in manufacturing. *Academy of Management Review*, **14**(1)：75-95.
Cascio, W.F. (1986)：Managing Human Resources, McGraw-Hill.
Chu, K.L. (2002)：The effective of emotional labor on employee work outcomes. Unpublished doctoral dissertation, Blacksburg, Virginia University.
DuBrin, A.J. (1981)：Personnel and Human Resource Management, D. Van Nostrand.
Grandey, A.A. (1999)：The effective of emotional labor：employee attitudes, stress and performance.Unpublisheddoctoral dissertation, Colorado State University.
Hochschild, A.R. (1979)：Emotion work, feeling rules, and social structure. *American Journal of Sociology*, **85**(3)：551-575.
Hochschild, A.R. (1983)：The Managed Heart：Commercialzation of human felling［石川　准・室伏亜希 訳（2000）：管理される心：感情が商品になるとき，世界思想社］．

Jackson, S.E., Schwab, R.L. and Schuler, R.S. (1986)：Correlates of burnout among public service lawyer. *Journal of Occupation Behavior*, **8**(4)：339-349.

Maslach, C. (1982)：Burnout：The Cost of Caring, Prentice-Hall.

Morris, J. and Feldman, D. (1997)：Managing emotion in the workplace. *Journal of managerial Issues*, **9**(3)：257-274.

Rafaeli, A. and Sutton, R.I. (1987)：The expression of emotion as part of the work role. *Academy of Management Review*, **12**(1)：23-37.

Rafaeli, A. and Sutton, R.I. (1989)：When cashiers meet customers：An analysis of the role of supermarket cashiers. Academy of Management Journal, **32**(2)：245-273.

Raymond P.F., Stephen J.G. and Joby, J. (2005)：Interactive Service Marketing ［島田稔彦・戸谷圭子 監訳（2005）：サービス・マーケティング入門，法政大学出版局］.

Saarni, C. (1982)：Social and affective function of nonverbal behavior. Development of Nonverbal Behavior in Children（Feldman, R.S. ed.）, Springer-Verlag.

14 接遇と顧客満足

14.1 日本のおもてなし

14.1.1 茶の湯にみるもてなしの精神

a. 遠慮の配慮

茶の湯では，亭主が客人に対して殊更に心遣いをみせないことを高く評価する傾向がある．

客人が茶事の帰り際に茶室の外にある雪隠（トイレ）に入った途端，小雨が降ってきた．すると，亭主は傘を持って雪隠に向かい，中に向かって声をかけることなく，黙って生垣に傘を立てかけ母屋に戻ってきたという．茶人である客人は，このさり気ない気遣いに納得し，感動する．これが茶の湯の心得である．傘を手渡さないのは非合理的で，相手に意図を伝えて傘を手渡せば無駄がないという見方もあるだろう．しかし茶人は合理性よりも，手間をかけてでも「相手に気遣いをさせないための，気遣いをすること」を重視する．例えば亭主が茶碗の絵柄部分が客人の正面に向くように置くのも亭主の配慮であり，客人が絵柄に口をつけるのは失礼にあたると遠慮し，茶碗を回してから口をつけるのも，客人の配慮なのである．このように亭主と客人がともに配慮し合うのが茶の湯におけるもてなしの心遣いといえよう．

b. 主客一体

室町時代，僧侶の村田珠光（1423-1502年）によって型が作り上げられた茶道は，室町時代末期には武野紹鷗（1502-1555年）が「侘数奇」を唱え，茶人が自ら人々をもてなすことが好きであると公言していたことから，茶道を「数奇」，茶人を「数奇者」と呼ぶようになった（武光，2008）．客人が感謝の意を表すと，亭主である茶人は「私が好きでやったことです」と答え，この精神性に理解を示した人々によって日本の品性が形作られていったとされている．

その後，茶の湯は，武野紹鷗の弟子である千利休（1522-1591年）によってさらに高められていく．千利休は，懐石料理は海老なます一品でもよいが，亭主は客人と食事をともにせず給仕に徹すべしとし，一方の客人には亭主の意図を汲み，

趣向を読み取ることで茶事を盛り上げ，感謝の気持ちを表現することを求めた．茶の湯では茶道具や掛け軸，一輪の花などによって構成される「空間」と進行する「時間」を「場」として捉え，亭主と客人がともにその場を創り上げていく主客一体の座，いわゆる「一座建立」をその世界観としている．

14.1.2　西欧のホスピタリティと日本のおもてなし

a．ホスピタリティ

『新約聖書』の〈ローマ人への手紙〉第12章第13節には，「貧しい聖徒を助け，努めて旅人をもてなしなさい」とあり，〈ペテロの第一の手紙〉第4章第9節には「不平を言わずに，互いにもてなしあいなさい」と記述されている．このように聖書にみる「ホスピタリティ」には「もてなす」という「行為」そのものが含まれていると考えられる．またホスピタリティという用語は，当初，私的な歓待の意味で使われていたが，次第に金銭による交換を含む業態として使われるようになり，ホテル業をホスピタリティ産業と呼ぶようになった．つまり「ホスピタリティ」とは行動を伴った概念であり，「招待客を楽しませる」，「歓待する」といった動作を伴う点において，日本語の「もてなし」と類似性が高い．しかし「ホスピタリティ」には，茶の湯のような「ある決まりごとに基づくもてなし」といった意味は含まれていない．

b．礼儀作法

海外に初めて日本文化を紹介した新渡戸稲造は，著書『Bushido：The Soul of Japan』（1899年）の中で，茶の湯は芸術であり，かつ折り目正しい動作をリズムとする詩であるとともに，精神修養の実践方式であると述べている．茶の湯には快適な時間と空間を過ごすための作法や決まりごとが主客双方に課せられているが，茶人は他者を気遣う心も決まりごととして身に付けているため，作法を知らずに型を外した振舞いをした人を軽蔑することはしない．日本人は四季を背景に，最も心のこもった接し方をしようと努めてきた結果，独特の礼儀や作法を生み出し，それらを身に付けた人々の中で品性がもたらされてきたと考えられている．茶の湯に限らず日本には和室での寛ぎ方や食事の仕方などにも様々な決まりごとがあり，それらは他者をもてなすときの配慮として現代にも継承されている．

ただし，日本におけるもてなしの決まりごととは，単にルール化された約束ごとのみを指すのではない．そこには，日本人ならではの価値観が存在している．

14.1.3 もてなしの決まりごと

a. 道を究める

新渡戸は，何事にもそれを為すためには最善の方法があるはずだとし，その最善の方法こそが「最も無駄がなく，最も優美なやり方になる」と考えた．茶道具の扱い方には作法があるが，緩急をつけながらも流れるように身体が運ばれていく動作にはまったく無駄がない．無駄な動きを削ぎ落とし，動作を洗練していく中で「まとまりとしての美しさ」が現れてくるのである．ただし，この洗練された動きを自分のものとするためには，弛まぬ努力と強い意思が求められる．日本人が洗練された美しい動作にこだわる背景には，このようにして身に付けた所作の美しさは「道を究めた者だけが，得られるもの」と考えるからである．日本人は，精神修行を為し終えた強い信念に対し畏敬の念を抱くとともに，美しい所作の中に芸術的価値を見出すことで礼儀を重んじるという特有の価値観を育んできたと考えられる．

b. 洗練された所作

日本の接客サービスが注目される背景には，相手への配慮に加え日本人特有の価値観に基づく「もてなしの決まりごと」を忠実に行うサービス提供者の意識と接客技術の高さがある．接客現場の責任者は，サービス提供者に対し「心を込めてもてなしなさい」と頻繁に指示を出す．「心をこめる」とは，全身に神経を行き渡らせて無駄な動きを省きすべての所作を美しく行うことを意味する．

昔，日本では，器の持ち方ひとつでその人の品性がわかるといわれていた．汁物を入れる器を両手で包み込むように持つのが公家の持ち方，器を横から掴んで片手で持つのが武士，左掌に器をのせ右手を添えるようにして持つのが商人の持ち方である．そして，片手で鷲掴みに持つのが品性のない農民の持ち方とされていた．しかし茶の湯から派生した作法は徐々に一般にも広まり，食事の作法だけではなく和室での立ち居振舞いなどにも影響を及ぼし，日常の決まりごととして暮らしの中で定着してきた．これらの決まりごとが洗練された所作を生み出し，「おもてなし」の原型を形作ってきたと考えられる．

14.2 向社会的行動と配慮行動

14.2.1 援助行動と配慮行動

a. 高度な認知能力

向社会的行動とは，他者に対して自分の時間やお金といったコストをかけて，

外発的報酬（extrinsic reward）を求めずに自発的に行う行為を指す．外発的報酬とはお金や肩書，地位など目にみえる報酬のことで，相手の喜ぶ顔がみたい，あるいは感謝されたいといった自身の内面を満足させる報酬は内発的報酬（intrinsic reward）と呼ばれる．向社会的行動には，困っている人を助ける援助行動（helping behavior）と，困っていない人を喜ばせるために行う配慮行動（considerate behavior）の2つがあり，いずれの行動にも相手の立場に立って考える役割取得（共感性）は欠かせない．

しかしサービス提供者には，役割取得以外にも相手の感情や欲求を行動や状況から読み取るための高度な認知能力が求められる．例えば顧客が「この料理，美味しいわね」といいつつも料理を残した場合，サービス提供者は自身の経験や知識の蓄積から同様の顧客行動や態度を探り当て，顧客が満足していないことを察知しなければならない．接客現場には「客に聞くな，客を見よ」という言葉があるが，このような推察力は日本のおもてなしには不可欠な能力といえよう．

b. 配慮行動の進化

配慮行動が接客現場で提供された場合，顧客はそれらがサービス提供者の個人的な配慮によるものだと認知しながらも，「気が利く従業員」あるいは「サービスがよい店」というように「従業員」や「店」を評価する．つまり個人的配慮行動は，接客現場ではサービス行為の一部，「配慮行動を伴うサービス」（considerate service）として認知される．「配慮行動を伴うサービス」は他のサービス提供者に模倣され，集団内に暗黙のルールとして定着していく．その後，すべてのサービス提供者が同一サービスを均質に提供できるように，「配慮行動を伴うサービス」は形式知化（いわゆるマニュアル化）され，組織が提供する「標準化されたサービス」（generalized service）として規格化される．

例を挙げよう．図14.1で示すように，下駄を一列に並べるという「配慮行動を伴うサービス1」(a) は，他従業員の模倣と組織によるマニュアル化を経て「標準化されたサービス1」(b) となる．この標準化されたサービスに下駄を1足ずつ離して並べるという「配慮行動」(c) が加わることで，(b) は，新たな「配慮行動を伴うサービス2」(d) へと進む．(d) は (a) 同様，他従業員の模倣と組織のマニュアル化を経て「標準化されたサービス2」(e) として定着する．さらに，(e) に左右の下駄を離して置くという「配慮行動」(f) が付加されることで「配慮行動を伴うサービス3」(g) が誕生する．この繰返しが，サービスが高次化していく過程であり，このプロセスによって生み出されていくサービスを「ハイコ

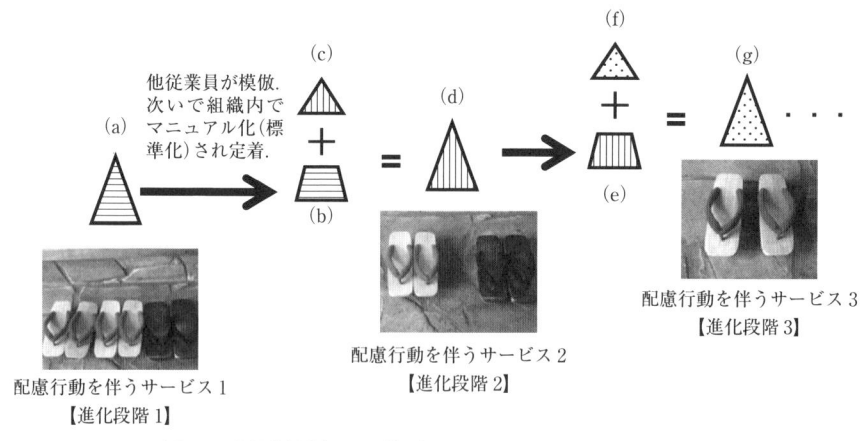

図14.1 「配慮行動」から「標準化されたサービス」への変換事例

ンテクストサービス」(high-context service) と呼ぶ.

14.2.2 ハイコンテクストサービス

a. ハイコンテクストサービスの構成要素

ハイコンテクストサービスは,段階ごとに「配慮行動」,「配慮行動を伴うサービス」,「標準化されたサービス」の3つの要素によって構成され,各要素は相互依存性を持ちながら複合的に連結している.例えば配慮行動進化モデル(図14.2)の上位段階で行われるサービスでは,料理を持って行くという「標準化されたサービス」に,顧客の食べるスピードに合わせるといった「配慮行動を伴うサービス」や器を温めてから料理を盛り付けるといった「配慮行動」を連結させながら,料理提供というハイコンテクストサービスを完成させていく.しかし経営者が「料理は出来上がった順に提供するのが効率的であり,顧客がすぐに食べれば器を温める必要はない」と合理的に判断した場合,料理を持って行くという標準化されたサービスに新たな文脈は生まれない.このように組織の経営判断に基づき,ハイコンテクストサービスから分岐した「標準化されたサービス」だけで構成されるサービスを「規格型サービス」(standardized service) と呼ぶ.

b. 規格型サービス

規格型サービスの接客レベルは,業態や顧客層,人件費を含むコストなどを経営者が勘案し,ハイコンテクストサービスから分岐することで決定される.また,

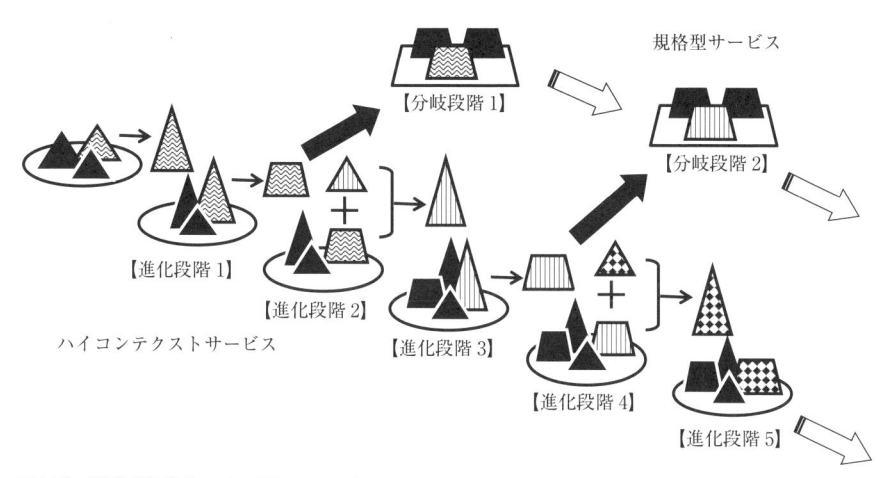

図 14.2 配慮行動進化モデル（The evolutionary model of considerate behaviors in the service providing）Fukushima（2011）より．

ハイコンテクストサービスが従業員の個人的配慮によって自発的に進化していくのに対し，規格型サービスは組織の上層部や運営責任者が，顧客の声や従業員の提案を既存マニュアルに取り込んでいくことでサービスレベルを向上させていく．しかし最近の規格型サービスでは，サービス提供者が顧客を喜ばせるためにパフォーマティブ労働をすることも少なくない．顧客の誕生日にレストランのサービススタッフが歌を歌ったり，クリスマス時期にコンビニエンスストアの店員がサンタクロースの格好をしたりといったパフォーマンスを目にしたこともあるだろう．ハイコンテクストサービスがサービス提供者の推察力によって顧客ニーズを探索するのに対し，規格型サービスはサービス提供者のパフォーマンスによって顧客支持を高めようとする点に，両者の違いがある．

14.2.3　日本型サービスの海外輸出
a. 文化，社会的背景

茶の湯の世界観にもみられるように日本人は，相手の言動から相手が望んでいることを推察し，相手が口にする前に実行することを高く評価する傾向がある．このことは四方を海で囲まれた島国日本が，公的には，同一文化あるいは同一の社会的背景を持つ単一民族国家として発展してきたこととも無縁ではない．同じ民族として他者の考えを理解しやすいという背景が日本人の推察力を磨き，配慮

行動に端を発した日本型接客スタイル，ハイコンテクストサービスを進化させてきたのではないかと考えられる．一方，多民族国家である米国は，英語を母語としない人々を平等に雇い公平に扱う手法の1つとしてマニュアル型サービスを開発し発展させてきた．自分の考えを明確に述べることを重要視する米国人にとって，非合理的な日本型サービスは理解しがたいものかもしれない．

b.「OMOTENASHI」の世界進出

経済がグローバル化していく中で対人サービスに求められるのは，合理性や効率化だけではなく，文化や社会的背景が異なる他者の心情を推察し，相手を不快にさせない態度と配慮をもって礼儀正しく接する日本型の接客スタイルといえるだろう．和倉温泉（石川県）の老舗旅館加賀屋は2010年12月，台湾の北投温泉に台湾企業と合同で日本式旅館「日勝生加賀屋」を開業し「おもてなし」の海外輸出に着手した．2012年7月には，同社が中心となった「おもてなしによる日本旅館海外展開プロジェクト」が経済産業省の「平成24年度クール・ジャパン戦略推進事業（海外展開支援プロジェクト：中国における旅館サービス，食，工芸品分野）」に採択され，同年12月には日本のおもてなしに関する講義を中国遼寧省大連の教育機関で行っている．

今後，「OMOTENASHI」を海外に広めていくためには，このような公的な取組みに加え学術的見地から日本型接客サービスを解釈し，積極的かつ持続的に提言していくことが求められてくるだろう．　　　　　　　　　　　　　　［福島規子］

14.3　顧客満足とは

顧客満足（customer satisfaction）は観光サービスだけではなく，経営全般における中核的概念であり，その重要性については幅広く認識されている．企業側は顧客（消費者あるいは観光客）を満足させることに力を入れ，その見返りとして経営成果（財務的利益，市場シェアなど）につなげることを期待する．すなわち，サービス経営の最終目的は顧客満足に置く．顧客の立場から顧客を最優先に考慮し，顧客満足の向上のために持続的関係を推進していく経営手法である．

しかし近年，顧客が何を求めるのかがわかりにくくなったことが最大の問題になっている．その大きな原因としては，顧客自身が何をしたいのかわからないという現象が起きていることが挙げられる．この現象は顧客満足研究からもいわれ，顧客ニーズの曖昧さで表現されている．このような現象から判断するに，顧客を色分けし，一律的にサービスを提供する仕方は有効ではない．顧客ごとに異なる

14.3 顧客満足とは

サービスを提供することが重要である．すなわちマスサービス（一律的）からカスタマイズ（個別）サービスへのパラダイムが必要とされる．一律的サービスから個々の顧客に個別化されたサービスが求められることはわかったが，一体どのようなサービスを提供するべきなのか，そのサービス設計が難しくなってくる．

サービス設計をするには，まずは顧客価値（選択動機など）を把握しなければならない．個々のモノやサービスに対するニーズからみれば，選択属性は数え切れないほど多い．例えば，旅館に泊まる，またはホテルのレストランで食事する人々の選択動機は，ブランドイメージ，便利さ，ロケーション，安心感，くつろげること，美味しい料理，価格に合った品質，楽しげな雰囲気など，少し考えるだけでもいくつもの例が挙げられる（Lewis, 1985；Kang and Okamoto, 2004）．このような多様な選択動機があり，それぞれの期待に応えることは簡単ではない．

14.3.1 顧客満足度研究の代表的なアプローチ（期待不一致モデル）

顧客満足度の研究において代表的なアプローチとしては，Oliver（1997）が提唱した期待不一致モデル（expectancy disconfirmation model）が挙げられる．このモデルでは，顧客満足度はモノ・サービスを利用する前の期待（期待した行為）と，利用後に感じる効用（認知された行為）の差分から決定されるとしている．一連の研究から，顧客満足度に期待が影響を与えることが指摘されている．

ここで差分について説明する．まず，事前の期待より実際に感じる効用が大きく上回ると顧客は非常に満足すると予測され，再購買につながる可能性は大きい．しかし期待どおりのサービスである場合には，不満にはならないが再購買につながらない可能性は大きいであろう．最悪なのは顧客期待に至らない場合である．不満になることは当然ながら再購買はしないし，クレームにつながるケースもある．

また，顧客が形成する期待に関しても，達成されるべき期待（should expectation）と実現されたい期待（will expectation）

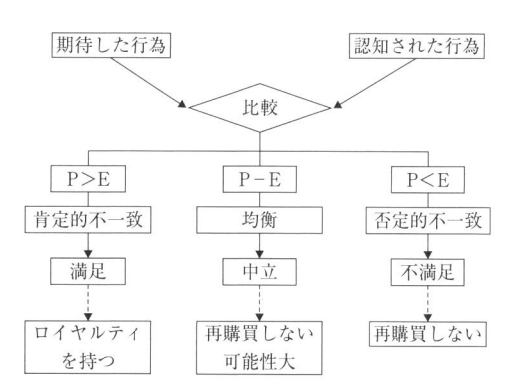

図 14.3 顧客満足の不一致モデル
P（perceptions）は，実際に認知された行為．
E（expectations）は，事前期待．
出典：James（1995）を修正．

によるサービスクオリティ（service quality）の知覚に違いがあると指摘されている（Boulding, et al., 1993）．顧客満足度に期待が関与すること，期待と一言でいってもその期待には区分があることが示されている．顧客それぞれの期待値は異なり，価値レベルも異なるので，たくさんの情報を収集することが重要である．

期待が高いほど購買確率が大きくなる一方，期待が高いほど失望も大きくなりやすい．期待を高めるべきか，それとも低めるべきか，サービス企業はこのようなジレンマに陥りがちである．

したがって，サービス企業のマーケティング活動では顧客の期待管理が非常に重要である．最も理想的な期待管理戦略は，顧客に提供するサービスを前もって正確に知らせ，顧客が願うサービス水準に合わせることである．顧客満足の水準を高めるためには，顧客に最も影響を及ぼす領域で，期待を継続的に充足させることが重要である．

14.3.2　顧客を満足させるための顧客理解

顧客期待とは，サービス成果（service performance）に対して顧客が持っている事前の信念（pretrial belief）と，実際に提供されたサービスを評価する基準（standard）または枠（reference）である（이, 2000）．

顧客購買を引きつけるのは，顧客ニーズではなく期待であることが明らかにされている（Kalwani, et al., 1990）．その期待の構造を少し考えてみたい．

図14.4をみると，期待をより理解できるのではなかろうか．顧客の購買行動には多様な期待が存在し，そのすべに応えるのは簡単ではないが，大きく3つに分けられる．

a. 望ましい水準

望ましい水準（desired service）とは，提供されたサービスに対する希望の水準，すなわち要求（want）と希望（hope）を意味する．これは顧客が望む（wished-for）サービス，望ましいサービスをいう．

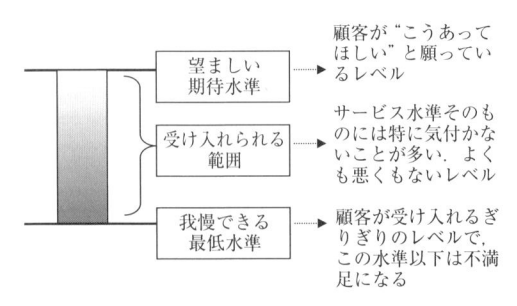

望ましい期待水準	顧客が"こうあってほしい"と願っているレベル
受け入れられる範囲	サービス水準そのものには特に気付かないことが多い．よくも悪くもないレベル
我慢できる最低水準	顧客が受け入れるぎりぎりのレベルで，この水準以下は不満足になる

図14.4　期待の構造
이（2000）を修正．

b. 受け入れられる範囲（許容範囲）

受け入れられる範囲（zone of tolerance）とは，望ましい期待と我慢できる最低水準の間にある領域であり，サービスの失敗が表面化しない．未発覚地帯（no notice zone）である．

提供されたサービスが期待以下であれば間違いなく失望し，不満につながるが，その許容範囲はサービスタイプによって変動する．

観光ビジネスの特性として，季節性があり，シーズンのオン・オフが存在することはよく認知されている．例えば週末のディズニーランドや真夏の海水浴場は，平日や冬の何倍も混雑することは観光客にも予測できるし，待機時間や高速道路の渋滞などへの許容範囲が広くなる．許容範囲はビジネスタイプや時期などによって変動する．

c. 我慢できる最低水準

我慢できる最低水準（adequate service）とは，顧客が不満なしに受容できるサービス水準，すなわち最小限の許容可能な期待レベル，または許容可能な成果の最低レベルを意味する．顧客は望ましいサービス水準を持っているものの，それがいつも充足されるとは限らないことを理解している．我慢できる最低水準は，経験に基づいて予測したサービス水準（predicted service）によって形成される．予測したサービス水準とは，顧客が該当のサービスビジネスから実際に受けられると期待したサービスのことである．

しかし顧客期待が不満につながるかどうかは，我慢できる最低水準に影響される．なぜならば，望ましいサービスは蓄積された経験に起因するが，一方で我慢できる最低水準は状況的要因によって上下両方向に動くからである．サービスの許容範囲は，我慢できる最低水準の変化によって変わる．

それぞれのサービス期待水準に影響を与える要因は何であろうか．サービス期待水準に与える影響要因には，内的要因（個人的ニーズ，マズローの5段階，関与度，過去の経験），外的要因（競争的代案，社会的状況，口コミ），状況的要因（顧客気分，天気，時間的制約），企業要因（企業の約束，価格，流通，サービス従業員，有形的証拠，企業イメージ）があると指摘できる（Kurtz and Clow, 1998；이, 2000）．

一方，顧客の好みは変化しやすいため，期待を満たし顧客満足を持続させるのは簡単ではない．したがって，顧客を維持するためには顧客を深く理解しなければならない．

14.3.3　顧客理解

　顧客満足について考えるにあたり，まずその根本として顧客価値の理解を優先させなければならない．顧客はサービスを提供されて初めて好きか嫌いかを自覚しているが，何を最も強く望んでいるのかをまだ自覚していない．あるいは問題の本質・所在さえも正確に認知できていない場合は，まず顧客が問題点を把握する手助けをして，顧客から欲求を引き出すプロセスが必要となる．次に，問題の具体的な解決策と，必要な商品やサービスを提案するという手順を踏まなければならない．

　サービスの価値は，顧客とのインタラクションにおいて顧客と共感できたかどうかによって最終的に確定される．ここが発想の原点となり，創造的発想を図る場でもある．例えば宿泊産業のサービス提供は，常にクオリティの一貫性（consistency）と多様なニーズに対応する連続である．現場では，顧客とのインタラクションにおいて，サービス提供側が提供する価値と顧客が持つ期待値とのギャップを埋めることが重要であり，マニュアルどおりにきちんと仕事をこなせるように指導がなされており，組織もシステム化されている．一方，従業員には様々な場面に臨機応変に対応できることが求められる．本人がそのサービス提供の顧客とのインタラクションの中で何かに気が付き，考えて行動できるように教育することが必要である．例えば旅館のサービスとして，お茶の提供サービスが実施される．日本の礼儀では一定の座り順が決められており，床の間があれば，それを背にした席が最も上座になり，次は床棚（床の間の隣の違い棚）の前の席…などの順になる．しかし顧客方が，その順序どおりに座るとは限らず，マニュアルどおりにはいかないことも多い．新入社員の教育では一応，顧客がその基本に忠実に座ることを仮想して教えているが，最近では，顧客が座ったのをみてから考えながらお茶をサービスするように心掛けていると多数の女将が述べている．

　対人サービスには長い歴史があるが，常に変らず顧客が中心であり，顧客の変化によく注目している企業は何十年，何百年と継承されてきている．

14.3.4　顧客満足を超える顧客感動

　顧客満足研究は，主にマーケティングやオペレーション管理の分野で発展してきたといってよいであろう．最終的に顧客満足を高めることで，顧客との長期的な関係性（customer relationship management）を構築したい．また，どのように達成するのかという問いの重要性がますます高まる．

14.3 顧客満足とは

　ここで，新たに顧客満足研究の動向を考えてみると，1980～1990年代にかけて理論的な研究が急速に発展してきた．その背景には情報技術の発展とともに個人の情報を収集し，分析できる環境が調整され，顧客のニーズを充足させるサービスに対する研究が活発になったことが挙げられる．また，組織を構成する人的要素，システム的構成要素を統合する方向へと向かい，その結果として，従業員満足を高めることで顧客満足が高くなり最終的には企業利益へ影響を与えるという因果関係（いわゆるサービスプロフィットチェーン）が注目されるようになった（Heskett, et al., 1994）．2000年代に入ってからみられる大きな動きとしては，サービスの技術的・機能的側面よりも，顧客が置かれている状況や環境を理解し，時・空間的相互作用を通して顧客価値を創出しようとする側面に焦点が当てられてきていることが挙げられる（Heinonen, 2004）．提供者の立場ではなく，サービスに対する顧客の立場からみた顧客経験も重要な論点になっている（Pine and Gilmore, 1999；Prahalad and Ramaswamy, 2003）．顧客とサービス提供者が共同創出する価値が重要であり，顧客を共同創出者（co-creator）として，顧客の参与を極大化させることが競争優位を確保することであるという，いわゆるサービスドミナントロジックの考え方も普及してきている（Vargo and Lusch, 2004）．

　最近の研究では，顧客の期待以上のクオリティやレベルのモノ・サービスを提供することで顧客に感動を与えることを意図している．顧客はよりよいモノを見つければそちらに移ってしまうことを知っている企業は，顧客からの高い期待に見合った高いパフォーマンスを目標としているのである．

　顧客感動（customer delight）は一般的に，顧客期待を超えた驚き（surprise）を伴う非常に肯定的な感性的なものである．感動的サービスは，顧客が期待していない状況で起きるといわれる．感動は単純な満足よりも強い共感を形成していくため長期的効果をもたらす．感動を経験した顧客は持続的な関係を維持するだけではなく，企業が新規顧客を創造するのに肯定的な口コミ（word-of-mouth）を広める役割をする．

　感動は喜び（joy），驚き（surprise）によって，または興奮（arousal），愉快（pleasantness）によって形成される．例えばリッツ・カールトン社のミスティーク（神秘性）は最高のおもてなしであるといわれている．顧客のさり気ない一言，「あれ？　どうして？」を大事にする．なぜならばミスティークは大きさに関わらず感動を引き起こすものであり，リッツ・カールトン社では，感動はお客

様への最高のおもてなしの1つであると語る．リッツ・カールトン社が目指しているのはよいホテルという位置づけではなく，感性豊かなホテルという評価である．このミスティークは偶然に起きるものではなく，チームワークによって生み出されるものである．徹底した計画性，社員同士の助け合いから生まれるのかもしれない．

　顧客志向的なサービス組織は，いつも顧客をサービス提供プロセスの中心において，顧客の期待がすなわちその企業の戦略となる考え方を持っている．常に顧客の視線を通してサービス提供の仕方を考えていくべきである．　　　［姜　聖淑］

● **ハイコンテクストサービス（high-context service）**
　サービス提供者が，顧客の状況や言動から顧客欲求や潜在的ニーズを推察し，決められたサービス（標準化されたサービス）に気配り（配慮行動）を付加することで顧客満足度を持続的に向上させていくサービスを指す．ハイコンテクストサービスは，以下の3条件がそろったときに生成される可能性が高い．①サービス享受者が特定顧客であること，②サービス提供者と顧客の接触回数が複数回にわたること，③1回あたりの接客時間が長いことである．これによりサービス提供者はじっくりと顧客を観察することができ，顧客にいわれる前に顧客の望みどおりのサービスを提供することが可能となる．しかし，サービス提供者がよかれと思って遂行した行為でも，人種や民族，国籍が異なればその真意が理解されない場合もある．ハイコンテクストサービスはFukushima (2010) の理論．

● **もてなしの決まりごと**
　茶道には，茶碗や茶杓，茶巾などの扱いに一定の決まった作法がある．緩急をつけながらも流れるように身体が運ばれていくこれらの所作にはまったく無駄がない．動作を割愛したり省略したりするのではなく，無駄な動きを削ぎ落とし，動作を洗練していく中で「まとまりとしての美しさ」が現れてくる．この洗練された動きを自分のものとするには弛まぬ努力と強い意思が求められるが，日本人が洗練された所作にこだわる背景にはこのようにして身に付けた所作の美しさが「道を究める」という考え方と連結している点にある．道を究めることは，常に平常心でいるという精神修行を為し終えた強い信念を周囲に示すことにもなる．日本人はその信念に対し畏敬の念を抱くとともに美しい所作の中に芸術的価値を見出すことで，礼儀を重んじる日本人特有の価値観を育んできたといえよう．また，もてなしの決まりごとには，伝統的な配慮も埋め込

まれている．例えば畳の縁は踏まない，もてなし支度が調ったら玄関口に打ち水をするといった決まりごとは，相手を不快にさせたり，不要な気遣いをさせたりしないための配慮でもある．

●顧客満足（customer satisfaction）
　モノ・サービスを利用する前の期待と，利用後に感じる効用の差分から生まれる複合的な心理状態を経て，個人の主観的な評価の結果生じるポジティブな感情的反応のこと．

●期待不一致モデル（expectancy disconfirmation model）
　モノ・サービスを利用する前の期待と，利用後に感じる効用の差分．

●顧客期待（customer expectation）
　サービス成果（service performance）に対して顧客が持っている事前の信念（pretrial belief）と，実際に提供されたサービスを評価する基準．

●顧客の価値レベル（customer value label）
　顧客が一定の財貨とサービスの購買を検討する際に，購入の意思決定を下す前に実施される一種の価値評価である．

●顧客感動（customer delight）
　顧客期待を超えた驚き（surprise）を伴う非常に肯定的な，感性的なものである．

文　献

青野太潮 訳（1996）：新約聖書Ⅳパウロ書簡──ローマ人への手紙第12章13節，岩波書店．
四方啓暉（2010）：リッツ・カールトンの究極のホスピタリティ，河出書房新社．
武光　誠（2008）：「型」と日本人──品格ある国の作法と美意識，PHP研究所．
筒井紘一（2004）：茶の湯百人一首，淡交社．
前田護郎 訳（1983）：新約聖書　第一ペトロ書──第4章9節，中央公論社．
岬龍一郎 訳（2008）：武士道　いま拠って立つべき日本の精神，PHP研究所［Nitobe, I.（1899）：Bushido ── The Soul of Japan, 新渡戸稲造全集第12巻，教文館（1969）所収の英語版を底

本とする].

Boulding, W., et al. (1993):A dynamic process model of service quality:From expectations to behavioral intentions. *Journal of Marketing Research*, **30**(1):7-27.

Fukushima, N. (2010):High-context service in the Japanese hospitality industruy. *Journal of Tourism, Hospitality & Culinary Arts*, **2**(2):11-17.

Fukushima, N. (2011):Theoretical approach to the characteristics of manual-type service derived from high-context service. Advancing the social science of tourism, June 28th - July 1st, University of Surrey (Unpublished, PDF:9p, http://epubs.surrey.ac.uk/7075/)2013年7月7日アクセス.

Heinonen, K. (2004):Conceptualizing customer perceived value:The value of time and place. *Managing Service Quality*, **14**(2/3):205-215.

Heskett, L.J., et al. (1994):Putting the service profits chain to work. *Harvard Business Review*, **72**(2):164-174.

James, J.W. (1995):Service encounter satisfaction:conceptualized. *Journal of service Marketing*, **9**(1):5-14.

Kalwani, M.U., et al. (1990):A price expectations model of customer brand choice. *Journal of Marketing Research*, **27**(1):251-262.

Kang, S.S. and Okamoto, N. (2004):A study of hotel choice criteria by lodging type. *Journal of Tourism and Leisure Research*, **16**(4):131-148.

Kotler, P., Dipak, C.J. amd Suvit, M. (2002):Marketing Moves, Harvard Business School Press [恩蔵直人 解説, 有賀裕子 訳 (2002):コトラー新マーケティング原論, 翔泳社].

Kurtz, L.D. and Clow, K.E. (1998):Service Marketing, John Wiley & Son.

Lewis, R.C. (1985):Predicting hotel choice:The factors underlying perception. *Cornell hotel and Restaurant Administration Quarterly*, **26**(2):86-99.

Park, K., Park, G. and Lee, J. (2008):Analysis of research trends and directions for future research of service and logistics area. *Productivity Review*, **22**(2):329-367.

Pine, B. J. and Gilmore, J.H. (1999):The Experience Economy, Harvard Business Press [岡本慶一・小 尚子 訳 (2005):[新訳] 経験経済, ダイヤモンド社].

Prahalad, C.K. and Ramaswamy, V. (2003):The new frontier of exprerience innovation. *Sloan Management Review*, Summer:12-18.

Oliver, R.L. (1997):The expectancy disconfirmation model of satisfaction (Oliver, R.L. ed.), Satisfaction:A Behavioral Perspective on the Consumer, McGraw Hill.

Vargo, L.S. and Lusch, R.F. (2004):Evolving to a new dominant logic for marketing. *Journal of Marketing*, **68**(1):1-17.

이 유재 (2000):서비스 마케팅, 학현사 [訳すと以下のようになる. ただし翻訳出版はされていない. Yi, Youjea (2000):Service Marketing, 学現社].

15 ポストモダンと観光

15.1 現代観光とポストモダン

　観光とポストモダン．この2つの言葉は，いかに関連付けられるのであろうか．
　ポストモダン論といえば，難解な用語や過度に婉曲的な表現が飛び交う現代思想の書物が思い浮かぶかもしれない．観光経営の現場でこの言葉が使用されることは皆無であるし，まして観光事業者の個別の活動を分析するツールとしてそれらの理論が応用されるとは考えにくい．
　しかしポストモダンをめぐる諸議論は，現代観光を理解するうえで重要な示唆を与えており，両者は密接な連関を有している．そもそもポストモダン論では頻繁に観光についての言及がなされ，これまでも多くの研究者がその理論的枠組みを観光の分析に積極的に援用してきた．ポストモダンの経験は，レジャーの文脈，特にテーマパークや観光地において特徴的に現出しているのであり（Featherstone, 1991），現代観光の分析は文化，とりわけポストモダニズムの消費文化との関連抜きには行いえないのである（Burns, 1999）.
　では両者の連関とは，具体的にいかなる側面に見出されるのだろうか．ここでは「ポストモダン（postmodern）」や，それをめぐる議論において用いられる「ポストモダニズム（postmodernism）」，「ポストモダニティ（postmodernity）」といった諸概念と観光を関連させる研究を簡単に紹介しながら，その含意を考察する．このような作業を通じ，ポストモダン論それ自体について検討するのではなく，近代以降の観光旅行における消費の特徴，そして現在の観光関連産業が置かれている社会的・文化的状況について示唆を得ることとしたい．

15.2 ポストモダンをめぐる諸議論

　一般にポストモダンという語は，日本においては1980年代から建築や現代思想の領域を中心に人口に膾炙してきた言葉である．同時に，ポストモダニティやポストモダニズムなど，重なりつつも含意の異なる言葉が並行して使用されている．ただしそれらの語の意味自体，論者によって必ずしも定まっておらず，頻繁

に言及される論者ですら，必ずしも自ら「ポストモダニスト」と名乗っているとは限らない．ここでもそれら諸概念を観光と関わる範囲で緩やかに捉え，幅広い研究を取り上げることとする．

　ポストモダン理論の代表的な論者として常に言及されているのが，フランスの思想家 Lyotard である．Lyotard（1979）が提起する近代＝モダン社会を支えてきた「啓蒙」や「発展」，「解放」，そしてそれらを支える「合理主義」や「科学的な知」といった諸前提への懐疑的な視線，すなわち「大きな物語」への不信感は，その後，幅広い研究領域に大きな影響を与えている．近代産業化社会の高度化とともに，その矛盾や問題が前景化してきた状況において，そもそも近代が基盤としてきた自明の前提それ自体を相対化し問い直す知的作業としてポストモダン論は位置付けられよう．

　ただしポストモダン論のすべてを彼が語っているわけではないし，ポストモダン論者があまねく同意しているわけではない．そもそも「ポスト」という接頭辞がついているように，この言葉には，モダン＝近代への多種多様な批判，あるいはモダン社会の枠組みの中では十分に把握されえないあらゆる事象や状況が包含されている．それゆえ，ポストモダンをめぐる議論を一義的に説明したり，定義したりすることは困難なのである（Brooker，1999）．

　なかでも，ポストモダンやポストモダニズムという用語を Jameson（1998）のように 1950～1960 年代を 1 つの分水嶺とする明確な時代区分として捉える立場がある一方で，Lash（1990）のように文化をめぐる領域に問題を限定し，その特徴的な様式について論じる立場も存在している点には注意が必要である．なぜなら，結果としてそれらの立場の違いは，観光研究に適用される場合にも文脈の異なる議論を引き出しているからである．

　例えば観光がポストモダン社会において，モダン社会が内包する様々な矛盾や問題を超克するうえで重要な役割を果たしうることを論じる安村（2001）の議論は，前者の立場をもとにした研究成果の代表例であるといえるだろう．他方で，近年の観光研究において頻繁に参照される Urry（1991）の「観光（者）のまなざし（tourist gaze）」論は，ポストモダニズムの消費文化と観光の密接な連関に着目している．

　さて，いずれの立場で捉えるにせよ重要なのは，ポストモダン論が現代観光の理解において示唆的な点とは何なのかということである．もちろんポストモダンをめぐる多様な議論を要約することは困難であるが，ここでは観光との関連に焦

点を当てながら，次の点を中心に考察したい．それは，Lyotard が示唆したような近代の産業化社会を支えてきた諸前提の瓦解，多くの論者がポストモダニズム消費文化の特徴としてたびたび指摘する文化の境界の融解，あるいはより広範な「脱分化（de-differentiation）」のプロセス（Lash, 1990），そして Baudrillard（1970）が提起した消費社会における記号やイメージ消費の前景化といった論点である．

15.3 観光のモダンとポストモダン

多くの観光研究のテキストにおいて，観光旅行の起源は近代に求められる．19世紀の英国で成功を収めたトマスクック社の存在に象徴されるように，近代西欧社会の産業化とともに観光旅行は広く大衆へと普及していった．

トマスクック社が1つの成功例を示した旅行業のビジネスモデルの要点は，前近代の旅行を大量生産・消費可能な商品として組織化したことにある．すなわち，個人単位で経済的にも技術的にも限られた階層にのみ許されていた近代以前の旅行に対し，事前手配による合理的・効率的な行程が組まれた観光スタイルであるパッケージツアーは，事前募集されることで大量の集客を可能とし，それゆえ安価で大衆へと提供されることになったのである．

第2次世界大戦後の観光旅行もまた，基本的に同様の枠組みによるものであった．標準化された商品を大量生産するというフォーディズムの観光旅行の領域における帰結が，団体パッケージ旅行やいわゆるマスツーリズムであったといえよう．そして，その結果もたらされた国際旅客数の爆発的な増加を支えていたのが，産業化された社会の地理的拡大とともに，鉄道や航空機をはじめとした科学技術の発展であった．Ritzer（1996）によれば，パッケージツアーとはファストフードチェーンのマクドナルドと同様の原理で合理化された旅行スタイルであり，そのような産業化のシステムが現代に至るまでの観光旅行の発展の基礎にあったといえる．その意味で，観光は近代＝モダン的な特徴を持った現象であると特徴付けられよう．

しかしながら，現在の観光の状況は，必ずしも最大公約数的で標準化されたパッケージツアーによってのみ代表されるわけではない．周知のとおり，日本の旅行市場でも消費者の嗜好は多様化し，個人旅行化の進展が叫ばれて久しい．SIT（スペシャルインタレストツーリズム）という言葉に集約されるように，消費者は自らの興味に応じて様々な旅行形態で各々の目的地への旅を経験している．いわば，画一的な関心を共有するがゆえ可能となる団体旅行型のパッケージツアー

を「大きな物語」に基礎付けられたモダンの旅行とすれば，現在のそれは，分節化された「小さな物語」に基づく旅の集合へと変遷しつつあるポストモダンの旅と表現できるかもしれない．多様化，断片化し，よりどころを失った観光市場は，ポストモダン的な消費状況の反映といえるだろう．

　もっとも，ポストモダニズムと観光を積極的に関連付ける研究者の1人であるUrryは，むしろ観光こそがポストモダニズムを先取りしていたと論じている(Urry, 1991)．もちろん彼は，マスツーリズムの発展過程を基礎付けてきた観光産業に通底する近代の論理についてもある程度までは認めている．しかし彼がこのように主張するのは，旅行商品の「生産」自体がモダン的な論理に支えられていたとしても，観光旅行という営為それ自体，そしてその一般化という事象が，先述のポストモダン文化の特徴を指し示すものであったからである．

　その特徴とは，第1に観光に内在する「境界の融解」あるいは脱分化的性格である．例えば，かつて限られた階級の社交サロンであったグランドホテルは，いまでは商品を購入しさえすれば観光者誰もが利用することができるし，大衆観光者の目的地となったミュージアムに展示される芸術作品は，一部の特権階級にのみ許されていた高級文化を大衆へと開放した．マスツーリズムの隆盛とはすなわち，近代までに確立した文化の垂直的な区分が無化された状況が生み出されたことを象徴的に示しているのである．

　また観光者たちは，宗教的聖地や芸術作品が並ぶミュージアムと同じように，映画やテレビドラマのロケ地，あるいはアニメの舞台を巡礼する．そこに高級芸術とポピュラー文化の明確な境目はない．パッケージツアーの行程表をみれば，観光者を引きつけるアトラクションの数々が，いかに正統的な領域区分や規範から逸脱した，断片的，混淆的で折衷的なものであるかが明らかになるだろう．

　第2の特徴は，観光活動における視覚優位の消費の在り方である．Urryが「観光（者）のまなざし」と端的に表現したように，現代の観光者はメディアや諸制度によって社会的に構築された特定の視線に沿って観光地の事物を読み解いていく．彼らは，単にその場所をみているのではなく，そのものの実体から離脱した記号を解読しイメージの確認をしている．すなわち，実体から遊離したイメージの優位という点で，観光はBaudrillardがオリジナルの存在しないコピーを指していう「シミュラークル（simulacres）」の典型例としてすら論じうるのである．

　かつて日本のパッケージツアーでは，パリのルーブル美術館を訪れると「モナリザ」，「ミロのヴィーナス」を最短距離でめぐり，30分もたたずに次の目的地へ

と向かっていた．日本人観光客にとってこれらの作品は，単に芸術作品としてあるのではなく，たとえ芸術を解する審美眼を持たずとも訪れなければならない，パリ観光を象徴する記号であったといえる．すなわち，「有名だから有名」な場所にまなざしは照射されるのであり（Urry, 1991），観光客は旅先で目にする事物や風景をマスメディアや観光産業が作り出したイメージというフィルターを介さずには，読み解くことができないのである．

ただし，このような記号やイメージの消費として現代観光を特徴付ける議論自体は，観光研究においてはすでに，ポストモダン論に限らず行われてきた．観光をマスメディアが作り出す「イメジ」の確認である「疑似イベント（pseudo-event）」の一例として取り上げた Boorstin (1962) の議論は，Baudrillard の議論以前にすでになされていたし，彼のエリート主義的立場を批判した MacCannell (1976) にしても，観光者が記号の読解を通じて観光地を理解する点について重要な指摘を行っている．

とはいえ強調しなければならないのは，ポストモダン論が強調する境界の融解や記号とイメージ消費の卓越といった論点を示すうえで，観光はこの上ない好例を提供してくれるという点である．実際に，これまでポストモダン論をめぐる代表的な著作において参照されてきた事例には，観光都市パリやラスベガス，ロサンゼルスのボナベンチャーホテル，そしてテーマパークの代表例であるディズニーランドというように，観光地や観光関連施設が数多く並んでいる．

もちろん，既存の観光研究の成果とポストモダンをめぐる諸議論がすべて文脈を同じくし同列で論じられるとは限らない．しかしこのようなリストを参照すれば，ポストモダン論と観光との密接な連関が明らかになるだろう．須藤 (2012) が指摘するように，観光の分析においてポストモダン論の視点が有効な示唆をもたらしてくれるのである．

さらに，観光をポストモダン論と連関させることからは，現代観光が単に成長が望まれる一産業セクターであること以上の重要性を有していることが示唆される．次節では，より広範な社会において観光が持つ意味について，これまでのポストモダン論でもたびたび取り上げられてきた観光施設であるテーマパークを取り上げながら検討してみたい．

15.4　テーマパーク化する消費空間と「ツーリズムの終焉」

テーマパークは，ポストモダン論が強調する境界の融解や，記号やイメージ消

費とその現実との転倒を例証するうえで格好の事例である．同時に，現代社会において観光現象が持つ重要性を理解するためにも，極めて興味深い存在であるといえる．

それは，ディズニーランドをはじめとした一部のテーマパーク産業が経済的に大きな成功を収めているという理由からではなく，観光とポストモダニズムを結び付けてきた論者たちが指摘するように，観光が先取りし，観光を通じて語られてきたポストモダン的社会状況が，観光以外のより広範な社会的文脈にも拡散しつつあることを明示している事象だからである．

テーマパークとは，遊園地のように遊具それ自体のスリルを楽しむものではなく，特定の主題（テーマ）のもとに空間を統一的に編成することで，来訪者の経験を特別なものとする施設である．テーマ化された空間を構築するために，園内のあらゆる場所にテーマと関連した記号がちりばめられ，それらはしばしば現実を極端に単純化したもの，デフォルメされたものとなっている．結果，園内は断片的で折衷的なイメージが錯綜し，既存の諸カテゴリーの垣根が無化され，本物/偽物の明確な区分が存在しない文化的に無秩序な空間となる．まさにポストモダン論のエッセンスを凝縮した場所であるといえるだろう．

ただし，このような特徴を持った空間を我々が目にするのは，いまや必ずしもテーマパークの園内のみであるとは限らない．Bryman（2004）が「ディズニー化（Disneyization）」という概念で表現しているように，テーマパーク的なサービス提供の技法は日常の生活空間のあらゆる場所で見出すことができる．

近年人気の大型ショッピングモールは，しばしば立地する地域の歴史性や場所性とは無関係に，欧米の都市や施設をモチーフに店舗全体が設計されている．レストランやカフェの中にも「昭和」や「アニメ」ほか，あらゆるテーマを題材にしたものを見つけることができるし，日本のホテルや旅館には「中世ヨーロッパ」，「アジアン」といったコンセプトで空間を設計している施設もある．

さらに，修景が行われ「レトロバス」や人力車が走る町並み保存観光地（図15.1），「赤レンガ」の倉庫を複合商業施設として改築した日本各地の港湾都市再開発，あるいは映画やアニメを資源とした各地の観光振興策においても，結果として用いられているのはテーマパークと同様の手法である．海外においても，日本人観光客にとってなじみのあるハワイのワイキキは，街全体が「楽園リゾート」のテーマパークである．そして同様の技術の応用は，観光地のみならず空港や駅，商業施設の一角，郊外都市の街路や集合住宅など，我々の日常生活空間のあらゆ

15.4 テーマパーク化する消費空間と「ツーリズムの終焉」

る場所に見出すことができる．

このような状況が示しているのは，テーマパーク的な空間が，ディズニーランドという個別の事業者が設置する施設内だけではなく，日常の生活空間にも広がっているということである．テーマパークという非日常の観光空間が凝縮された場所と，ショッピングモールやレストラン，そして街路という日常の場は，共通してポストモダニズム的な消費文化が表出する場なのである．

図 15.1 埼玉県川越市一番街
重要伝統的建造物群保存地区に指定された蔵造りの町並みには多くの観光客が訪れ，レトロ調ボンネットバスや人力車が走りまわる．通りは電線が地中化され，新築の建物であっても建物前面は周囲と調和するよう行政の指導が行われている．

さて上記のような現象，つまり我々の日常生活，特に消費の空間がテーマパーク化するという状況は，先述のポストモダン論を敷衍するのであれば，2つの重要な含意を伴っているといえるだろう．

まず，観光の場に特徴的に見出される消費文化の在り方が日常へと移入されているのであるとすれば，観光は単に余暇時間の「楽しみ」や「遊び」としてだけでなく，社会の在り方全体を規定する1つの範型となっているということが指摘される．その意味で，日常の生活と非日常の余暇という二項対立を超えて観光産業は，そもそも社会の基盤を形作る産業となりつつある．つまりポストモダン論は，観光産業が現代社会において果たしうる重要性を照射していると考えることができるのである．

次に，このような状況の拡がりは，Urry (1995) が「ツーリズムの終焉（end of tourism）」と呼ぶ状況をもたらすのか，という問いを提起する．彼は，ポストフォーディズム的消費の進展とともに，脱分化された記号・イメージの消費が一般化し，かつては観光のような非日常の場においてのみ出現していた経験の在り方が，もはやありふれたものとなりつつあることを指摘する．すなわち「観光化」した社会において人々が「観光（者）のまなざし」を投げかける場は，もはや観光旅行に限られないと論じるのである．

結果として観光的なものは日常生活のいたるところに出現し，あえて旅行に出

かけることなくして観光的な消費が可能となる，すなわち「ツーリズムはどこにでもないのであり，いたるところにある」のだ（Urry, 1995）．実際に，かつては旅先でしか目にすることのできなかった事物を，我々はいまやテーマパーク化された日常空間のあちこちで目にすることができる．であるとすれば，「観光産業はもはや存在しないのであり，すべての産業が観光産業なのである」という状況もまた，現実的なものとなるだろう．

　ポストモダン論をもとに現代観光を見渡すと浮かんでくるのは，一方では観光という社会的現象が有している重要性，他方では観光産業の存在意義自体の問い直しという，極めて両義的なパースペクティヴである．

15.5　ポストモダン観光論の限界と観光経営への示唆

　以上，駆け足ではあるが，ポストモダンをめぐる諸議論と現代観光の関わりについて概観してきた．最後に若干の留意点に触れつつ，これらの議論が観光経営に対して示唆する論点を確認しておきたい．

　当然のことながら，ポストモダンをめぐる議論に対しては，これまでも様々な批判が行われてきた．ここでそれらを逐一紹介することはできないが，現代観光を理解するうえで重要な課題について指摘しておきたい．その課題とは，しばしばこれらの議論がポストモダン的な文化消費の側面を強調しすぎるあまり，モダン的側面の役割を過小評価しているという点である（間々田，2007）．

　「境界の融解」，「脱分化」や「記号やイメージの消費」といった特質が観光の現場で特徴的に表出されているとしても，観光のすべてがこれらの理論でのみ理解されるわけではない．画一的なツアーとは異なる旅行形態が登場してきたとしても，パッケージツアーがすべて消滅することは当分想定されないだろう．また，先進国社会の一部に特徴的な観光スタイルが同時代のあらゆる地域の状況を代表するわけではないし，なにより旅行者に「観光（者）のまなざし」の消費を可能とさせているのは，依然としてマスツーリズムの産業システムであることに変わりはないのである．

　すなわち，ポストモダン論によって照射されるこれらの特徴は，あくまでも現代観光のある特定の一側面についてのものであり，観光のすべてが「ポストモダン的」であるとは限らない．ポストモダン的消費の在り様を特徴的に有していても，依然としてモダンな商品生産の在り方は，観光を支える基盤である．であるとすれば，むしろ重要なのは，ポストモダニズム的消費を象徴的に表現する観光

が，いかにモダニズム的な生産プロセスと接合しつつ現在の状況を形作っているのか，そして社会状況の変化の中でその接合の在り方をいかに変容させていくのかという問題であろう．

　近代以降の観光産業は，モダンな産業システムの枠組みを基盤に，観光旅行をポストモダン的な文化消費を可能とする商品へと変換し，その範囲と生産量を拡大させることで発展してきた．いわば観光産業はモダンな商品の生産者であり，ポストモダン消費文化の発信者でもあるという両義的で特権的な場所に位置してきたのである．

　しかしながら，先述のとおり観光的消費の全面化は，一方でツーリズムの終焉ともいえる状況をもたらし，観光産業自体の役割を減じさせつつもある．もはや，観光産業だけが観光的消費を可能とする商品の提供者ではないのである．そのように考えた場合，今後の観光関連産業の在り方は次の2つの方向性に収斂していく可能性が考えられるだろう．

　1つは，モダンな生産システムの高度化を極限まで推し進め，一方で観光消費を通じた文化の生産自体は産業外に委ねる方向性である．新たな科学技術，特に情報技術と結合しながら商品生産の枠組みそのものは変化させずに，文化生産者としての役割を放棄していく．近年，目覚ましく普及するインターネットの予約サイトや格安航空会社（LCC），宿泊特化型ホテルの隆盛などは，その具体的な現れであるといえる．

　もう1つは，これまでと同じくモダンの生産論理を基盤に置きつつも，商品化の対象範囲を広げながら消費文化の編集者ないし，生産者としてあり続ける方向性である．ポストモダン的で審美的なライフスタイルを流布する主体としてFeatherstone（1991）が「新たな文化仲介者」と呼ぶ存在と同様の役割を，観光業界が部分的に担うことは可能だろうか．近年の「観光まちづくり」や着地型観光への期待，エコツーリズムやボランティアツーリズムへの注目，あるいは大手旅行会社が掲げる「交流文化産業」というフレーズは，その意味で極めて興味深く象徴的である．

　もちろん上記は二者択一的なものではない．あらゆる観光産業が連続した両極の間のいずれかの場所に位置をとることとなる．しかしいずれにせよ，観光の生産・消費の担い手が必ずしも既存の観光産業の範囲に収まるとは限らない．ポストモダンをめぐる議論は，観光産業の存在意義にも関わる重要な問いを示唆しているのである．

［鈴木涼太郎］

●ポストモダン，ポストモダニズム，ポストモダニティ

　ポストモダンという言葉は，モダン（＝近代）に「ポスト」という接頭辞がつくことによって，その後に続く時代区分を示す言葉である．しかし，その定義や含意について明確な合意が存在しているとは言い難く，またポストモダニズムやポストモダニティをはじめ様々な派生語や類義語が存在している．

　おおまかに整理すると，ポストモダニティはポストモダンの時代状況，特に社会的・文化的状況について用いられ，ポストモダニズムはモダンに対抗する特定の文化や芸術の主義や様式について用いられる．ただし，これらの用語にはモダン＝近代に対する多様な疑義や批判が含まれている点に注意が必要である．同じポストモダニズムであっても，建築や美術，現代思想や個別の学問領域によってその意味するところはそれぞれ異なり，さらに音楽か絵画か，というように細分化されたジャンルでも含意は異なっている．

　それらに共通する含意を強いて挙げるとすれば，進化や発展，それを支える合理性や効率性など近代社会が自明としてきた諸前提を批判，相対化しようとする態度である．ただし，ポストモダン社会が到来することによってモダン社会がすべて代替されるわけではなく，モダンとポストモダンは地域的にも偏在する．さらにはポストモダンと論じられている状況を，実はモダンの徹底化・高度化と捉えるべきとする論者もいるなど，様々な立場が表明されている．

　観光研究においてこれらの用語が用いられる場合，おおむね上記の問題意識のいずれかと関連しながらほぼ同じ文脈の議論に関連付けられている．したがって観光経営への示唆を得るためには，これら諸概念の違いを厳密化することよりも，共通して提起している論点を概略的に把握することが重要であると考えられる．

文　献

須藤　廣（2012）：ツーリズムとポストモダン社会――後期近代における観光の両義性，明石書店．
間々田孝夫（2007）：第三の消費文化論，ミネルヴァ書房．
安村克己（2001）：観光――新時代をつくる社会現象，学文社．
Auge, M. (1994)：Powr une Anthropologie des Mondes Contemporains, Editions Aubier［森山　工　訳（2002）：同時代世界の人類学，藤原書店］．
Baudrillard, J. (1970)：La Societe De Consommation Ses Mythes, Ses Structures, Denoel［今村仁司・塚原　史　訳（1986）：消費社会の神話と構造，紀伊国屋書店］．
Boorstin, D. J. (1962)：The Image：or, What Happened to The American Dream, Athenenum［星野郁美・後藤和彦　訳（1964）：幻影の時代―マスコミが製造する事実，東京創元社］．
Brooker, P. (1999)：Cultural Theory A Glossary, Arnold［有元　健・本橋哲也　訳（2003）：文

文献

化理論用語集，新曜社］．
Bryman, A. (2004)：The Disneyization of Society, Sage［能登路雅子 監訳 (2008)：ディズニー化する社会，明石書店］．
Burns, P. M. (1999)：An Introduction to Tourism and Anthropology, Routledge．
Featherstone, M. (1991)：Consumer Culture and Postmodernism, Sage［川崎賢一・小川葉子編著訳 (1999)：消費文化とポストモダニズム，恒星社厚生閣］．
Featherstone, M. (1995)：Undoing Culture：Globalization, Postmodernism, and Identity, Sage［西山哲郎・時安邦治 訳 (2009)：ほつれゆく文化—グローバリゼーション，ポストモダニズム，アイデンティティ，法政大学出版局］．
Giddens, A. (1990)：The Consequences of Modernity, Polity Press［松尾精文・小幡正敏 訳 (1993)：近代とはいかなる時代か——モダニティの帰結，而立書房］．
Harvey, D. (1990)：The Condition of Postmodernity, Blackwell［吉原直樹 監訳 (1999)：ポストモダニティの条件，青木書店］．
Jameson, F. (1998)：The Cultural Turn, Verso［合庭 惇・河野真太郎・秦 邦生 訳 (2006)：カルチュラル・ターン，作品社］．
Lash, S. (1990)：Sociology of Postmodernity, Routledge［田中義久 監訳 (1997)：ポスト・モダニティの社会学，法政大学出版局］．
Lyotard, J. (1979)：La Condition Postmoderne, Minuit［小林康夫 訳 (1986)：ポスト・モダンの条件——知・社会・言語ゲーム，水声社］．
MacCannell, D. (1976)：The Tourist：A New Theory of the Leisure Class, Schocken Books［安村克己，ほか 訳 (2012)：ザ・ツーリスト——高度近代社会の構造分析，学文社］．
Ritzer, G. (1996)：The Mcdonaldization of Society, Pine Forge［正岡寛司 監訳 (1999)：マクドナルド化する社会，早稲田大学出版部］．
Urry, J. (1991)：The Tourist Gaze, Sage［加太宏邦 訳 (1995)：観光のまなざし——現代社会におけるレジャーと旅行，法政大学出版局］．
Urry, J. (1995)：Consuming Places, Routledge［吉原直樹・大沢善信 監訳 (2003)：場所を消費する，法政大学出版局］．

索　　引

360度戦略　150
6次産業化　111
80：20の法則　151

ABC分析　151
ACRS　126
ADR　100
AIDA　147
AIDMA　147
Airbnb　99, 101
AISAS　147
ANTA　25
ATI　73
B to B　52
B to C　52
BTM　81
B級グルメ　113
CGM　58
commuter　72
CRS　53, 72
DCF法　7
Facebookページ　60
FF&E　130, 140
FFP　63, 72
FSC　72
GDS　54
IATA　74
ICAO　69
ICT革命　4, 52
integrator　71
ITC　126
JATA　25
JNTO　20, 25
JTBグループ　43
JV　74
KPI　49, 51
LCC　44, 56, 72, 187
leisure　72
MICE　81
OTA　4
PFI制度　117
regional　72

RevPAR　101
SIPS　147
SNS　4, 59, 77
S字型カーブ効果　70
TUIグループ　43
UGC　59
UNWTO　24
yield management　70

あ　行

愛着と誇り　35
アクティブコンシューマー　55
"アシ，アゴ，ヤド"　5
アセットマネジメント　7
アーティストインレジデンス　123
アフターコンベンション　82
アミューズメント性　122
新たな公　27
アロットメント　56
安全・安心　110
暗黙知　9

一見客　143
イノベーション　82, 89
イールド　69
飲食事業　5
インセンティブツアー　84
インターネット　149
インターネット予約サイト　97
インタープリテーション　58
インタラクション　174
インハウスエージェント　78
インバウンド　18
インバウンド観光　26

受入環境の整備　20
受け入れられる範囲　173

営業時間　148
営業日数　148
エグジット　135, 140

エクスペディア社　43
エコツーリズム　11
エコミュージアム　124
エンカウンター　157, 162
援助行動　167

御師　91
お天気商売　149
オープンスカイ　73
オペレーティングアセット　140
オポチュニスティック　128
おもてなし　→もてなし
オリジネーター　136, 140

か　行

外国人客　143
外食　102
外食産業　102
外食チェーン　102
外的要因　173
外的・量的柔軟性　155
価格戦略　148
価格弾力的　69
価格破壊　148
格安航空会社　187
カジュアルダイニング　104
カスタマイズサービス　171
課税権　46
家族の時間づくり事業　26
価値戦略　148
価値レベル　172
　顧客の――　175
金谷ホテル　92
カボタージュ　73
我慢できる最低水準　173
貨物輸送　65
カールソンワゴンリー社　43
簡易宿所営業　92
環境協力税　46
環境負荷　110
環境問題　74, 109

索　引

観光
　　——の構造　2, 11
　　——の本質　3
　　持続可能な——　10
　　ポストモダンと——　3, 178
観光(者)のまなざし論　180
観光概念の拡張　3
観光空間情報　6
観光圏　17
観光圏整備法　22
観光行動　39
観光産業の在り方　26
観光資源　111
観光市場　43
観光地
　　——の適正収容力　11
　　——のプロダクトライフサイクル　10
観光地経営　8
観光庁　14
観光統計　24
観光投資　6
観光白書　26
観光まちづくり　7, 12, 27, 187
観光まちづくりプラットフォーム　28, 38
観光立国推進基本計画　14
観光立国推進基本法　14, 28
感情管理　156, 157
感情規則　158, 161
感情消耗　158, 159
感情表現の規範　158
感情労働　156, 158, 159, 160

機会損失　148
規格型サービス　168
企画展　120
企業の社会的責任　111
企業要因　173
記号やイメージ消費　181
疑似イベント　183
季節変動　149
期待不一致モデル　171, 177
木賃宿　91
寄付　47
規模の生産性　70
客室稼働率　100
キャラバンサライ　91
休暇　21
休暇改革　23

教義　146
業種　103
教祖　146
業態　103
業態分類　105
共通生産　69
経典　146
共同創出者　175
業務分割方式　119
緊急雇用創出事業　45

空間演出　105
空間構成要素　147
クオリティの一貫性　174
口コミ　39
　　肯定的な——　175
グランドホテル　91
クレド　100
玄人客　143
クロスメディア　150
グローバルアライアンス　73
クローバル観光戦略　45

経営資源　148, 152
経営の多角化　68
形式知　9
携帯電話　149
下宿営業　92
結合生産　69
ゲーミフィケーション　62
ゲーム化　58
懸賞旅行　84

高級レストラン　104
工業化時代　48
航空事業　69
向社会的行動　166
構造改革　148
交流人口増　14
交流文化産業　187
高齢社会　110
顧客価値　171
　　——の創出　175
顧客感動　174, 175, 177
顧客期待　171, 177
顧客ニーズ　172
顧客の価値レベル　177
顧客満足　1, 161, 170, 177
顧客満足度　144
顧客理解　174

国際観光振興機構　25
国際観光ホテル整備法　92
国際民間運送協会　74
国際民間航空機関　69
国籍条項・外資規制　73, 76
国土形成計画　27
国内観光　21
個人客　142
コードシェア　74
小林一三モデル　75
コミュニケーション　145
コンテスタブル市場理論　71
コンピュータ予約システム　72

さ　行

査証発給　19
サービス
　　——の三角形　1
　　——の特性　1, 11
サービスインフラ　66
サービスクオリティ　160
サービス態度　157
サービスドミナントロジック　175
サービス品質　157
サービスプロフィットチェーン　175
サブプライム住宅ローン　137, 140
サプライヤー　55, 77

自家用車　5
時間量　145
事業主体　8
資金循環モデル　46
持続可能
　　——な観光　10
　　——な発展　10
指定管理者制度　117
地ブランド　2
私募不動産ファンド　128, 139
市民協働　28, 33
地元客　142
ジャルパック　79
集客　142
　　——の6W2H　143
集客ターゲット　142
集客人数　144
宗教　146
従業員間のチームワーク　154

索　引

集散往来　35
集団欲　43
重点分野雇用創造事業　45
柔軟な人的資源管理　154
主客一体　164
宿泊業　6
宿泊産業　91, 93, 99
宿泊税　46
宿泊特化型ホテル　187
宿坊　91
需要平準化　23
ジョイントベンチャー　74
消費者生成メディア　58
商品コンセプト　49
情報化時代　48
情報通信技術　52
情報提供サービス　68
情報の非対称性　54
消滅性　106
職業能力評価基準　9
職務満足　159, 160
食欲　43
所得弾力的　69
所有直営方式　96
素人客　143
人件費の変動費化　9, 155
信仰心　146
人材　100
人材ポートフォリオ　100
深層演技　159, 161
人的サービス　156
人的資源　100
　　──への依存度　153
人的資源管理　152
　　──の研究アプローチ　152
　　──の対象　152
　　──の定義　161
　　──の特徴　153
　　柔軟な──　154
心理量　145

すきま戦略　145
スケルトン型　85
スケールメリット　84, 107
スタンプラリー　63
ステークホルダー　8
ストーリー　39
「住んでよし，訪れてよしの国づくり」　8

生活総合サービス業　66
成熟消費社会　39
成長産業　47
成長市場　49
生物多様性　110
世界観光機関　24
世界水準の観光リゾート地　45
接遇サービス　66
接遇における日本的特性　10
ゼロコミッション　56
全国総合開発計画　27
全国旅行業協会　25
洗練された所作　166

総合旅行業　78
即時性　69
即地性　69
ソーシャルネットワーキングサービス　77

た　行

第一種鉄道事業　64
滞在時間　144
第三種鉄道事業　64
ダイナミックパッケージ　62
第二種鉄道事業　64
多角化の形態　68
脱分化　181
他人の目　35
団体客　142

地域ぐるみ　34
地域
　　──の活性化　111
　　──の総合産業　28
　　──の付加価値　36
地域ブランド　2, 29, 33
チェーンシステム　102
チェーン方式　95
チェーンレストラン　106
地球サミット　109
地産地消　112
知識創造　8
知識変換　8
着地型観光　58, 187
着地型旅行商品　30
茶の湯　164
茶屋本陣　91
長期的な関係性　174
直営チェーン　106

通訳案内士法　17
ツーリズムの終焉　185

帝国ホテル　92
ディスカバージャパン　27
ディズニー化　184
鉄道事業法　64, 75
鉄道事業法施行規則　64
テーマパーク化　183
天候変動　149
伝統的建造物群保存地区　27
典礼　146

動機付け　154
東京ホテル　92
登録博物館　115
得意客　143
独禁法適用除外　73
トマスクック社　181
トラベラーズチェック　78
トレモントハウス　91
トンキロベース　65
トンベース　65

な　行

内食　103
内的・質的柔軟性　155
内的要因　173
中食　103

日本型サービス　169
日本観光振興協会　25
日本人客　142
日本政府観光局　25
日本旅行業協会　25
入湯税　46
ニューツーリズム　38
　　──の創出・流通促進事業　30
人時生産性　100, 101

値下げの罠　148
ネットエージェント　56

農家レストラン　112
能力が見える社会　9
望ましい水準　172

は　行

ハイコンテクストサービス

168, 176
配慮行動　167
──の進化　167
博物館　114
博物館相当施設　115
博物館法　114
博物館類似施設　115
派生需要　69
旅籠屋　91
パッケージツアー　77, 83, 181
ハードリピーター　143
ハブ＆スポークシステム　71
ハフモデル　150
バルク運賃　81
パレート図　151
パレートの法則　151
範囲の経済性　70

東日本大震災　28
ビザ緩和・免除　26
ビザ発給　19
ビジット・ジャパン・キャンペーン　14, 45
美術館　114
非正規雇用　155
人キロベース　64
人ベース　64
表示規則　157
表層演技　159, 161

ファシリティマネジメント　6
ファストカジュアル　104
ファストフード　104
ファミリーダイニング　104
ファミリーレストラン　103
ファンクラブ　120
『非誠勿擾』　44, 51
付加価値サービス　67
不可分性　106
富士屋ホテル　92
札所巡り　63
フードツーリズム　111
プライベートエクイティファンド　135, 140
フランチャイズチェーン　106
フランチャイズフィー　96
フランチャイズ方式　96
ブランド　2, 109
ブランド力　109
フルパッケージ型　85

ブロック　86

米国規制緩和法　71
ベンダーデューデリジェンス　133, 140
変動性　106

法人客　142
法定外目的税　46
法定目的税　46
訪日外客誘致事業　14
訪日外国人数　18
訪日外国人の観光消費　18
飽和市場　49
ポストモダニズム　179
ポストモダニティ　179
ポストモダン　179, 188
──と観光　3, 178
ホスピタリティ　165
ホスピタリティ産業　102
ホテルアセットマネジメント　126
ホテルオーナー　127
ホテルオペレーター　127
ホテル業　92
──の分類　95
→経営形態による分類　95
→立地，クラス，機能による分類　95
ホテル商品　95
ホテルの経営指標　100
ホテル不動産投資　126
ポートフォリオ投資　128, 139
ボランティアガイド活動　28
ホールセラー　78
本陣　91

ま 行

マーケティング　85
マスサービス　171
マズローの欲求段階説　150
町並み保存　27
マナーキャンペーン　66
マネジメントコントラクト方式　96, 129
マルチフランチャイジー　107
マンシオネス　91
満足度　41

ミシュランガイド　103

密度の経済性　70
ミュージアムショップ　121
魅力の擬人化　146

無形性　106
ムタチオネス　91

メガフランチャイジー　107
メタルニュートラル　74
メッカ　147
メディア戦略　149
メディアミックス　149

もてなし　164
──の決まりごと　166, 176

や 行

役割葛藤理論　159

有償座席キロ　69
有償トンマイル　69
ユーザー生成コンテンツ　59
輸送機関別輸送分担率　64, 75
輸送サービス　66
ユビキタス化　54

曜日変動　149

ら 行

来館者動向調査　120
ランドオペレーター　78

利害関係者　8
リース方式　96
立地　99
リッツカールトン社　100
リテーラー　78
リピーター　143
リピート　41
リプテーションマネジメント　4
流通構造　97
利用回数　144
料金体系　97, 98
利用動機　105
利用満足度増大モデル　145
旅客輸送　65
旅館業　92, 96
旅館業法　17, 92
旅館経営　98

索　引

旅行業　6
旅行業者代理業　78
旅行業法　17
旅行消費額　21
旅行商品　77
旅宿　91
リーン消費　55

礼儀作法　165
レジャー社会　3
レストランの格付け　112
レバレッジ　128, 139
レベニューマネジメント　7

ロイヤルカスタマー　143
ロイヤルティ　96

労働集約型産業　153
労働の柔軟性　155

わ　行

脇本陣　91
ワーマン，リチャード・ソール　51
ワンストップ窓口　32

編著者略歴

岡本 伸之（おかもと のぶゆき）

1941年　中国・青島に生まれる
1970年　ミシガン州立大学経営大学院修士課程修了
　　　　立教大学観光学部教授を経て
現　在　帝京大学経済学部観光経営学科教授
　　　　立教大学名誉教授
　　　　MBA

［主な著作］
『現代ホテル経営の基礎理論』（単著，柴田書店，1979年）
『現代ホテル旅館経営全集』（共編著，同朋舎出版，1985年）
『列島ホテル戦争』（単著，日本経済新聞社，1987年）
『ホテル経営を考える』（編著，実教出版，1993年）
『観光学入門』（編著，有斐閣，2001年）
『観光実務ハンドブック』（共編著，丸善，2007年）
「ホテル旅館の用語解説」（『月刊 ホテル旅館』誌にて連載：1978年6月～現在）

よくわかる観光学 1
観光経営学

定価はカバーに表示

2013年10月15日　初版第1刷
2021年 8月25日　　　　第7刷

編著者　岡　本　伸　之
発行者　朝　倉　誠　造
発行所　株式会社　朝倉書店

東京都新宿区新小川町6-29
郵便番号　162-8707
電話　03(3260)0141
FAX　03(3260)0180
http://www.asakura.co.jp

〈検印省略〉

© 2013〈無断複写・転載を禁ず〉

Printed in Korea

ISBN 978-4-254-16647-7　C 3326

JCOPY ＜出版者著作権管理機構 委託出版物＞

本書の無断複写は著作権法上での例外を除き禁じられています．複写される場合は，そのつど事前に，出版者著作権管理機構（電話 03-5244-5088, FAX 03-5244-5089, e-mail: info@jcopy.or.jp）の許諾を得てください．

タイケン学園 柴岡信一郎・城西短大 渋井二三男著
プレゼンテーション概論
—実践と活用のために—
10257-4 C3040　　　　A5判 164頁 本体2700円

プレゼンテーションの基礎をやさしく解説した教科書。分かりやすい伝え方・見せ方，PowerPointを利用したスライドの作り方など，実践的な内容を重視した構成。大学初年度向。〔内容〕プレゼンテーションの基礎理論／スライドの作り方／他

岡山大 塚本真也・高橋志織著
学生のための プレゼン上達の方法
—トレーニングとビジュアル化—
10261-1 C3040　　　　A5判 164頁 本体2300円

プレゼンテーションを効果的に行うためのポイント・練習法をたくさんの写真や具体例を用いてわかりやすく解説。〔内容〕話すスピード／アイコンタクト／ジェスチャー／原稿作成／ツール／ビジュアル化・デザインなど

前大阪教育大 中西一弘編
新版 やさしい文章表現法
51032-4 C3081　　　　A5判 232頁 本体2600円

文章をいかに適切に書けるかは日常的な課題である。多くの例を掲げ親しみやすく説いた，文章表現法の解説・実践の手引き。〔内容〕気楽にちょっと／短い文章(二百字作文)を書いてみよう／書く生活を広げて／やや長い文章を書いてみよう／他

名工大 山本いずみ・名工大 白井聡子編著
ビジネスへの日本語
これから社会へ飛びたつ君たちへ
51040-9 C3081　　　　A5判 160頁 本体2400円

企業や地域社会，そのほかさまざまなビジネスの現場で活躍するために，日本語学や専門分野の学問的知識だけでなく，生活の常識，知識を踏まえた日本語コミュニケーション能力の向上を図る，これから社会に出る学生のためのテキスト。

京大 青谷正妥著
英語学習論
—スピーキングと総合力—
10260-4 C3040　　　　A5判 180頁 本体2300円

応用言語学・脳科学の知見を踏まえ，大人のための英語学習法の理論と実践を解説する。英語学習者・英語教師必読の書。〔内容〕英語運用力の本質と学習戦略／結果を出した学習法／言語の進化と脳科学から見た「話す・聞く」の優位性

九州工業大学情報科学センター編
Linuxで学ぶコンピュータ・リテラシー
—KNOPPIXによるPC-UNIX入門—
12168-1 C3041　　　　B5判 296頁 本体3000円

初心者でもUNIX環境を習得できるよう解説した情報処理基礎教育のテキスト。〔内容〕UNIXの基礎／ファイルとディレクトリ／エディタと漢字入力／電子メール，Webページの利用法／作図・加工ツール／L^{A}T$_E$X／UNIXコマンド／他

高橋麻奈著
ここからはじめる 統計学の教科書
12190-2 C3041　　　　A5判 152頁 本体2400円

まったくの初心者へ向けて統計学の基礎を丁寧に解説。図表や数式の意味が一目でわかる。〔内容〕データの分布を調べる／「関係」を整理する／確率分布を考える／標本から推定する／仮説が正しいか調べる(検定)／統計を応用する

東文研 三浦定俊・東文研 佐野千絵・東文研 木川りか著
文化財保存環境学
10192-8 C3040　　　　A5判 212頁 本体3800円

文化財にとって安全な保存環境を設計するための最新・最善のテキスト。美術館・博物館の学芸員のみならず，文化財学科や博物館学課程学生にも必須〔内容〕温度／湿度／光／空気汚染／生物／衝撃と振動／火災／地震／盗難・人的破壊／法規

石澤良昭編
講座 文明と環境12
文化遺産の保存と環境 （新装版）
10662-6 C3340　　　　A5判 288頁 本体3800円

現在問題となっているアンコールワットをはじめ世界の遺跡や文化財につき，修復事業とその意味，文化協力の考え方，遺跡保存修理の現在と将来を解説。〔内容〕危機に瀕する文化遺産／文化遺産の保存とハイテク／地域の発展と文化遺産の保存

カビ相談センター監修 カビ相談センター 高鳥浩介・大阪府公衆衛生研 久米田裕子編
かびのはなし
—ミクロな隣人のサイエンス—
64042-7 C3077　　　　A5判 164頁 本体2800円

生活環境(衣食住)におけるカビの環境被害・健康被害等について，正確な知識を得られるよう平易に解説した，第一人者による初のカビの専門書。〔内容〕食・住・衣のカビ／被害(もの・環境・健康への害)／防ぐ／有用なかび／共生／コラム

広島大 友澤和夫編 世界地誌シリーズ5 **インド** 16925-6 C3325　B5判 180頁 本体3400円	インド地誌学のテキスト。インド共和国を中心に，南アジアの地域と人々のあり方を理解するために最適。〔内容〕地域編成と州／巨大人口と多民族社会／自然／農業／鉱工業／ICT産業／交通と観光／農村／巨大都市圏／他

| 立教大 丸山浩明編著 世界地誌シリーズ6 **ブラジル** 16926-3 C3325　B5判 184頁 本体3400円 | ブラジル地誌学のテキスト。アマゾン，サンバ，コーヒー，サッカーだけでなくブラジルを広く深く理解する。〔内容〕総論／自然／都市／多民族社会／宗教／音楽／アグロビジネス／観光／日本移民／日本の中のブラジル社会／サッカー |

| 東大 西村幸夫編著 **まちづくり学** ―アイディアから実現までのプロセス― 26632-0 C3052　B5判 128頁 本体2900円 | 単なる概念・事例の紹介ではなく，住民の視点に立ったモデルやプロセスを提示。〔内容〕まちづくりとは何か／枠組みと技法／まちづくり諸活動／まちづくり支援／公平性と透明性／行政・住民・専門家／マネジメント技法／サポートシステム |

| 東大 西村幸夫・工学院大 大野澤 康編 **まちの見方・調べ方** ―地域づくりのための調査法入門― 26637-5 C3052　B5判 164頁 本体3200円 | 地域づくりに向けた「現場主義」の調査方法を解説。〔内容〕1.事実を知る(歴史，地形，生活，計画など)，2.現場で考える(ワークショップ，聞き取り，地域資源，課題の抽出など)，3.現象を解釈する(各種統計手法，住環境・景観分析，GISなど) |

| 豊橋技科大 大貝 彰・豊橋技科大 宮田 譲・大阪大 青木伸一編著 **都市・地域・環境概論** ―持続可能な社会の創造に向けて― 26165-3 C3051　A5判 224頁 本体3200円 | 安全・安心な地域形成，低炭素社会の実現，地域活性化，生活サービス再編など，国土づくり・地域づくり・都市づくりが抱える課題は多様である。それらに対する方策のあるべき方向性，技術者が対処すべき課題を平易に解説するテキスト。 |

| 千葉大 宮脇 勝著 **ランドスケープと都市デザイン** ―風景計画のこれから― 26641-2 C3052　B5判 152頁 本体3200円 | ランドスケープは人々が感じる場所のイメージであり，住み，訪れる場所すべてを対象とする。考え方，景観法などの制度，問題を国内外の事例を通して解説〔内容〕ランドスケープとは何か／特性と知覚／風景計画／都市デザイン／制度と課題 |

| 豊橋技科大 後藤尚弘・富山県立大 九里徳泰編著 **基礎から学ぶ環境学** 18040-4 C3040　A5判 240頁 本体2800円 | 大学で初めて環境を学ぶ学生(文系＋理系)向けの教科書。高校までに学んだ知識を体系化。各章に基礎的内容(生物多様性や化学物質など理学的な基礎，政策・法律など人文社会面)を盛り込み，社会に出てからも役立つものとする。 |

| 前気象庁 古川武彦・気象庁 室井ちあし著 **現代天気予報学** ―現象から観測・予報・法制度まで― 16124-3 C3044　A5判 232頁 本体3900円 | 予報の総体を自然科学と社会科学とが一体となったシステムとして捉え体系化を図った。気象予報士をはじめ予報に興味を抱く人々向けの一般書。〔内容〕気象観測／気象現象／重要な法則・原理／天気予報技術／予報の種類と内容／数値予報／他 |

| 学芸大 小泉武栄編 **図説 日本の山** ―自然が素晴らしい山50選― 16349-0 C3025　B5判 176頁 本体4000円 | 日本全国の53山を厳選しオールカラー解説〔内容〕総説／利尻岳／トムラウシ／暑寒別岳／早池峰山／鳥海山／磐梯山／巻機山／妙高山／金北山／瑞牆山／縞枯山／天上山／日本アルプス／大峰山／三瓶山／大満寺山／阿蘇山／大崩岳／宮之浦岳他 |

| 早大 柴山知也・東大 茅根 創編 **図説 日本の海岸** 16065-9 C3044　B5判 160頁 本体4000円 | 日本全国の海岸50あまりを厳選しオールカラーで解説。〔内容〕日高・胆振海岸／三陸海岸／高田海岸／新潟海岸／夏井・四倉／三番瀬／東京湾／三保ノ松原／気比の松原／大阪府／天橋立／森海岸／鳥取海岸／有明海／指宿海岸／サンゴ礁，他 |

産総研 赤松幹之・芝浦工大 新井民夫・産総研 内藤 耕・
産業戦略研 村上輝康・早大 吉本一穂監修

サービス工学
―51の技術と実践―

27019-8 C3050　　　A 5 判 208頁 本体3500円

これまで経験や勘に頼り，製造業に比べて生産性の低かったサービス産業の現場に，科学的・工学的手法が導入されつつある。本書は，サービスの現場を観測・計測し，モデルを組み立て，工学的手法を導入する方法とその実践例を紹介する。

愛知工大 田村隆善・愛知工大 大野勝久・
神奈川大 中島健一・名工大 小島貢利著

新版 生産管理システム

27018-1 C3050　　　A 5 判 208頁 本体3200円

経営工学や文系の学生のために基礎をやさしく解説。〔内容〕生産性の測定／MRPシステムと部品表／ジャストインタイム生産システム／工程管理システム／生産情報システム／インダストリアル・デザイン／設備の管理と投資経済性／他

神奈川大 中島健一編著

経営工学のエッセンス
―問題解決へのアプローチ―

27020-4 C3050　　　A 5 判 164頁 本体2300円

経営工学を学ぶ学生・実務者に向けた平易なテキスト。学んだ内容が実際にどういった場面で応用されているのかを解説。また，電卓やExcelを用いて分析を行えるよう，本文で手法を説明。復習のための演習問題を巻末に収録。

神奈川大 松井正之・理科大 藤川裕晃・文教大 石井信明著

需給マネジメント
―ポストERP／SCMに向けて―

27017-4 C3050　　　A 5 判 180頁 本体2900円

どのように需給管理をすれば製造と販売のミスマッチを無くせるかにつき説き明かす教科書〔内容〕予測と販売操業計画／需給管理と戦略マップ／需給管理とERP／需給協働と需給管理，需給管理とSCM／オンデマンド在庫管理システム／他

早大 守口 剛著
シリーズ〈マーケティング・エンジニアリング〉6

プロモーション効果分析

29506-1 C3350　　　A 5 判 168頁 本体3200円

消費者の購買ならびに販売店の効率を刺激するマーケティング活動の基本的考え方から実際を詳述〔内容〕基本理解／測定の枠組み／データ／手法／利益視点とカテゴリー視点／データマイニング手法を利用した顧客別アプローチ方法の発見／課題

東京成徳大 海保博之監修　上智大 杉本徹雄編
朝倉実践心理学講座2

マーケティングと広告の心理学

52682-0 C3311　　　A 5 判 224頁 本体3600円

消費者の心理・行動への知見を理論と実務両方から提示。〔内容〕マーケティング（ブランド／新製品開発／価格等），広告と広報（効果測定／企業対応等），消費者分析（ネットクチコミ／ニューロマーケティング等）

東京成徳大 海保博之監修　日本教育大学院大 髙橋 誠編
朝倉実践心理学講座 4

発想と企画の心理学

52684-4 C3311　　　A 5 判 208頁 本体3400円

現代社会の多様な分野で求められている創造技法を解説。〔内容〕Ⅰ．発想のメカニズムとシステム（大脳・問題解決手順・観察・セレンディピティ）／Ⅱ．企画のメソッドと心理学（集団心理学・評価・文章心理学・説得・創造支援システム）

東京成徳大学 海保博之編・監修
朝倉実践心理学講座 5

わかりやすさとコミュニケーションの心理学

52685-1 C3311　　　A 5 判 192頁 本体3400円

現代社会のコミュニケーションに求められている「わかりやすさ」について，その心理学的基礎を解説し，実践技法を紹介する。〔内容〕Ⅰ.心理学的基礎／Ⅱ.実践的な心理技法；文書，音声・視覚プレゼンテーション，対面，電子メディア

東京成徳大 海保博之監修　同志社大 久保真人編
朝倉実践心理学講座 7

感情マネジメントと癒しの心理学

52687-5 C3311　　　A 5 判 192頁 本体3400円

日常における様々な感情経験の統制の具体的課題や実践的な対処を取り上げる。〔内容〕Ⅰ感情のマネジメント（心の病と健康，労働と生活，感情労働）Ⅱ心を癒す（音楽，ペット，皮肉，セルフヘルプグループ，観光，笑い，空間）

東京成徳大 海保博之監修　金沢工大 神宮英夫編
朝倉実践心理学講座10

感動と商品開発の心理学

52690-5 C3311　　　A 5 判 208頁 本体3600円

感情や情緒に注目したヒューマン・センタードの商品開発アプローチを紹介。〔内容〕Ⅰ.計測（生理機能，脳機能，官能評価），Ⅱ.方法（五感の総合，香り，コンセプト，臨場感，作り手），Ⅲ.事例（食品，化粧，飲料，発想支援）

上記価格（税別）は 2021年 7月現在